佐藤博明
ヨルク ベェトゲ 編著

ドイツ会計現代化論

東京 森山書店 発行

編　著　者　序

　ドイツの非資本市場指向企業の外部会計制度（die „Rechnungslegung"）に関する基本規定は，商法典（HGB）に明文化されている。この会計規定は，300万社を超えるドイツ企業に適用される。HGB 年度決算書（および附属の状況報告書）は，とりわけ自己資本および他人資本出資者，取引業者，顧客または国といった，企業外部の個人および団体はもとより，自社の経営スタッフや従業員に対しても，報告企業の財産，財務および収益状態に関する情報を提供する。企業は，一律に適用される HGB 会計規定によって，外部者に対して―もちろん自らにも―，期間比較および経営比較可能な計数的写像を通して，企業自身の経済活動の成果を分かりやすく伝えることができる。

　いまなおドイツで通用している HGB は 150 年以上の歴史をもつ。HGB はすでに 1897 年に公布されたものだが，その前身は，1861 年のドイツ普通商法典（ADHGB）にさかのぼる。HGB は今日まで，とりまく環境の変化に応じて改訂を重ねてきた。これまでいく度かの改正を通じて，決算書作成者の側からはもちろん，決算書の読み手や立法者の側からも，会計処理に関する多くの知見が，HGB の諸規定にとり入れられた。HGB は，最終的に会計法現代化法（BilMoG）をもって改革を成し遂げたが，そこではさまざまに処理可能な時価会計をそのまま受入れることなしに，国際的会計基準・IFRS では一般に行われている会計処理法に部分的に歩み寄った。その点で強調すべきは，ドイツ会計法が IFRS と目的設定を異にしているのは，そもそも IFRS とは異なる会計理念を根底にしているということである。とりわけ IFRS は，投資家に対して意思決定に有用な情報を伝達することを公準としているが，ドイツの会計規定では，おもな決算書受け手たる所有者や債権者の多様な利害関係を衡平に顧慮する会計システムとなっている。すなわち，HGB 年度決算書は，上述の利害

関係集団に対して，経過した各営業年度の会計報告責任を公正に果たし，同時に名目資本維持を保証するのに適しているのである。

　IFRS は，国際的な資本市場指向企業にとって重要性がより高いため，世界的な広がりを見せているが，ドイツでは，およそ 1,000 社の資本市場指向企業が，IFRS 決算書の公表を義務づけられているにすぎないことをとくに指摘しておきたい。大半のドイツ企業は，依然として HGB に従って会計処理を行っている。したがって，ドイツ的会計規範はなお生きつづけているのである。われわれの考えでも，BilMoG-HGB は，適用が容易で，裁量の余地もはるかに小さく，IFRS とほぼ等価の代替的選択肢に他ならない。ドイツ会計制度は，多くのドイツ企業の会計実務や監査にとって重要なだけでなく，IFRS と競合する各国の国内会計規定の開発でも，世界的なモデルとして役立つはずである。

　本書の執筆者たちは，HGB の発展過程にとくに筆を割き，その主要な変遷を時の経過に沿って記述している。そこから，最近 10 年のドイツ会計をめぐる国際化の流れが明らかにされ，正規の簿記の諸原則（GoB）の位相が検討されている。あわせて，近年，ドイツ会計と国際会計との間で，その賛否をめぐり批判的な比較検討の的になっている，いくつかの会計問題が論じられている。

　2013 年 10 月　ミュンスターにて

ヨルク　ベェトゲ（*Jörg Baetge*）

Herausgebervorwort

Die elementaren Vorschriften für das externe Rechnungswesen (die „Rechnungslegung") deutscher nicht-kapitalmarktorientierter Unternehmen sind im Handelsgesetzbuch (HGB) kodifiziert. Diese Rechnungslegungsvorschriften gelten für mehr als drei Millionen deutsche Unternehmen. Die HGB-Jahresabschlüsse (und die zugehörigen Lageberichte) informieren vor allem außerhalb des Unternehmens stehende Personen und Personengruppen, nämlich Eigenkapitalgeber, Fremdkapitalgeber, Lieferanten, Kunden und den Staat, aber auch das eigene Management und die eigenen Mitarbeiter über die Vermögens-, Finanz- und Ertragslage des berichtenden Unternehmens. Mithilfe der einheitlich anzuwendenden Rechnungslegungsvorschriften im HGB können Unternehmen perioden- und unternehmensvergleichbar die Ergebnisse ihrer wirtschaftlichen Handlungen anderen — aber auch für sich selbst — durch deren zahlenmäßige Abbildung transparent machen.

Das heutige in Deutschland gültige HGB weist eine mehr als 150jährige Geschichte auf. Das HGB wurde bereits 1897 erlassen und hat mit dem Allgemeinen Deutschen Handelsgesetzbuch (ADHGB) einen Vorläufer, der auf das Jahr 1861 zurückgeht. Bis heute wurde das HGB mehrfach reformiert, um es den sich ändernden Rahmenbedingungen anzupassen. Infolge mehrerer Reformen gingen zugleich zahlreiche Erfahrungen mit der Bilanzierung sowohl seitens der Abschlussersteller als auch seitens der Abschlussleser sowie des Gesetzgebers in die Vorschriften des HGB ein. Zuletzt wurde das HGB durch das Bilanzrechtsmodernisierungsgesetz (BilMoG) reformiert, wodurch sich das HGB partiell Bilanzierungsmethoden genähert hat, die aus den internationalen Rechnungslegungsstandards IFRS bekannt sind, ohne die dort vielfach mögliche Zeitwertbilanzierung zu übernehmen. Insofern ist hervorzuheben, dass dem deutschen Bilanzrecht aufgrund der zu den IFRS abweichenden Zielsetzung nach wie vor eine andere Bilanzierungsphilosophie zugrunde liegt als den IFRS. Während die IFRS sich vor allem dem Postulat unterwerfen, entscheidungsnützliche Informationen für Investoren zu vermitteln, bilden die deutschen Bilanzierungsvorschriften ein Rechnungslegungssystem, das die divergierenden Interessen der wesentlichen Abschlussadressaten, vor allem der Eigentümer und der Gläubiger, ausgewogen berücksichtigt. Das heißt, Jahresabschlüsse nach HGB sind dazu geeignet, dem oben genannten Personenkreis objektivierte Rechenschaft über das jeweils abgelaufene Geschäftsjahr zu geben und dabei zugleich die nominelle Kapitalerhaltung zu gewährleisten.

Obwohl die IFRS aufgrund ihrer hohen Bedeutung für internationale kapitalmarktorientierte Unternehmen weltweit allgegenwärtig erscheinen, ist hervorzuheben, dass nur die ca. 1000 deutschen kapitalmarktorientierten Unternehmen verpflichtet sind, IFRS-Jahresabschlüsse zu publizieren. Die Mehrzahl der deutschen Unternehmen bilanziert nach wie vor nach HGB. Die deutschen Rechnungslegungsnormen wurden also nicht verdrängt. Das BilMoG-HGB stellt unseres Erachtens auch eine vollwertige Alternative zu den IFRS dar, die noch dazu leichter anzuwenden ist und mit erheblich weniger Ermessensspielräumen behaftet ist. Die deutsche Rechnungslegung ist nicht nur für die Bilanzierungspraxis und -prüfung zahlreicher deutscher Unternehmen relevant, sondern sie kann weltweit als Vorbild bei der Entwicklung eigener, zu den IFRS konkurrierenden, nationalen Rechnungslegungsvorschriften dienen.

Dieses Buch ist der Entwicklung des HGB gewidmet. Die Autoren beschreiben seine wesentlichen Änderungen im Zeitablauf. Dafür werden die Internationalisierungstendenzen in der deutschen Rechnungslegung der letzten Dekaden dargestellt und Entwicklungsetappen der Grundsätze ordnungsmäßiger Buchführung analysiert. Zudem werden ausgewählte Bilanzierungsfragen diskutiert, die in der jüngeren Vergangenheit Gegenstand der kritischen Abwägungen von Pro und Contra der deutschen und internationalen Rechnungslegung gewesen sind.

Münster, im Oktober 2013

Jörg Baetge

執筆者紹介 (執筆順)

ヨルク ベェトゲ ミュンスター大学教授　　　　　第1章
(Prof. Dr. Dr. h. c. Jörg BAETGE, Westfälischen
Wilhelms-Universität Münster)

アイディン ツェリック ミュンスター大学学術助手　第1章
(Mitarbeiter M. Sc. Aydin CELIK , Westfälischen
Wilhelms-Universität Münster)

マルクス マイ ミュンスター大学学術助手　　　　第1章
(Mitarbeiter M. Sc. Markus MAI, Westfälischen
Wilhelms-Universität Münster)

佐藤 博明 静岡大学名誉教授　　　　　　　　　　第1章（翻訳),
(em. Prof. Dr. Hiroaki SATOH, Shizuoka University)　第2章, 第7章

稲見 亨 同志社大学教授　　　　　　　　　　　　第3章,
(Prof. Dr. Toru INAMI, Doshisha University)　　　　第6章（翻訳）

佐藤 誠二 静岡大学教授　　　　　　　　　　　　第4章,
(Prof. Dr. Seiji SATO, Shizuoka University)　　　　第5章（翻訳）

ハンス-ユルゲン キルシュ ミュンスター大学教授　第5章
(Prof. Dr. Hans-Jürgen KIRSCH, Westfälischen
Wilhelms-Universität Münster)

ニルス ギムペル-ヘニング ミュンスター大学学術助手 第5章
(Mitarbeiter M. Sc. Nils GIMPEL-HENNING, Westfälischen
Wilhelms-Universität Münster)

ヘニング チュルヒ ライプチヒ商科大学教授　　　第6章
(Prof. Dr. Henning ZÜLCH, Handelshochschule Leipzig)

ドミニク デッツェン ライプチヒ商科大学学術助手　第6章
(Mitarbeiter M. A. Dominic DETZEN, Handelshochschule
Leipzig)

〔略語一覧〕

(専門用語等)

ADHGB	Allgemeines Deutsches Handelsgesetzbuch	ドイツ普通商法典
AEUV	Vertrag über die Arbeitsweise der Europäischen Union	EUの権能に関する条約
ALPS	Allgemeines Landrecht für die Preußischen Staaten	プロイセン一般国法
BFH	Bundesfinanzhof	連邦財政裁判所
BilKoG	Bilanzkontrollgesetz	会計統制法
BilReG	Bilanzrechtsreformgesetz	会計法改革法
BiRiLiG	Bilanzrichtlinien-Gesetz	会計指令法
BilMoG	Bilanzrechtsmodernisierungsgesetz	会計法現代化法
BMJ	Bundesministerium der Justiz	連邦法務省
BMF	Bundesministerium der Finanzen	連邦財務省
BT	Bundestag	連邦議会
BR	Bundesrat	連邦参議院
DRS	Deutscher Rechnungslegungsstandard	ドイツ会計基準
DRSC	Deutsches Rechnungslegungs Standards Committee	ドイツ会計基準委員会
EC	European Communities	欧州共同体
EU	Europäische Union	欧州連合
EuGH	Europäischer Gerichtshof	欧州裁判所
EWG	Europäische Wirtschaftsgemeinschaft	欧州経済共同体
FASB	Financial Accounting Standards Board	財務会計基準審議会
GAAP	Generally Accepted Accounting Principles	一般に認められた会計原則
GoB	Grundsätze ordnungsmäßiger Buchführung	正規の簿記の諸原則
GoF	Geschäfts- oder Firmenwert	営業価値またはのれん
HGB	Handelsgesetzbuch	商法典
IAS	International Accounting Standards	国際会計基準
IASB	International Accounting Standards Board	国際会計基準審議会
IASC	International Accounting Standards Committee	国際会計基準委員会

IDW	Institut der Wirtschaftsprüfer in Deutschland e.V.	ドイツ経済監査士協会
IFRS	International Financial Reporting Standards	国際財務報告基準
KapAEG	Kapitalaufnahmeerleichterungsgesetz	資本調達容易化法
KapCoRiLiG	Kapitalgesellschaften- und Co. Richtlinie-Gesetz	資本会社 & Co. 指令法
KonTraG	Gesetz zur Kontrolle und Transparenz im Unternehmensbereich	企業領域統制・透明化法
MicroBilG	Kleinstkapitalgesellschaften-Bilanzrechtsänderungsgesetz	最小規模資本会社会計法修正法
RefE	Referentenentwurf	参事官草案
RegF	Regierungsentwurf	政府法案
TransPuG	Transparenz- und Publizitätsgesetz	透明化・開示法
Vgl.	vergleiche	参照
(独文雑誌)		
BB	Betriebs Berater	
BBK	Buchführung, Bilanzierung, Kostenrechnung	
BC	Zeitschrift für Bilanzierung, Rechnungswesen und Controlling	
BFuP	Betriebswirtschaftliche Forschung und Praxis	
BGBl	Bundesgesetzblatt	
DB	Der Betrieb	
DStR	Deutsches Steuerrecht	
KoR	Zeitschrift für internationale und kapitalmarktorientierte Rechnungslegung	
StuW	Steuer und Wirtschaft	
S : R	Status : Recht	
WPg	Die Wirtschaftsprüfung	
ZCG	Zeitschrift für Corporate Governance	
ZfB	Zeitschrift für Betriebswirtschaft	
Zfhf	Zeitschrift für handelswissenschaftliche Forschung	
ZGR	Zeitschrift für Unternehmens- und Gesellschaftsrecht	

目　次

第1章　ドイツ会計の国際化 …… 1
1. は　じ　め　に …… 1
2. ドイツ会計法の改革 …… 2
    2.1　1985年会計指令法 …… 3
    2.2　2004年会計法改革法 …… 4
    2.3　2009年会計法現代化法 …… 7
3. 新HGBによるおもな会計事象の処理 …… 9
    ―BilMoG後のHGBとIFRSの比較―
    3.1　は　じ　め　に …… 9
    3.2　営業価値またはのれん …… 10
    3.3　自己創設無形固定資産 …… 13
    3.4　年　金　引　当　金 …… 18
4. むすびと展望 …… 21

第2章　商法会計法の現代化と正規の簿記の諸原則（GoB）論 …… 29
1. は　じ　め　に …… 29
2. 会計法現代化法の目的と重点移動 …… 30
    2.1　BilMoGの目的設定 …… 30
    2.2　年度決算書の重点移動 …… 31
3. GoB規範構造・解釈基盤の変化 …… 32
    3.1　商法会計法の規範構造 …… 32
    3.2　GoB解釈基盤の揺らぎ …… 35
4. GoBの新しい解釈論理 …… 37
    4.1　Kirschの GoB論 …… 38

  4.2 Baetge（Kirsch, Solmecke）らの GoB 論 ………………………… *41*
  4.3 Solmecke の GoB 論 ………………………………………………… *49*
 5. お わ り に ……………………………………………………………… *56*

第3章　会計制度改革における規制緩和 …………………………… *61*
 1. は じ め に ……………………………………………………………… *61*
 2. 資本市場指向の会計制度改革 ………………………………………… *62*
  2.1 資本市場指向の概念と 1998 年改革 ………………………………… *62*
  2.2 2000 年の制度改革 …………………………………………………… *63*
  2.3 2004 年の制度改革 …………………………………………………… *64*
  2.4 規模基準値の引上げ ………………………………………………… *66*
 3. BilMoG による規制緩和措置導入の背景 …………………………… *68*
  3.1 BilMoG 立法化の背景 ………………………………………………… *68*
  3.2 BilMoG による規制緩和措置 ………………………………………… *70*
 4. MicroBilG による規制緩和措置の導入 ……………………………… *73*
  4.1 MicroBilG 立法化の背景 ……………………………………………… *73*
  4.2 MicroBilG による重要な改正点 ……………………………………… *74*
  4.3 負担軽減措置の要件と適用時期 …………………………………… *77*
 5. お わ り に ……………………………………………………………… *78*

第4章　会計法現代化法における基準性原則 …………………… *83*
 1. は じ め に ……………………………………………………………… *83*
 2. ドイツにおける商法会計と税法会計 ………………………………… *84*
 3. BilMoG と基準性原則 ………………………………………………… *86*
  3.1 BilMoG の税務中立的転換 …………………………………………… *86*
  3.2 基準性原則の破棄の増大 …………………………………………… *88*
 4. BilMoG と統一貸借対照表 …………………………………………… *91*
  4.1 BilMoG 以前の統一貸借対照表実務 ………………………………… *91*

4.2　統一貸借対照表と電子貸借対照表 …………………………………… *98*
　5.　お　わ　り　に ……………………………………………………………… *100*

第5章　ドイツにおける無形資産会計 ……………………………… *109*
　1.　は　じ　め　に ……………………………………………………………… *109*
　2.　ドイツ商法に基づく無形資産の概念と種類 ………………………………… *109*
　3.　ドイツ商法に基づく無形資産の計上 ………………………………………… *110*
　　3.1　抽象的借方計上能力 ……………………………………………………… *110*
　　3.2　具体的借方計上能力 ……………………………………………………… *112*
　4.　ドイツ商法に基づく無形資産の評価 ………………………………………… *118*
　　4.1　当　初　評　価 …………………………………………………………… *118*
　　4.2　継　続　評　価 …………………………………………………………… *124*
　5.　ドイツ商法に基づく無形資産の表示 ………………………………………… *126*
　6.　ま　と　め …………………………………………………………………… *127*

第6章　ドイツにおける公正価値会計 ……………………………… *137*
　1.　は　じ　め　に ……………………………………………………………… *137*
　2.　ドイツにおける時価評価 ……………………………………………………… *139*
　　　―歴史的概観―
　　2.1　ま　え　が　き …………………………………………………………… *139*
　　2.2　19世紀における評価と会社乱立危機（1873/74年）の教訓 ………… *139*
　　2.3　20世紀前半における原則主義的な評価 ………………………………… *142*
　　2.4　20世紀末葉における慎重な評価の定着ならびに国際化 ……………… *145*
　　2.5　小　　　　括 ……………………………………………………………… *147*
　3.　ドイツ商法の国際化を背景にした時価会計論議 …………………………… *147*
　　3.1　概　　　　観 ……………………………………………………………… *147*
　　3.2　BilMoG参事官草案および政府法案における公正価値評価 …………… *148*
　　3.3　公正価値評価に対する批判と立法者の反応 …………………………… *150*

3.4　公正価値評価にみるドイツ商法の今後の展開 ································ 153
　4. 結　　　論 ··· 154

第7章　ドイツにおけるヘッジ会計 ··· 163
　1. は　じ　め　に ··· 163
　2. 評価単位の形成に関する規定 ·· 163
　3. 評価単位の形態と有効性 ·· 167
　4. 評価単位の会計処理 ·· 171
　5. GoB・一般諸原則への影響 ··· 175
　6. お　わ　り　に ··· 177

索　　　引 ··· 181

第*1*章
ドイツ会計の国際化

1. は じ め に

　ドイツ商法会計法は，この 28 年，(欧州的) 調和化を目指して改正を重ねてきた。これに関連して行われた重要な商法典 (HGB) 改革は，EC 第 4 号および第 7 号指令の転換としての会計指令法 (BiRiLiG) および会計法改革法 (BilReG) であった。それらは立法発議によって成し遂げられた，欧州レベルでの"最低限の調和化"にすぎなかったが，2009 年の会計法現代化法 (BilMoG) にいたって，ドイツ会計法は大幅に改正された。BilMoG の目的は，「IFRS との関係において等価で，しかも効率的かつ簡素な規準メカニズムを堅持するため…，商法会計規定を IFRS に適度に接近させる」[1]ことであった。立法者は改正法に関する立論で，代替的選択肢として強くこだわろうとした，競合的な IFRS 会計システムを引き合いにだして，─とくに情報機能引上げのために─当の競合的な会計システムに適度に接近させたと確言している。

　その場合，IFRS と HGB とでは適用範囲がそれぞれ異なることを顧慮しなければならない。ドイツでは 2005 年以来，資本市場指向の親企業にのみ IFRS を義務的に適用してきたが，非資本市場指向企業または非親企業など多くのドイツ企業は，もっぱらドイツ商法会計法準拠の貸借対照表を作成してきた[2]。

　IFRS と HGB は，適用範囲の違いだけでなく，それぞれの会計システムに

固有の相異なる会計目的をもっている。すなわち，IFRS 決算書がもっぱら意思決定有用性に適合的であるのに対して，ドイツ商法会計法は，受け手の利害調整に向けた目的体系（文書記録，会計報告責任，資本維持）[3]を基礎にしている[4]。

適用範囲や会計目的の違いを踏まえた，上述の BilMoG 理由書でのドイツ立法者の言明から，BilMoG は，もともと資本市場指向企業に義務づけた IFRS 決算書を補完しようとしたのでなく，むしろドイツの非資本市場指向企業のための，IFRS 会計システムと等価の会計モデルを目指そうとしたことは明らかである[5]。BilMoG は，これらの企業に IFRS と比較可能な年度決算書の作成を可能にした。かくして BilMoG は，いよいよ国際化するドイツ企業に，国際的に受け入れられる決算書を可能にする，非資本市場指向企業のための，会計の（IFRS に近づく）ドイツ的回路を意味している。その点で，国際会計ですでに周知の，いくつかの要素がドイツ会計法に入り込むことになったのはごく自然である。

ドイツ会計の部分的国際化は，おもに以下二つの節で明らかにされる。まずはじめに，ドイツにおける重要な会計法改革の歴史的概観が扱われる。そこでは，HGB 改正法が，調和化・国際化を基因とした点でその意義が評価されている。つづく節では，ドイツ会計法の最新の改革・BilMoG でのいくつかの代表的な会計事象を手がかりに，HGB が，一方では立法者によっていかに IFRS に接近せしめられ，しかも他方では，ドイツの立法者が特定の IFRS 規準に対していかに意識的に距離を置き，それをいかに理由づけたのかも明らかにされている。次いで，IFRS への接近の度合とその違いを例示的に扱った会計事象が取り上げられている。ただ，ドイツ会計の国際化の範囲についての総活では，もともと国際会計とは異なる処理がなされている，商法会計でのその他多くの会計事象は検討されていないことに留意しなければならない。

2. ドイツ会計法の改革

ドイツ会計法発展の歴史的考察では，この間の環境条件の変化に応じた不断

図表 1-1　BiRiLiG から BilMoG へ ─おもな立法措置

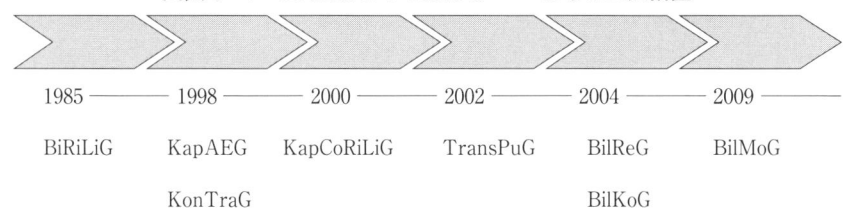

1985	1998	2000	2002	2004	2009
BiRiLiG	KapAEG	KapCoRiLiG	TransPuG	BilReG	BilMoG
	KonTraG			BilKoG	

の持続的な適合が基礎にあることを明らかにした。とくにヨーロッパレベルでの国際化と調和化の視点が，ドイツ HGB 会計を進展せしめた。図表 1-1 では，おもな立法発議による展開が図示されている。各年次は，国際化をめざした法改正の頻度とともに，この過程のダイナミズムを明らかにしている。つづく論考では，重要な HGB 改正法の三つのマイルストーン─BiRiLiG，BilReG および BilMoG ─が扱われている。それに比べて，その他の法律は，ある局面では問題になるが，上述三つの法律ほど重要ではない[6]。

2.1　1985 年会計指令法

1985 年 12 月 19 日可決の会計指令法（BiRiLiG）は，ドイツの立法者が EC 第 4 号指令（1978 年 7 月 25 日　年度決算書指令），第 7 号指令（1983 年 6 月 13 日　連結決算書指令）および第 8 号指令（1984 年 4 月 10 日　決算書監査人指令）を，それぞれドイツ商法に転換したものである[7]。これらの指令の目的は，国内会計規定を EC 内で調整し，ヨーロッパ企業の決算書のより良い比較可能性を創りだすことにあった[8]。各国の会計規定は，これまで一般に加盟国が専ズ的に形成する権限をもっていたが，上述の指令の議決は，その責任の一部を EU に移譲する第一歩となったことを意味する[9]。欧州指令は，加盟国に直接適用される EU 議決による欧州命令（AEUV 第 288 条 2 項*①）とは違い，目的・期限どおりに国内法に転換しなければならない（AEUV 同条 3 項*②）。その点では，国内の特性を顧慮する可能性が保障されているはずである[10]。BiRiLiG の可決によって EC 指令で認められた，（41 におよぶ[11]）かの加盟国選択権が広範に利用された結果，国内会計規定は限定的に収斂されるにとどまり，そのた

め年度決算書の比較可能性が大きく制約されることとなった[12]。しかし，この加盟国選択権の国内法への継受は，ドイツに，ドイツ会計法の重要な（不可欠の）諸原則，すなわち債権者保護原則と税務貸借対照表に対する商事貸借対照表の基準性原則を堅持することを可能にした[13]。それにも拘らず，BiRiLiGの結果，ドイツ会計法の構造や範囲，適用領域，詳細さなどでは明らかに変化した[14]。同時に，たとえば，貸借対照表および損益計算書の項目分類規定や状況報告書規定など，ドイツ会計法の重要な構成要素ではEC指令に譲ることとなった。またEC指令のドイツ法への転換に伴い，たとえば関係法令の（再）統合／承継を通じて，会計規定をあらかじめ株式法に移しかえるなど，HGBは大幅に改編された[15]。とくに連結会計では，EC第7号指令をうけ，BiRiLiGによって連結範囲や資本連結に関する規定も改正された。こうして，国外子会社の決算書が強制的に連結決算書に組み込まれるようになり，比例連結が許容され，同じく持分法によって，一定の出資額の成果作用的な会計処理が，歴史的調達原価を上回っても許されるようになった[16]。EC第7号指令の目的は，とくに連結決算書の情報能力を高めることにあったのである[17]。

　*〔訳者注〕：
　　① AEUV・Vertrag über die Arbeitsweise der Europäischen Union「EUの権能に関する条約」第288条2項，「命令（Verordnung）は，その全体にわたって一般的拘束力をもち，すべての加盟国に直接適用される」
　　②同条3項，「指令（Richtlinie）は，達成さるべき結果（目標）について，それを指示されたすべての加盟国を拘束するが，その形式および方法については国内機関の選択に委ねる」

2.2　2004年会計法改革法

　BiRiLiGの導入からおよそ20年，ドイツの立法者はまず会計法改革法（BilReG）をもって，ドイツ商法を二つのEU指令，すなわち公正価値指令[18]と現代化指令[19]による調和化をはかり，さらにいわゆるIAS命令[20]に従って，資本市場指向企業の会計規定をIAS/IFRSに適合させた[21]。すなわち，

通常，2005年1月1日以降に始まる営業年度に効力をもつIAS命令[22]は，欧州資本市場指向のすべての親企業に，（EUが承認した）IAS/IFRS準拠の連結決算書の作成を義務づけたのである[23]。ただし，資本市場指向企業の（個別）年度決算書および非資本市場指向企業の年度決算書・連結決算書に対しては，国際的会計基準を指示または許容する加盟国選択権が認められた[24]。EU委員会は，IAS命令をもって，IAS/IFRS準拠の統一的な会計処理によって，資本市場指向企業の欧州域内市場および資本市場での競争力を強めようとしたのである。BiRiLiGでは国家主権を守りながら会計を調和化させようとしたが，EU委員会は，EU加盟国に直接適用されるEU命令をもって，IAS/IFRSを徹底させ，それによって，加盟国がその義務づけをさまざまに解釈し，そこから基礎をなす会計システムとの関わりで，決算書の比較可能性を損なうことを避けようとしたのである[25]。

　ドイツの立法者は，HGB第315a条3項によって，非資本市場指向の親企業も，IFRSと同じ連結決算書を作成できるものとし，同時にHGB連結決算書の追加的作成義務を免責することとした。こうして，これらの企業は，共同出資者に国際的連結決算書を提供できるようになった[26]。立法者は，（個別）年度決算書に関しても，資本市場指向企業と同じく，非資本市場指向企業に，開示目的のために，国際的諸原則によってこれを作成することを任意とした（HGB第325条2a項）[27]。IAS/IFRS連結決算書の場合とは違って，IFRS個別決算書にはもちろん免責効果はなく，企業はHGB決算書の作成義務を免れることはできない。立法者の見解では，ドイツHGBの個別決算書は，IFRS決算書では果たせない配当額・課税額算定機能の任務をもっているからである[28]。図表1-2は，IAS/IFRSの適用範囲を図示したものである。IFRS連結決算書の作成義務を負う資本市場指向のコンツェルンは，たとえIAS命令が慎重原則に反していようとも，欧州的連結決算書の比較可能性を少なからず改善することになる[29]。

　現代化指令と公正価値指令の目的は，IAS命令の適用をうける企業と適用外の企業との間の，会計処理上の競争条件を統一することであった。このた

図表 1-2　会計法改革法による IAS/IFRS の適用範囲[30]

連結決算書	
資本市場指向企業	非資本市場指向企業
IFRS 義務	IFRS 選択権 （HGB 第 315a 条）

↓
HGB 決算書の免責

個別決算書	
資本市場指向企業	非資本市場指向企業
HGB 義務	HGB 義務

↓
開示目的のため：IFRS 選択権
（HGB 第 325 条 2a 項）
↓
HGB 決算書の非免責

め，IAS/IFRS で認められている選択権は，貸借対照表を作成するすべての EU 会社に同じように開かれているはずである[31]。EU 指令も，EC 第 4 号・第 7 号指令と IAS/IFRS との違いを取り除くだけでなく，加盟各国がその国内会計規定を国際的会計基準に適合できるように，柔軟な会計の枠組みを作ろうとした[32]。そのため，改正提案は，総じて比較可能性を高めるとともに，（連結）決算書の情報内容をより充実すべく，とりわけ決算書での幅広い計上を含んだものとなっている。BilReG は，大資本会社に対して，財務的成果指標と並んで，企業活動にとって環境的および社会的に意義ある非財務指標についても幅広く，より適切な説明を求めている[33]。BilReG はさらに，HGB 第 297 条 1 項によって，コンツェルンには，連結決算書の分析者にとって重要な情報となる，キャッシュフロー計算書と自己資本変動表も公表するよう求めている。セグメント報告書の作成義務は，IAS/IFRS に準拠して会計を行う資本市場指向企業のための，IAS 第 14 号からも明らかである[34]。

　ドイツ会計規定の発展が，企業報告書に対する要求を高めてきたことは確かである。しかしそれは，とくに中小企業にとっては高負担の会計となる。ヨーロッパの立法者はこうした傾向に抗して，HGB 第 267 条 1 および 2 項，第 293 条 1 項 1 および 2 号の相応の改正をおこなって，会社の報告書作成義務に関わる規模基準値を大幅に引上げた。

　総じて，BilReG によって，資金調達目的にとって高まりつつある資本市場

の重要性が，当該会計規定の適合を通じて顧慮されたことが確認できよう。資本市場指向企業の決算書の受け手は，より比較可能な決算書を手にすることになる。BilReG の改正によって，これらの要求が適えられたのである。

2.3 2009年会計法現代化法

2009年5月，BilMoG によって，BiRiLiG 以来，ドイツ会計法の最も重要な改正が効力を発した。IASB の国際的会計基準の引き続く進展と承認の広がりは，ドイツの立法者をして，ドイツの非資本市場指向企業に，IFRS 決算書と比較可能な情報系年度決算書を作成させる，非資本市場指向企業のための，IFRS と代替可能なモデルを創出せしめるきっかけとなった[35]。BilMoG-HGB（新 HGB）は，IFRS に依存しない独立の会計システムを意味し，とくにドイツの非資本市場指向企業に，IFRS とほぼ等価で，しかも簡素な代替的選択肢を与えようとした。そのことは，つぎの事実からも明らかである。すなわち，国際的に活動している（資本市場指向または非資本市場指向の）企業には，商法上の貸借対照表に加えて，事実上，国際的会計基準準拠の会計を行わせ，それが競争力をもって可能な限り同じ条件で国際的な取引に参加することになる[36]。とはいえ，ドイツの立法者は，個別決算書にも IAS/IFRS の適用を義務づけるのは（広範囲にすぎるので）賢明でないとみて，HGB を相応の改革にとどめることとした。なぜなら，IAS/IFRS の適用は，非資本市場指向企業に，現代化された商法規準より実質的に高い負担を求めることになるからである[37]。またことによっては，これらの企業が，IAS/IFRS 流の幅広く詳細な情報義務のために，競争上の重要なデータを公表することで，生存を脅かされる惧れがあることに気づいた。いずれにしろ，IAS/IFRS を，世界基準として非資本市場指向企業に，強くそれを認めさせるには十分確信がもてないということであった[38]。

立法者は，BilMoG によってまず，現代化されたドイツ HGB 準拠の非資本市場指向企業の会計を，「持続的かつ国際的会計基準との関係においてほぼ等価であり，しかも効率的で簡素な代替的選択肢」[39]に発展させようとした。も

図表 1-3　BilMoG の目的[41]

会 計 法 現 代 化 法		
上位目的		
商法年度決算書の情報能力の強化	非資本市場指向企業のための効率的で簡素な IFRS の代替的選択肢の創出	商法年度決算書の信頼性の強化
下位目的		
・時代遅れの選択権の廃止 ・必要な限り，HGB の IFRS への接近 ・規制緩和 ・税務中立性 ・決算書監査人とコーポレート・ガバナンスの役割強化 ・EC 指令の転換		

ちろん，その場合，資本市場指向企業の IAS/IFRS 会計は何らかかわりはない。BilMoG 改革は，非資本市場指向企業の商法年度決算書の情報内容を豊かにし，その確実性において受け手の信頼を高めるはずである[40]。

さらに，監査義務ある企業の商法年度決算書での信頼は，とくに決算書監査人に関する厳しい規定やコーポレート・ガバナンスに対する高い要求，あるいは（たとえば，そのときどきのリスク管理システムに関するなど）広範な文書記載義務によって得られるはずである[42]。

商法年度決算書の情報能力および比較可能性，信頼性は，HGB における時代遅れの，もはや時宜を得ない計上・評価・表示選択権の廃止によっても高められよう[43]。同時に，立法者が商法規定を必ずしも全面的ではないが，IAS/IFRS に適度に近づけたことで，決算書の情報内容は高められたはずである[44]。図表 1-3 に掲げた目的は，商法規定の IAS/IFRS への接近によって，高価値でより良質の HGB 決算書が，商法年度決算書の目的体系たる，配当・課税利益の算定基礎たることも，また商法上の正規の簿記・会計処理の諸原則を放棄することもなく達成されたはずである[45]。現代化された HGB 規定はさほど複雑ではなく，その分 IAS/IFRS 会計によるよりも，より効率的な会計

が保証されるはずである(46)。その上，負担軽減のために，たとえば一定規模の零細企業には，帳簿記帳・貸借対照表作成義務を免除するなどの規制緩和措置もあらかじめ用意されている。こうした規制緩和措置によって，非資本市場指向企業には，会計に伴う10億ユーロに上るコストの節約がもたらされるはずである(47)。ドイツの立法者は，BilMoGを成立させることで，これらの目的のいずれをも実現しようとしたのである。

3. 新HGBによるおもな会計事象の処理
―BilMoG後のHGBとIFRSの比較―

3.1 はじめに

第2節から明らかなように，BilMoGは，ドイツ商法の最新の改革であるだけでなく，25年来の大改革でもある。この改革によって，ドイツの立法者は，IFRSとの関係においてほぼ等価で，しかも効率的かつ簡素な規準メカニズムを創りだし，会計目的たる債権者保護（資本維持）と会計報告責任を放棄することなく，新しい商法会計をIFRSに適度に接近させたとした。ドイツの会計システムと国際的会計システムは，とくにその会計目的の違いから，基本的に今後も区別されるとしても，ドイツ会計法がIFRSに一段と接近したことは，ドイツ会計の国際化の証でもある。IFRS決算書は，投資家に対して*意思決定に有用な情報*を提供することである。この会計目的は，国際的会計基準が有する質的要求にはっきり表れている。それは，意思決定に有用な情報の特性を示す*基本的な*質的要求（目的適合性，忠実な表現：完全性，中立性および無誤謬）(48)と，意思決定有用性の度合いをより細部にわたって規定する*補完的な*質的要求（比較可能性，理解可能性，検証可能性，適時性）(49)から成っている。

ドイツの会計規定は，文書記録，会計報告責任，資本維持を目的とし，それらが互いに一体となって目的体系を形づくっている。文書記録は，年度決算書目的たる会計報告責任および資本維持（債権者保護）(50)にとっての基礎であり，その前提をなしている。会計報告責任目的は，年度決算書に向けられた情報関

心に応えることである。すなわち財産,財務および収益状態の実質的諸関係に合致した写像の伝達,とりわけ,期間に限定された成果の伝達によって,受託資本の利用状況を開示することにある。資本維持目的（債権者保護）は,年度決算書の読み手が,名目的自己資本が維持されているかどうかを見極められるよう配慮することである。会計報告責任（情報伝達）と資本維持（債権者保護）がともに顧慮されることで,（投資家や債権者など）さまざまな受手集団の利害調整が果たされる。

ドイツ会計と国際会計の間には,その目的の違いのほかに,法体系,租税体系もしくは所有・資本市場構造といった,相異なる環境要素に規定される規準メカニズムの考え方での,（ヨーロッパ大陸系の）ドイツ会計と国際的・アングロサクソン系会計との違いもある。

つぎの小節では,三つの重要な会計事象を手がかりに,BilMoG が国際的会計基準にいかに接近したかを明らかにする。

―自己創設無形固定資産の借方計上
―企業買収の際に発生する営業価値またはのれんの会計処理
―年金債務会計に係るいくつかの側面（とくに,割引および制度資産の相殺）

以下では,ドイツ商法の,国際的会計基準への部分的接近を,おもな会計事象（計上／評価）について,まず BilMoG の各規定を旧 HGB 版の規定と対比した上で,IFRS の当該規定にふれ,最後に HGB-BilMoG と IFRS の規定との一致点と違いを示す形で具体的に説明していく。

3.2 営業価値またはのれん

3.2.1 ドイツ会計法による会計処理

BilMoG-HGB（新 HGB）第 246 条 1 項 4 文によれば,派生的営業価値またはのれん（derivativer GoF）は,期間的に限定された利用可能な財産対象物とみなされ,貸借対照表に計上した上で[*],事業活動の各利用期間にわたって計画的に,場合によって計画外で償却しなければならない。資産譲渡（Asset-Deal）による GoF を,借方計上するか費用として認識できた,旧 HGB 第 255 条 4 項

1文による従来のGoF計上選択権は廃止された。また，資本連結の枠内での株式譲渡（Share-Deal）によって連結決算書に生じるGoFを，成果中立的に準備金と相殺できるとした選択権（旧HGB第309条1項3文）も削除された。これまでの実務では，GoFは通常，準備金と直接相殺するか，借方計上した上で，たいていは（税法上のルールの）15年で減額記入されるため，GoFに関する企業間の比較可能性は著しく限定された。BilMoGによって，GoFの会計処理での会計政策的な裁量の余地は大きく制約されることになる。ともあれ，借方計上義務は譲渡取引からのGoFに関する限り，2010年の営業年度から適用される。それ以前の譲渡取引からのGoFには，引続き従来の会計処理が許される（HGB施行法第66条3項2文）。新HGBによれば，GoFの耐用期間は，さまざまな根拠をもとに個々に見積られる。そこで個々に見積られた耐用期間が，立法者が妥当と認める5年の期間を超える場合，そのことを附属説明書でそれぞれ理由を付して示さなければならない（HGB第285条13号）。税法上の基準たる耐用期間をそのまま準用することは認められない。新HGB第253条5項2文によれば，営業価値またはのれんを計画外で減額記入した場合，事後の価値回復は許されない。

*〔訳者注〕：
　新HGB第246条1項4文は，企業結合に伴う営業価値またはのれんについて，その計上選択権を廃止した上，旧法第255条4項1文とほぼ同文で，「期間的に限定された利用可能な財産対象物」として，これを計上義務とした。

3.2.2　IFRSによる会計処理

　企業結合によって，取得原価がIFRS基準で評価された被買収企業の純資産を上回った場合，営業価値またはのれんとして会計処理すべき財産価値が生じる。それは，個別に識別できず，また会計上も区分して認識もできない買収価格で補償される，将来の経済的便益を表す資産である。営業価値またはのれんは，取得時点で，その取得原価をもって耐用期間が無限定の財産価値として会計処理される。それは，他の財産価値から独立した，独自のキャッシュフローが発生しないことから，企業結合の時点で，いわゆるキャッシュ生成単位

(cash-generating unit）に配分される。計画的償却ではなく，原則的には[51]減損の兆候が現れた年度か即時に計画外で償却しなければならない。減損テストは，IAS 第 36 号に従って行われる。この場合，財産価値の帳簿価額（carrying amount）と回収可能額（recoverable amount）を比較しなければならない[52]。期末に，計上された GoF に組入れられた価値（回収可能額）が帳簿価額を下回る場合は，価値修正しなければならない。その際，まずキャッシュ生成単位に配分された営業価値またはのれんを価値修正しなければならず（IAS 第 36 号 104 項（a）），さらに減損が必要な場合は，減損損失をキャッシュ生成単位内の財産価値の帳簿価額から控除しなければならない。個別の財産価値ごとに回収可能額を測定できる場合，営業価値またはのれんを上回る減損必要額は，キャッシュ生成単位を構成する財産価値に，その帳簿価額に比例して配分しなければならない。その場合，財産価値は，その回収可能額またはゼロを下回って見積もることはできない（IAS 第 36 号 105 項）。財産価値の回収可能額が測定できない場合は，減損必要額を客観的に検証可能な方法によって配分することができる。

　IAS 第 36 号 124 f 項によれば，減損処理された営業価値またはのれんは，当該のキャッシュ生成単位の回収可能額が以後の期間にふたたび上昇した場合でも，戻入れすることはできない。なぜなら，そのような価値上昇は，借方計上能力のない本源的営業価値またはのれんの創設に由来したものだからである。それに対して，減損処理されたキャッシュ生成単位の戻入れは，過年度に減損処理された財産価値に比例して行われなければならない。

3.2.3　新 HGB と IFRS の共通性と違い

　借方計上義務のためになされた，派生的営業価値またはのれんの会計選択権の廃止は，ドイツ会計法の国際的会計基準への同化を意味している。なお，本源的営業価値またはのれんの借方計上禁止では，両会計システムは共通している。しかしながら，GoF の継続評価では，実質的にかなりの違いがある。新 HGB での GoF は，通常，耐用期間 5 年の，期間限定的に利用可能な財産対象物とみなされ，それに合わせて計画的に減額記入しなければならないが，

IFRSではGoFの計画的償却をとらず，もっぱら上述の減損アプローチによっている。ドイツの立法者は，減損アプローチを受け入れないこととした。なぜなら，企業（部分）の買収か企業（部分）の自己設立かの選択に当たって，将来，企業（部分）の買収費用を損益計算書に関わらせずに，極端な減損を思いとどまる可能性を経営者に与えようとしたからである。その上，IFRS決算書では，たとえば広告宣伝によって生じるかもしれないGoFの価値維持費については，通常，そうした費用を減損しないため，間接の本源的営業価値としてGoFに借方計上される。IFRSでは，営業価値またはのれんを前述した減損規準をもとに，いわゆるキャッシュ生成単位に配分しなければならないが，HGBは，（すべての固定資産と同様）耐用期間の確定を重んじた，比較的シンプルな計画償却を考えている。営業価値またはのれんに関する戻入れの禁止は，両会計システムとも同じであり，ドイツの会計では，その規定はすでにBilMoG以前にもあった。

3.3　自己創設無形固定資産

3.3.1　ドイツ会計法による会計処理

　独立して利用可能な無形固定資産財は，完全性原則と結びつく借方計上原則に基づいて借方計上しなければならない[53]。旧HGB第248条2項では，無償取得もしくは自己創設の無形固定資産は，明示的に借方計上禁止とされていた。こうした禁止は，無償取得の無形資産価値が，明らかに算入可能な取得原価によっても，あるいは市場で形成される市場価格によっても，疑いの余地なく客観的に確定できないことに拠っている。それに対して，有償取得の無形資産の場合，実際の買入価格でその客観性を十分証明できる。旧規定では，取得資産と自己創設資産も，有形資産と無形資産もそれぞれ異なる扱いがなされていた。HGB年度決算書の情報レベルを引下げるこの不均等な扱いは，BilMoGでは，少なくとも選択権によって緩和された。新HGB第248条2項1文によれば，自己創設無形固定資産（selbst erstelltes immaterielles Anlagevermögen）は，開発段階で発生した製作原価をもって，借方項目として計上することがで

きる。他方，新HGB第255条2項4文によれば，研究費は借方計上禁止である。なぜなら，将来，その研究からもたらされる成果の見込みが極めて不確実であり，具体的なプロジェクトに組み込めないからである[54]。たしかに，新しく導入された自己創設無形固定資産の借方計上選択権は，具体的な投資計画での投資を想定していても，年度決算書の受け手にとっては，情報の（推定上の）改善は，当の原則的な選択権の許容と借方計上可能な開発費の評価での，著しい裁量の余地によって"あがなわれている"[55]。というのは，貸借対照表作成者は，無形固定資産の形成に要した製作原価に関して，借方計上選択権を行使することも，しないこともできるだけでなく，研究費と開発費の限定の際に生じる裁量の余地によって，計上額を左右することができるからである。しかしながら，開発費は，十分に具体化可能な，すなわち独立に利用可能な財産対象物のために費やされたときにのみ，借方計上が可能である[56]。ともあれ，2009年12月31日以降，開発のために発生した開発関連コストに限って，これを借方計上できる。新HGB第248条2項2文によれば，それは商標，版権，出版権，顧客リストおよび（その利用可能性にかかわらず）類似の無形固定資産には適用されない。これらの自己創設資産には借方計上禁止が適用される。本源的営業価値およびのれんと企業の設立費，自己資本の調達費，保険契約の締結費も，依然，借方計上禁止のままである（新HGB第248条1項）[57]。研究費は，新HGB第255条2項4文でも，従前の旧HGBでも，製作原価には入らないので借方計上できない。研究費は，物財または工法の生産や販売に備えて，研究成果その他の知見を開発に応用するものなので，開発費（第255条2a条2および3文）とは区別される。たしかに研究では，科学的，技術的に新しい知見や基盤が探求されるが，そこから必ずしも具体的な利用可能性が引き出され，切り拓かれるとは限らない。研究と開発が確実に区分できなければ，借方計上は不可能である。研究費の借方計上を限定し禁止したことで，「自己創設無形資産の資産性を十分に確保しようとしたにちがいない」[58]。ドイツの立法者は，会計目的たる"資本維持"の趣旨にそって，新HGB第268条8項によって，資本会社には貸借対照表項目の特別の扱いを定めた。借方計

上された無形資産の製作原価から，将来，相応の成果を推し計るのは容易ではなく，したがって設定された借方項目の価値保有性もおよそ疑わしいことから，資本会社の場合，借方計上された自己創設無形固定資産の製作原価には，（新 HGB 第 268 条 8 項によって）配当禁止が課せられている。すなわち，規定によると，資本会社の年度剰余分は，配当後に残余する，任意に処分可能な準備金に損失繰越額を加え，利益繰越額を減じた額が，少なくとも自己創設無形固定資産の製作原価の借方計上から生じる収益額に等しいときにのみ配当することができる。その上，新 HGB 第 285 条 22 号および 28 号により，これに関連する借方項目を附属説明書に広く記載しなければならない。

継続評価では，自己創設無形固定資産の貸借対照表価値は，一定の耐用期間の確定を前提にして，計画的に（また場合によって計画外で）償却しなければならない。それは，とくに製作原価が，利用もしくは陳腐化によって損耗する財産対象物ほどではないにしろ，（すべての固定資産の場合と同様）少なからぬ裁量の余地が与えられている。しかし，通常，新しく改善された技術や工法が，これまで開発されたものにとって代わる以上，客観的な減額記入は，固定資産たる無形資産の価値が時の経過とともに明らかに減少していくことを物語っている。

3.3.2　IFRS による会計処理

国際的会計規定・IFRS では，無形資産価値の会計処理は，IAS 第 38 号・無形資産価値において定められている。無形資産価値は，IAS 第 38 号 8 項以下の計上基準を充たしたとき借方計上しなければならず，しかもそれが取得されたものか，自己創設されたものかは関わらない。この計上基準は，それが企業にとって有用であり，財産価値の識別可能性ある将来の経済的便益が蓋然的であることを前提としている（分離可能性および契約または法的権利基準）。その上，調達原価および製作原価が信頼性をもって見積り可能でなければならない（IAS 第 38 号 21 項）。IFRS は，無形固定資産価値の用益の生成域を，前段の研究段階と，後段の開発段階との二つの準備段階に分けている。何を研究または開発活動と解すべきかの例示は，IAS 第 38 号 56 項や同 59 項で示されてい

る。そこでは，研究活動とは，新たな知識の獲得または原材料・装置・製品・工法・システムまたはサービスに関する代替的手法の探求に役立つものとしている。開発活動としては，たとえば，プロトタイプのデザイン・制作・テストがありうる。したがって開発は，利用間近な段階にあることと特徴づけられ，他方，研究は，着想的な性格をもち，時間的に開発前にあるものである。開発費は，原則的に，IAS 第 38 号 57 項に挙げる六つの，累積的に充足すべき要件を満たしたとき借方計上されなければならないが，研究費は借方計上禁止である。IAS 第 38 号 57 項は，借方計上が可能，また借方計上すべきとされる開発費について，つぎの六つの要件を挙げている。すなわち，(1) 無形資産価値の技術的実行可能性，および (2) 無形資産価値を完成させる意思，(3) 無形資産価値を使用または販売できる能力，(4) 将来の経済的便益を生成させることができること，および (5) 開発を完了させるために，企業が適切な技術的，財政的その他の資源を自由に利用できることが証明でき[59]，そして (6) 算入可能な開発原価が信頼性をもって測定できなければならないことである。開発費はまず，IAS 第 38 号 21 項以下および同 57 号による計上基準を充たした時点で借方計上されなければならない。IAS 第 38 号 66 項によれば，製作原価には，財産価値の創出，生産，および経営者が意図する方法で操業可能とするための準備に要する，直接算入可能なすべての原価が含まれる（IAS 第 38 号 66 項）。しかし，自己創設の営業価値も，商標およびトレードマーク，版権および出版権，顧客リスト・得意先，およびこれらと実質的に類似の価値も，無形固定資産価値として借方計上することはできない（IAS 第 38 号 48 項および同 63 号）。さらに，開業・準備費，研修・再教育のための支出および販売促進費，企業の一部または全部の移転および再編のためのコストは，借方計上禁止とされている。

自己創設の無形固定資産価値の継続評価は，原価モデル（*cost model*・IAS 第 38 号 74 項）*①によるか，あるいは活発な市場が存在する場合は，IAS 第 38 号 75 項以下による再評価の方法*②によっても行うことができる。IAS 第 38 号 88 項によれば，企業は，無形資産価値が限定された耐用期間のものかどうか

を決めなければならない。耐用期間が限定されている場合は，将来の経済的便益が見込まれる費消過程に応じた償却方法で計画的に償却しなければならない。耐用期間が不確定な資産価値の場合，計画的に償却することはできず，回収可能額を帳簿価額と比較して，毎期，その価値保有性をテストしなければならない。

*〔訳者注〕：
①原価モデルでは，当初認識後，無形資産は，取得原価から償却累計額および減損累計額を控除して計上する（IAS 第 38 号 74 項）。
②再評価モデルでは，当初認識後，無形資産は，再評価日での公正価値から償却累計額および減損総額を控除した再評価額で計上する。この場合，再評価額は，活発な市場により決定される公正価値を基準とする（IAS 第 38 号 75 項）が，活発な市場が存在しないときは，原価モデルで測定される（IAS 第 38 号 81 項）。

3.3.3 新 HGB と IFRS の共通性と違い

BilMoG では，旧 HGB の借方計上禁止とは逆に，自己創設無形固定資産に借方計上選択権を導入した。（前述の 3.3.2 小節のように）IFRS では，自己創設無形資産価値の借方計上ははっきりしている。つまり，開発費は，国際会計では明示上選択権ではなく，前述の要件を累積的に充足したとき，借方計上義務である。しかしながら，この義務は，貸借対照表作成企業の幅広い形成可能性と著しい裁量の余地のため，事実上の選択権であることも明らかである。新ドイツ会計法は，借方計上選択権に関しては IFRS 規準とほぼ同じである。研究費は，商標や顧客リストなどのような無形資産価値と同様，借方計上はできない。HGB も IFRS も，研究費と開発費の区分をどうすべきかでは，一応具体的な基準値をもっており，結果的に，同じ程度の裁量の余地が与えられている。しかし，ドイツ会計法では，耐用期間は強制的に定められ，無形資産はそれに従って減額記入しなければならない。それに対して，IFRS は，その可能性と並んで無形資産価値を無限に利用可能なものともみなし，計画的償却のかわりに毎年，減損テストを行うオプションを与えている。

自己創設無形固定資産の財産価値性に関しては，計上能力のためのドイツの前提は，評価可能性と並んで利用可能性を求めている点で，IFRS をしのいでいる。これに対して IFRS は，企業内の利用であっても，それを証明できる経済的便益を前提にしている[60]。

注目すべきは，ドイツ会計法では，確かに自己創設無形固定資産の重要性が認められ，計上選択権の行使で情報レベルを高めることができるが，資本会社に対しては，新 HGB 第268条8項で配当禁止としている点である。IFRS 決算書は，支払額算定機能（配分機能）をもたないので，配当禁止は必要とも意味があるともしていない。とはいえ，いくつかの DAX コンツェルンは，一定の IFRS 収益指標（たとえば，連結利益，純利益，一株当たり配当利益または営業利益）に関連づけて，確定的な配当率をもとに配当方針を決めている。

3.4 年金引当金
3.4.1 ドイツ会計法による会計処理

第三者に対する経済的負担と債務の数量化可能額が不確かであっても，債務にとってそれがより有意であれば，おそらく不確定債務引当金を設定すべきであろう。新 HGB 第253条1項2文によれば，引当金は理性的な商人の判断による，必要な履行額の高さで計上しなければならない。旧 HGB とは対照的に，計上される償還額には，引当金の見積りにあたって，将来の物価や利子および原価の上昇を考慮に入れなければならない。すなわち，新 HGB では未来指向的な見積りがなされるということである。新 HGB 第253条2項によれば，残存期間1年以上の引当金は，その残余期間にわたって過去の営業年度7年間の市場平均利子率で割引計算しなければならない。しかし，直接老齢年金債務[61]または類似の長期債務に対する引当金は，残余期間を15年と想定した場合の市場平均利子率で一律に割引計算することができる。とはいえ，この簡便法は，それが実質的な財産，財務および収益状態を歪めない限りでのみ適用が可能である。割引計算に用いられるのは，ドイツ連邦銀行によって算定され，毎月公表される利子率である。財産，財務および収益状態が誤った写像と

ならない限りで，外貨建て債務も，連邦銀行によってユーロ圏むけに算定された利子率で割引かれる。割引計算からもたらされる成果作用額は，新HGBでは財務利益として表示される[62]。

老齢年金債務は，特定の有価証券の価格変動にのみ連動する場合（基金／有価証券限定の年金確約），新HGB第253条1項3および4文による独自の会計規定が適用される。この場合，老齢年金債務引当金は，付すべき時価が最低保証額を上回る範囲で，有価証券の付すべき時価の額で計上しなければならない。

BilMoGの制定過程で，当該の年金債務の償還に充てる，いわゆる"制度資産"と老齢年金債務との相殺が新たに定められた。新HGB第246条2項の規定によって，他のあらゆる場合に要求される，資産と負債は相殺せず表示すべきとした，総額主義は破棄されることになる[63]。ここにいう相殺義務は，従業員の年金請求権を確保するため，他のすべての債権者の求償権を停止した財産対象物（制度資産）が，いつでも利用できかつ無担保であり，もっぱら老齢年金義務にかかる債務もしくは類似の長期的債務の履行に用いられ，支払不能の保証に当てられるものであり，そこからこれらの負債との相殺が顧慮されたのである。割引および相殺された資産からの費用と収益は，しかるべく処理されなければならない。それらは，財務収益のなかで相殺されなければならず，新HGB第285条25号に従って，貸借対照表での相殺額も損益計算書での相殺額も，附属説明書に記載されなければならない[64]。

3.4.2 IFRSによる会計処理

雇用関係終了後を含む従業員給付の会計処理は，IAS第19号で定められている。老齢年金請求権の会計処理では，退職後給付はまず，拠出建制度（defined contribution plans）と給付建制度（defined benefit plans）とに分けられる。

拠出建制度では，使用者が一定の掛金を，年金給付の支払いを引受ける外部の年金基金に支払う。企業側の義務は掛金支払額に限定され，従業員が保険数理上および投資リスクを負うことになるので，支払われた掛金のみが成果作用

的に認識される[65]。給付額が，基金への実際の拠出額を上回った場合にのみ，負債を貸方計上しなければならない。

給付建制度では，将来とも，企業は現在および以前の従業員と合意した給付を提供する義務を負っている。その場合，企業が保険数理上および投資リスクを負うことになる。企業は，支払額の全体または一部が外部の年金基金を超えて履行される場合でも，受給者に対する支払額を保証しなければならない。IAS 第 19 号 67 項によれば，年金確約に係る債務は，予測単位積増方式（projected unit credit method）で評価されなければならない。この予測・積増方式では，年金債務の保険数理上の見積額は，評価日までに，従業員が過去に稼得した年金請求権の現在価値として算出される[66]。この方式では，年金債務は，期間ごとにそれぞれの従業員が新しく獲得した受給権分だけ，毎期増えていくことになる。年金引当金の見積では，人口統計上の仮定（死亡率，退職率等々）や割引率，昇給率（昇任による昇給を含む）も，通貨時価（また場合によって，制度資産の収益）も同様に算入される。通貨時価の顧慮では，年金債務を割引くことが必要である（IAS 第 19 号 52 項）。適用される計算利子率は，評価日現在の，最優良の確定利付きの，できるだけ同一期間・同一通貨の社債の市場利回りを考慮しなければならない。貸借対照表上の記載額は，まず第一に給付建債務の現在価値から付すべき時価で見積られた制度資産を差引き，場合によっては年金支払義務を負う外部年金基金を差引いて算出される。包括利益計算書では，当期勤務費用と利子費用とは分別される。**当期勤務費用**には，報告期間中の従業員の勤務により生じる給付建債務の現在価値増加分が含まれる。利子費用には，給付履行年に現在価値が債務の名目額と一致するので，給付履行時点が一期近づくごとの作用額が毎期，考慮される[67]。毎期の利子作用分は，総原価方式を適用した場合は人件費か財務収益に，また売上原価方式適用の場合は作用領域ごとの費用か財務収益に表示されうる[68]。

3.4.3 新 HGB と IFRS の共通性と違い

HGB 第 253 条 1 項 2 文に挿入された履行額概念から明らかなのは，年金引当金（Pensionsrückstellungen）の見積りでは，賃金・給与および年金動向のよ

うな，将来の物価・原価の上昇を顧慮しなければならないことである[69]。会計法改革前，これらの影響の必要性をめぐって，文献での議論は対立していた。見積計算において賃金・給与および年金動向を同じように考慮しなければならない点で，商法規定はIAS第19号87-90項のそれと同じであることは明らかである。さらに，ドイツ会計における年金請求権の会計処理は，割引に関しては部分的にIFRSに合わせている。というのは，いまや新HGBでも，年金引当金は，連邦銀行から公表される，期間ごとの適用利子率で割引かれることが明らかだからである。ただし，HGBでの具体的な算定法が[70]，7年間の市場平均利子率の利用や，簡便規定で一律に15年の残余期間をおくこと，外貨での年金引当金に同じ利子率を適用できる点で，IFRSとは異なっている。

制度資産の年金引当金との相殺に関しても，HGBはIFRSに近い。BilMoG以前，年金請求権の償還に充てられる資産は，貸借対照表借方に調達原価で計上されたが，制度資産はいまや，付すべき時価で評価され，年金債務と相殺されなければならない。

ドイツにおける商法年金引当金会計の，（償還額の計上，利息計算，制度資産との相殺に関する）IAS第19号への接近は，新HGBに所得税法との食違いを持ち込むことになる。

4. むすびと展望

本論考では，BilMoGのIFRSへの適度な接近に関する典型的な事例について述べてきた。BilMoGは，全体としてIFRSのそれよりも簡素で効率的な会計システムを目指し，しかも同時に，非資本市場指向企業に対しては，IFRSのmark to model評価によって歪んだ結果をもたらしかねない，かの操作衝動的なIFRS規定に囚われずに，国際場裏で活動する競争企業と会計的にも比較できる，すぐれた代替的選択肢を提供した[71]。ここではまず，ドイツ会計法の改革を歴史的に概観することで，HGBがこの数年，さまざまな修正を重

ねてきたことを明らかにした。こうしたヨーロッパ的調和化の努力は，たとえばEC第4号および第7号指令の転換などをおもな動因としてきた。HGBはBilMoGをもって，最新の，またこの25年でもっとも重要な改革を成し遂げた。とり上げたいくつかの会計事象から，たぶんに複雑でかつ操作衝動的な規準を受け入れることなく，しかも，個別規定がどこまで国際的会計基準・IFRSに同化したのかが明らかにされた。かくして，IFRSシステムの代替的選択肢としてのBilMoG独自の簡素な会計システムが実現した。自己創設無形固定資産・価値や派生的営業価値またはのれん，年金引当金の会計処理規準が，BilMoGとIFRSとの共通性と違いを具体的に説明する事例として取り上げられている。BilMoGによって，たしかにIFRSで通用のものと違う形ではあれ，自己創設無形固定資産の借方計上能力が，また派生的営業価値またはのれんでは，まったく異なる継続評価であっても，IFRSと同様の借方計上義務が導入された。さらに，新HGBでは，いまや市場に比較的近く，IFRSと同じように表示される，年金引当金の割引やそれと関連する制度資産の評価が規定された。ドイツ商法と国際的会計基準との間には，部分的に不自然な一致はあるが，意図された一連の不自然な違いもある。というのは，HGBとIFRSはそれぞれ，部分的には明らかに異なる目的体系に拠っており，また新HGBは非資本市場指向企業にとっての，簡素で効率的な代替的選択肢だからである。HGBとIFRSとの違いを，開発費の借方計上の事例で具体的に説明できたのは適切であった。(企業の将来投資としての)開発費がきわめて重要なことから，貸借対照表作成者の意思しだいで，借方計上選択権による商法年度決算書の情報レベルの引上げが可能となる。これらの会計事象での実現可能性は，とりわけ形成能力と裁量の余地によってかなり限定されるので，立法者は，とくに資本維持の会計目的と債権者保護を果たすために，資本会社では，借方計上選択権を，たぶんに確実性の乏しいものについての，配当禁止の導入と結びつけた。批判者たちは，そもそも会計システムの目的設定(諸目的)が異なるIFRSへのドイツ会計規定の部分的同化が，たとえば秘密積立金の設定を制約する可能性や義務が債権者保護を弱めるなど，商法上個別の正規の会計処理の

諸原則の意義を変えるに違いないと見ている[72]。

　立法者のねらいは，BilMoG によって，ドイツ会計法を IFRS との関係において等価で，しかも効率的かつ簡素な規準メカニズムを創りだすべく改革することであり，そのことを IFRS への"適度な接近"が証明している。ここでもっぱら要約的に扱った会計事象でみても，立法者は，ドイツ商法の目的体系に背くことなしに，それに成功している[73]。

　この 10 年，企業経営は景気変動上の危機と並んで，事業活動のいっそうの国際化に影響を受けてきた。その点は，激しい国際競争にさらされている企業だけでなく，それらの企業が活動する各国に固有の基本システムも同じである。それは税法・会計法体系にも当てはまる。IFRS を中小企業にも徹底させようとした IASB の努力にもかかわらず（中小企業版 IFRS），ドイツ商法年度決算書はこの先もなお存続しつづけるであろう。それでも，今後，商法はもとより IFRS のさらなる改革にも期待し望まれるのは，商事貸借対照表の税務貸借対照表に対する基準性を維持し，債権者保護を担保するには，両会計システムの受け手の情報要求がいぜんとして十分充たされないとしても，双方の会計システムを接近させることである[74]。いまや経済的，生態系的および社会的持続性をテーマにした報告書がいよいよ重要性を増し，またこれまでサイロ状でばらばらに扱われていた情報内容（たとえば，予測情報や戦略レポート）を，"統合報告書（Integrated Reportings）"*に結びつけるといった，会計および報告制度における新しいトレンドは，おそらく会計システムに不断の変化を促すきっかけとなろう。

　*〔訳者注〕：
　　国際統合報告協議会（IIRC・2010 年設立）が 2013 年 4 月 16 日に提案した「国際統合報告フレームワークコンサルテーション草案」では，「統合報告」を，外部環境の変化を背景に，組織の戦略と資源配分，ガバナンス，実績とその見通し，機会とリスク，ビジネスモデルなど，重要な財務・非財務の情報を相互に統合して，それが事業の将来の価値創造にどのようにつながるかについてのコミュニケーションとしている。

注

（ 1 ） BR-Drucksache 344/08 vom 23. 05. 2008, S. 69.
（ 2 ） HGB決算書義務の免責効果をもつ非資本市場指向の親企業または企業も，（免責効果のない）個別決算書をIFRSに準拠して作成できることが分っている。
（ 3 ） Vgl. Leffson, U., GoB, S. 46–53.
（ 4 ） 3.1節を参照。
（ 5 ） つぎも参照。Baetge, J./Brembt, T., Einheitliche Rechnungslegung, S. 573.
（ 6 ） 詳細な情報については，たとえば，つぎを参照。Küting, Bilanzrecht, S. 288f.
（ 7 ） Vgl. Kirsch, H.-J., Entwicklung deutscher Bilanzierungsnormen, S. 744.
（ 8 ） Vgl. Pellens, B., et al., Internationale Rechnungslegung, S. 48. ならびに Küting, K., Bilanzrecht, S. 288.
（ 9 ） Vgl. Kirsch, H.-J., Entwicklung deutscher Bilanzierungsnormen, S. 744.
（10） Vgl. Van Hulle, K., Bilanzrichtlinien, S. 969.
（11） Vgl. Niehus, R.-J., Transformation der 4. EG-Richtlinie, S. 537.
（12） Vgl. Busse von Colbe, W., et al., Konzernabschlüsse, S. 12.
（13） Vgl. Kirsch, H.-J., Entwicklung deutscher Bilanzierungsnormen, S. 745. また，つぎも参照。Eierle, B., Unternehmensberichterstattung, S. 148f.
（14） Vgl. Kirsch, H.-J., Entwicklung deutscher Bilanzierungsnormen, S. 744.
（15） Vgl. Eierle, B., Unternehmensberichterstattung, S. 145. または，つぎを参照。Kirsch, H.-J., Entwicklung deutscher Bilanzierungsnormen, S. 744.
（16） Vgl. Kirsch, H.-J., Entwicklung deutscher Bilanzierungsnormen, S. 745.
（17） Vgl. Baetge, J./Kirsch, H.-J./Thiele, S., Konzernbilanzen, S. 22f.
（18） Fair-Value-Richtlinie 2001/65/EG des Europäischen Parlaments und des Rates vom 27. 09. 2001, ABl. EG Nr. L 283, S. 28.
（19） Modernisierungsrichtlinie 2003/51/EG des Europäischen Parlaments und des Rates vom 18. 06. 2003, ABl. EG Nr. L 178, S. 16.
（20） IAS-Verordnung 2002/1606/EG des Europäischen Parlaments und des Rates vom 19. 07. 2002, ABl. EG Nr. L 243, S. 1.
（21） EU命令は，AEUV第288条に従ったEUの法律的行為である。それは当該部分が義務的かつ直接に各加盟国に適用される一般的効力をもつ。
（22） 当該の親企業にはまず，2007年以降の営業年度に，IAS/IFRS連結決算書を作成することを義務づける可能性がある。この可能性はとくに，債券名義を有しているが株式を発行していない連結親企業にある。決算日に，規制市場に認可申請するだけか，あるいは個別の債務名義の発行だけの子企業をもつ親企業は，同様に，2005年以降，IAS/IFRS連結決算書の作成を免責される。(Vgl. BT-Drucksache 15/3419 vom 24. 06. 2004, S. 52.)
（23） BT-Drucksache 15/3419 vom 24. 06. 2004, S. 21f.
（24） BT-Drucksache 15/3419 vom 24. 06. 2004, S. 22f.
（25） Vgl. Funk, W./Rossmanith, J., Internationalisierung, S. 30. また，つぎも参照。D'Arcy, A., Aktuelle Entwicklungen, S. 119f.

第 1 章　ドイツ会計の国際化　　*25*

(26)　BT-Drucksache 15/3419 vom 24. 06. 2004, S. 22f.
(27)　Vgl. D'Arcy, A., Aktuelle Entwicklungen, S. 125.
(28)　Vgl. Wendlandt, K./Knorr, L., Bilanzrechtsreformgesetz, S. 54f. また，つぎも参照。BT-Drucksache 15/3419 vom 24. 06. 2004, S. 23f.
(29)　Vgl. Funk, W./Rossmanith, J., Internationalisierung, S. 30.
(30)　この図示は，つぎに拠った。Pellens, B. et al., Internationale Rechnungslegung, S. 52.
(31)　Vgl. BT-Drucksache 15/3419 vom 24. 06. 2004, S. 24. また，つぎも参照。D'Arcy, A., Aktuelle Entwicklungen, S. 122.
(32)　Vgl. D'Arcy, A., Aktuelle Entwicklungen, S. 122.
(33)　Vgl. Funk, W./Rossmanith, J., Internationalisierung, S. 33.
(34)　Vgl. Wendlandt, K./Knorr, L., Bilanzrechtsreformgesetz, S. 56.
(35)　HGB の諸規定は，ドイツの貸借対照表作成義務あるすべての企業の個別決算書に適用されなければならない。
(36), (37)　BR-Drucksache 344/08 vom 23. 05. 2008, S. 68.
(38)　BR-Drucksache 344/08 vom 23. 05. 2008, S. 68f.
(39)　BT-Drucksache 16/12407 vom 24. 03. 2009, S. 1.
(40)　Vgl. Solmecke, H., Auswirkungen des BilMoG, S. 44.
(41)　この図示は，つぎに拠った。Solmecke, H., Auswirkungen des BilMoG, S. 46.
(42)　Vgl. Solmecke, H., Auswirkungen des BilMoG, S. 45f.
(43)　Vgl. Melcher, W./Schaier, S., HGB-Modernisierung, S. 4.
(44)　BT-Drucksache 16/12407 vom 24. 03. 2009, S. 1.
(45)　BR-Drucksache 344/08 vom 23. 05. 2008, S. 69f.
(46)　Vgl. Solmecke, H., Auswirkungen des BilMoG, S. 45.
(47)　BR-Drucksache 344/08 vom 23. 05. 2008, S. 87.
(48)　Vgl. Conceptual Framework der IFRS, QC5-QC18.
(49)　Vgl. Conceptual Framework der IFRS, QC19-QC34.
(50)　Vgl. Leffson, U., GoB, S. 46-53.
(51)　IAS 第 36 号 99 項の前提によれば，のれんを毎期減損テストしなくてもよい。
(52)　Vgl. Baetge, J./Kirsch, H.-J./Thiele, S., Bilanzen, S. 310.
(53)　Vgl. Baetge, J./Kirsch, H.-J./Thiele, S., Bilanzen, S. 247.
(54)　Vgl. Baetge, J./Schmidt, A., BilMoG, S. 174.
(55)　Vgl. Baetge, J./Klönne, H./Schumacher, K., Financial Due Diligence-Untersuchungen aufgrund von BilMoG, S. 832.
(56)　Vgl. Petersen, K./Zwirner, C., BilMoG, S. 38.
(57)　Vgl. Petersen, K./Zwirner, C./Künkele, K. P., BilMoG, S. 31.
(58)　Vgl. Petersen, K./Zwirner, C., BilMoG, S. 39.
(59)　つぎも参照。Zwirner, C./Boecker, C./Froschhammer, M., Herstellungskosten, S. 93f.
(60)　Vgl. Petersen, K./Zwirner, C./Künkele, K. P., BilMoG, S. 30.

(61) HGBでは間接的年金確約と直接的年金確約とに分けている。ここで述べているのは，直接的年金確約にしぼり，したがって企業が年金制度に加入したとき従業員と取決めた給付を保証することを義務づけられた確約である。このため引当金を設定しなければならない。
(62) 新HGB第277条5項参照。
(63) Vgl. PETERSEN, K./ZWIRNER, C., BilMoG, S. 35.
(64) 隠蔽の扱いと老齢年金債務の確定のために商法上許されている算定方法に関しては，つぎを参照。BAETGE, L./KIRSCH, H.-J./THIELE, S., Bilanzen, 2012, S. 440-445.
(65) Vgl. BAETGE, J./KIRSCH, H.-J./THIELE, S., Bilanzen, 2012, S. 465.
(66) Vgl. BAETGE, J./KIRSCH, H.-J./THIELE, S., Bilanzen, 2012, S. 466.
(67) 給付制度の評価の枠内での保険数理上の損益の記帳に関して，関連文献ではIAS第19号を指示している。
(68) これは，旧IAS第19号版にも，また2013年1月1日から始まる営業年度に義務的に適用されるIAS第19号改訂版にも妥当する。
(69) より詳細については，つぎを参照。PIERK, J./WEIL, M., Konvergenz, S. 516.
(70) IFRSでは予測単位積増方式のみが許されているのに対して，HGBでは明文化された適用方法はないが，一般に認められた保険数理原則に従わなければならない（IDW RS HFA 30, Rdn. 60）。文献では，上述のIFRS方法と並んで，いわゆる税法上の部分価値方式も広く認められている。
(71) BilMoG決算書の，中小規模企業のためのIFRS決算書との収斂の可能性と限界に関して，詳しくはBREMBT, T., Möglichkeitenを参照。そこでは，より高度の収斂は可能だが，双方の会計システムの要求を充たす二元的決算書は不可能だという結論である。しかし，中小規模企業版IFRS決算書との差異を附属説明書に記載すれば，HGB決算書は中小規模企業版IFRS決算書にかなり適合しうる。
(72) Vgl. KÜTING, K./LAUER, P., Jahresabschlusszwecke, S. 1987.
(73) Vgl. BAETGE, J./KIRSCH, H.-J./SOLMECKE, H., Zwecksystem BilMoG, S. 1218-1222.
(74) ドイツ会計検察院（ドイツ会計検査機関）の前会長・マイヤー氏は，ドイツのIFRS連結決算書で確認された年度決算書の瑕疵の多くが，IFRSのはなはだしい複雑さからきており，したがってIFRSの複雑さの緩和が必要であることを繰り返し指摘している。

参考文献
（論文および著書）

BAETGE, JÖRG/BREMBT, TOBIAS [Einheitliche Rechnungslegung]: Möglichkeiten einer einheitlichen Rechnungslegung für nicht-kapitalmarktorientierte Unternehmen in der EU aus deutscher Sicht, in: WPg 2011, S. 572-580.

BAETGE, JÖRG/KIRSCH, HANS-JÜRGEN/SOLMECKE, HENRIK [Zwecksystem BilMoG]: Auswirkungen des BilMoG auf die Zwecke des handelsrechtlichen Jahresabschlusses, in: WPg 2009, S. 1211-1222.

BAETGE, JÖRG/KIRSCH, HANS-JÜRGEN/THIELE, STEFAN [Bilanzen]: Bilanzen, 12., aktualisierte

Auflage, Düsseldorf 2012.
BAETGE, JÖRG/KIRSCH, HANS-JÜRGEN/THIELE, STEFAN [Konzernbilanzen]: Konzernbilanzen, 9. Auflage, Düsseldorf 2011.
BAETGE, JÖRG/KLÖNNE, HENNER/SCHUMACHER, KAI [Financial Due Diligence-Untersuchungen aufgrund von BilMoG]: Herausforderungen bei Financial Due Diligence Untersuchungen aufgrund des BilMoG, in: DB 2011, S. 829-836.
BAETGE, JÖRG/SCHMIDT, ANDREAS [BilMoG]: Das BilMoG-Erleichterung oder Erschwernis für die Bilanzanalyse, in: Kapitalmarkt in Theorie und Praxis: Festschrift zum 50-jährigen Jubiläum der DVFA, hrsg. v. Rau, Fritz H./Merk, Peter, S. 171-186, Hamburg 2010.
BREMBT, TOBIAS [Möglichkeiten]: Möglichkeiten einer internationalisierten Rechnungslegung für deutsche nicht-kapitalmarktorientierte Unternehmen, Düsseldorf 2010.
BUSSE VON COLBE, WALTHER/ORDELHEIDE, DIETER/GEBHARDT, GÜNTHER/PELLENS, BERNHARD [Konzernabschlüsse]: Konzernabschlüsse-Rechnungslegung nach betriebswirtschaftlichen Grundsätzen sowie nach Vorschriften des HGB und der IAS/IFRS, 9. vollständig überarbeitete Auflage, Wiesbaden 2010.
D'ARCY, ANNE [Aktuelle Entwicklungen]: Aktuelle Entwicklungen in der Rechnungslegung und Auswirkungen auf das Controlling, in: Controlling & Management 2004, Sonderheft 2, S. 119-128.
EIERLE, BRIGITTE [Unternehmensberichterstattung]: Die Entwicklung der Differenzierung der Unternehmensberichterstattung in Deutschland und Großbritannien, Frankfurt am Main 2004.
FUNK, WILFRIED/ROSSMANITH, JONAS [Internationalisierung]: Internationalisierung der Rechnungslegung und des Controllings-Einflussfaktoren und Auswirkungen, in: Funk, Wilfried/Rossmanith, Jonas (Hrsg.), Internationale Rechnungslegung und Internationales Controlling-Herausforderungen-Handleungsfelder-Erfolgspotenziale, 1. Auflage, Wiesbaden 2008, S. 3-76.
KIRSCH, HANS-JÜRGEN [Entwicklung deutscher Bilanzierungsnormen]: Vom Bilanzrichtlinien-Gesetz zum Transparenz- und Publizitätsgesetz — die Entwicklung der deutschen Bilanzierungsnormen in den vergangenen 20 Jahren —, in: WPg 2002, S. 743-755.
KÜTING, KARLHEINZ/LAUER, PETER [Jahresabschlusszwecke]: Die Jahresabschlusszwecke nach HGB und IFRS — Polarität oder Konvergenz?, Zugleich eine Würdigung von Wolfgang Stützel, in: DB 2011, S. 1985-1991.
KÜTING, KARLHEINZ [Bilanzrecht]: Das deutsche Bilanzrecht im Spiegel der Zeiten — Zugleich eine Einordnung des Bilanzrechtsmodernisierungsgesetzes in das aktuelle und historische Bilanzrecht, in: DStR 2009, S. 288-294.
LEFFSON, ULRICH [GoB]: Die Grundsätze ordnungsmäßiger Buchführung, 1. Auflage, Düsseldorf 1964.
MELCHER, WINFRIED/SCHAIER, SVEN [HGB-Modernisierung]: Zur Umsetzung der HGB-Modernisierung durch das BilMoG: Einführung und Überblick, in: DB 2009, Beilage

Nr. 5 zu Heft 23, S. 4-8.

Niehus, Rudolf J. [Transformation der 4. EG-Richtlinie]: Zur Transformation der 4. EG-(Bilanz) Richtlinie in den Mitgliedstaaten der Europäischen Gemeinschaft — Überblick und erste Würdigung —, in: ZGR 1985, S. 536-566.

Pellens, Bernhard/Fülbier, Rolf Uwe/Gassen, Joachim/Sellhorn, Thorsten [Internationale Rechnungslegung]: Internationale Rechnungslegung, 8., überarbeitete Auflage, Stuttgart 2011.

Petersen, Karl/Zwirner, Christian [BilMoG]: BilMoG — Das neue Bilanzrecht, München 2009.

Petersen, Karl/Zwirner, Christian/Künkele, Kai Peter [BilMoG]: Bilanzanalyse und Bilanzpolitik nach BilMoG. Einzelabschluss, Konzernabschluss und Steuerbilanz, 2. vollständig überarbeitete und erweiterte Auflage, Herne 2009.

Pierk, Jochen/Weil, Matthias [Konvergenz]: Konvergenz von IFRS und HGB am Beispiel der Pensionsrückstellungen kapitalmarktorientierter Unternehmen, in: KoR, 2012, S. 516-521.

Solmecke, Henrik [Auswirkungen des BilMoG]: Auswirkungen des Bilanzrechtsmodernisierungsgesetzes (BilMoG) auf die handelsrechtlichen Grundsätze ordnungsmäßiger Buchführung, 1. Auflage, Düsseldorf 2009.

Van Hulle, Karel [Bilanzrichtlinien]: Von den Bilanzrichtlinien zu International Accounting Standards, in: WPg 2003, S. 968-981.

Wendlandt, Klaus/Knorr, Liesel [Bilanzrechtsreformgesetz]: Das Bilanzrechtsreformgesetz — Zeitliche Anwendung der wesentlichen bilanzrechtlichen Änderungen des HGB und Folgen für die IFRS-Anwendung in Deutschland —, in: KoR, 2005, S. 53-57.

Zwirner, Christian/Boecker, Corinna/Froschhammer, Matthias [Herstellungskosten]: Ermittlung der Herstellungskosten unter Berücksichtigung von Entwicklungskosten, in: KoR, 2012, S. 93-101.

〈立法資料〉

BR-Drucksache 344/08 vom 23. 05. 2008: Entwurf eines Gesetzes zur Modernisierung des Bilanzrechts (Bilanzrechtsmodernisierungsgesetz — BilMoG).

BT-Drucksache 15/3419 vom 24. 06. 2004: Gesetzentwurf der Bundesregierung — Entwurf eines Gesetzes zur Einführung internationaler Rechnungslegungsstandards und zur Sicherung der Qualität der Abschlussprüfung (Bilanzrechtsreformgesetz — BilReG).

BT-Drucksache 16/12407 vom 24. 03. 2009: Entwurf eines Gesetzes zur Modernisierung des Bilanzrechts (Bilanzrechtsmodernisierungsgesetz — BilMoG).

第2章
商法会計法の現代化と正規の簿記の諸原則（GoB）論

1. はじめに

　EU 指令の国内法転換の最終フェーズともされる，2009年5月28日の会計法現代化法（BilMoG）は，商法典（HGB）をはじめ株式法，開示法，有限会社法，所得税法など15法令の改正からなる条文法であるが，その中心部分はやはり HGB 会計規定−Bilanzrecht である。BilMoG は，100年を超える歴史をもつドイツ商法典に"新しい生命 neues Leben"[1]を吹き込む大改革ではあるが，反面では，基本構想とその内容においてドイツ会計法の根底に向けられた"正面攻撃"[2]であるともいわれる。いずれも，BilMoG-HGB 会計法の国際的会計基準（IFRS）への接近・同等化による新しい"可能性"と，そこでの"衝撃"を言い表した象徴的な言説ではある。

　本章の意図は，ドイツ商法会計法の伝統的な基軸概念・正規の簿記の諸原則（GoB）が，BilMoG に表れた改革条項を前に，そこからどのような影響・"衝撃"を受け，そこでの新しい解釈論理・"可能性"をいかに切り拓き，深化せしめようとしているのかを検討することにある。

2. 会計法現代化法の目的と重点移動

2.1 BilMoG の目的設定

　BilMoG はその目的を，①IFRS への接近—同等化・代替的選択肢，②規制緩和—規模基準値の引上げ，③年度決算書の情報（開示）能力の改善・強化，④GoB と税務中立性，配分利益算定機能の堅持においている。

　連邦法務省は，2007 年 10 月の立法構想・「会計法改革要綱」において，効率的で簡素な HGB 会計法を持続的に維持し，国際的会計基準との競争力を強める必要をうたい，同時に非資本市場指向の中小規模企業には，高コストで煩瑣な IFRS 規準の義務づけを避けつつ，現行法での多様な選択権を廃止した上で，自己創設無形固定資産の計上や金融商品の時価評価，ヘッジ会計などの導入による，商法年度決算書の情報能力（Aussagekraft）の改善・強化にシフトした会計法改革構想を提示した[3]。

　これを受けて策定された参事官草案（RefE）をへて，2008 年 5 月連邦議会に上程された政府法案（RegE）は，その前文で「BilMoG の目的は，HGB 貸借対照表が依然，配当・課税利益算定の基礎であるという HGB 会計法の標柱（Eckpunkte）と，従来の正規の簿記の諸原則体系を放棄することなく，信頼できる HGB 会計法を堅持し，国際的会計基準との関係においてほぼ等価で，しかも効率的かつ簡素な代替的選択肢（Alternative）をより発展させることである」[4]とした。これと同じ文脈で，連邦議会・法務委員会も，「規模基準値の引上げによって，企業規模別の簡便化と免責の適用を可能にした改正法案の受入れは，…IFRS の適用を避けようとするドイツの中小規模企業にとって，国際的会計基準とほぼ等価で，効率的かつ簡素な代替的選択肢を切り拓くことになる」（「決議勧告」2009 年 3 月 24 日）[5]とし，ドイツが国際的対応を図りつつも，IFRS をそのまま受け入れ難い中小規模の国内企業に，その直接的な適用を回避する現実的措置を講じたことを確認している。そして，「IFRS との関係において等価で，しかも簡素かつ効率的な規準メカニズムを堅持するには，商法

会計規定を IFRS に適度に（maßvoll）接近させることが必要であった」（立法理由書）[6] としたのである。

　こうして，今次会計法改革は，何より配当・課税利益計算の基礎としての商法年度決算書主義と GoB 体系を堅持した上で，国際的会計基準と等価で比較可能な決算書作成のための制度インフラを整えるとともに，帳簿・決算書作成に係る負担軽減を求める非資本市場指向企業の現実的な要求にも応える，ドイツ・ヴァージョンとして構想されたのである。まさに「IFRS への適度な接近」こそ，HGB 会計法改革に込められた，立法者の現実的かつ両義的な，立法戦略上のしたたかな含意とみることができる。

2.2　年度決算書の重点移動

　BilMoG の立法意図は，「HGB 会計規定の現代化を通じて，幅広い規制緩和と商法年度決算書および連結決算書の情報機能を強化すること」[7] とした，政府法案前文や同趣旨の法務委員会・決議勧告に端的に示されている。

　これを受けて，立法理由書は，「商法年度決算書の情報レベルの引上げによって，情報指向的な会計を重視する資本市場の要求に応え，結果的に，資本市場での効率的な他人資本および自己資本調達の競争に耐えうる，企業競争力の改善に資することである」[8] と述べ，そのためにはまず，現行法上の多様な計上・表示および評価選択権などによる商法年度決算書の歪みを是正することであるとした。

　その点 KIRSCH も，BilMoG によって，配当・課税利益の算定機能や債権者保護としての商法年度決算書目的は，これまでとほとんど変わらないが，「IFRS への適度な接近によって，年度決算書目的に関して，部分的には明らかに重点移動が行われた」[9] とみた。すなわち，すでに 85 年 HGB 第 264 条 2 項 1 文において明文化された情報機能・"true and fair view" 条項が，IFRS への接近に伴う，計上・評価の新規定や逆基準性の廃止，附属説明書規定の拡大によって，いわゆる会計報告責任目的が，他の年度決算書目的（文書記録／資本維持）に比して相対的に強化されたとしたのである。

同様に，BilMoGを欧州会計法改革のモデルとみたHENNRICHSは，情報の比較可能性を困難にし，会計を操作可能なものとした，現行法上の多くの選択権を廃止することが，HGB年度決算書の改善につながるとした。その上で，新たに有償取得の営業価値またはのれんの計上義務（新HGB第246条1項1および4文）や制度資産の老齢年金債務との相殺（同第246条2項2および3文，第253条1項4文），自己創設無形固定資産の借方計上（同第248条2項，第255条2a項），評価単位の形成（同第254条），借方潜在的租税（同第274条）などの新規定が，IFRSと適合した情報価値改善につながる規定部分とみたのである[10]。しかも，これらの新しい計上・評価項目が，いずれも附属説明書の記載義務（第285条）事項として拡大された（旧法の19号から29号に）ことで，年度決算書の情報機能の強化につながるとした。この点で，HGB第264条2項2文の離脱命題—「特別の事情により，年度決算書が財産，財務および収益状態の実質的諸関係に合致した写像を伝達しない時は，附属説明書に追加的記載を行わなければない」—が，今次会計法改正において，実質的に拡充されたと見なければならない。85年HGBが第264条1項1文で，年度決算書を，貸借対照表および損益計算書とともに附属説明書にまで広げて定義し，その全体に「写像」の伝達・情報機能を委ねたことの意味もここにある。

　とはいえ，HGB会計法の改革を通じて，いくつかの点で確かに「IFRSに接近し，HGB年度決算書の情報機能を改善しようとしたが，それは資本維持を犠牲にしてでもということではな（く）」[11]，あくまで資本維持目的の優位性を堅持した上での，情報機能の相対的強化とみなければならない。

3. GoB規範構造・解釈基盤の変化

3.1 商法会計法の規範構造

　ドイツの立法者は，BilMoGによってGoB規範体系を基軸とした従来のHGBレジームを基本的に維持しつつ，年度（連結）決算書の情報機能と比較可能性の改善にシフトした規定改正によって，会計国際化への対応を図ろうと

した。問題は,「限定的」とはいえ IFRS への接近による,年度決算書の情報機能シフトの新 HGB・諸規定が,商法会計法の規範構造にいかなる影響を及ぼし,そこから GoB 解釈基盤がどう変化し,それに対応する新しい解釈論理がどう展開されたのかである。

　Wehrheim/Fross によれば,BilMoG は,「債権者保護の義務づけと,配当可能額の算定を指向するドイツ商法会計法を,情報任務の達成を目ざす国際的会計基準・IFRS に適合させた」ことで,互いに相容れない二つの基本的立場を一致させようとした「妥協の産物」[12]であるという。象徴的には,会計法解釈上とくに議論を呼ぶ,金融商品の時価評価と無償取得の無形固定資産の借方計上規定が,配分利益貸借対照表からの"密かな脱出"と情報貸借対照表への"意識的な移行"を印象づけたとしている[13]。すなわち,売買目的で取得した金融商品の時価評価規定(参事官草案および政府法案・第253条1項3文)を,商法会計法規範構造の変容につながる決定的な契機のひとつとみたのである。

　また Fülbier/Gassen は,「IFRS 会計の中心的な価値尺度としての付すべき時価(beizulegender Zeitwert)が HGB に取り入れられた。それは,公正価値(fair value)を用語上,一般に認められた分かりやすい訳語で言い替えて HGB に取り入れ,明示的に定義されたものだが,概念的にはまったく新しい感覚のものと見なければならない。すなわち,付すべき時価はいまや,異なる表徴(mark-to-market と mark-to-model)からなるひとつの上位概念となり,(現行の)調達・製作原価に対する独自の価値代替とされている。革命的なことは,この価値概念が,商法上の GoB のもっとも基本的な原則たる調達原価主義の破棄につながることである。HGB 第253条1項3文の新規定によって,公正価値評価が歴史的原価に優先して適用されるべきとしたことで,事実上,パラダイム転換(Paradigmenwechsel)の時が告げられた。収益は,取引行為やリスクの転化なしに,成果作用的に実現されることになる。ここでは,mark-to-model による価値計上をもって,理論的には当の"実現可能性"は十分とみる,この原則の幅広い国際的解釈を事実上,満たすことになる」[14]とした。ここでは,金融商品の時価(公正価値)評価規定の導入が,年度利益の限定原則

たる調達原価主義と実現原則の重大な侵害につながる，商法会計法の規範構造を揺るがすパラダイム転換とみたのである。

この点，政府法案理由書はつぎのようである。すなわち，「金融商品取引は，いまや通常の業務となっている。売買目的で取得した金融商品の付すべき市場価値での評価は，すでに一般に行われており，かつ一部では正規の会計処理の諸原則とみなされている。第253条1項3文は，時価評価の明確化と統一化に寄与した。また従来，取引行為を通じて実現した利得のみを成果作用的な利益と認めていた商法上の実現原則が，時価評価によって拡大された結果，今後は実現可能利益も成果作用的な利得とみなされる」[15]。そこでは，金融商品の時価評価による評価差額を，「実現可能利益」として成果作用的に計上する実務について，これを実現原則の拡大と解して許容したのである。この点，KIRSCH も，「利益は，決算日にそれが実現された時にはじめて認識されるべきとした，HGB第252条1項4号2文の規定が保持されるとしても，第253条1項3文が売買目的で取得した金融商品について付すべき時価での評価を規定したことで，この先，実現原則の維持は危うくなった。連邦法務省が意図するところでは，利益は，売買取引によって実現された利益だけではなく，今後，時には実現可能な利益も成果作用的に算入すべきとしたことで，実現原則は確かに"拡大された"」[16]といえる。

しかし，すべての企業が保有する「売買目的の金融商品」を時価で評価するとした政府法案・第253条1項3文の規定は，連邦参議院の意見書（2008年7月4日）での要請を容れて，最終的には，その範囲を金融機関の一時保有の有価証券と老齢年金債務の履行に充てられる「制度資産（Planvermögen）」に適用を限定して可決された。

商法会計法の規範構造に及ぼすBilMoG諸規定の影響はまた，第254条の評価単位の形成にも表れている。すなわち，ヘッジ会計の受容を明示的に規定した同条は，「文献上，正規の会計処理の諸原則と位置づけられている，貸借対照表での評価単位の形成を，法的に定着させることに寄与した」[17]とされ，他方では所得税法第5条1a項によって，税法上の評価単位の形成が商法上すで

に認められ，実際に広く行われているとはいえ，「評価単位の法律上の明文化は，GoB の重要な諸原則，とりわけ個別評価原則，実現・不均等原則に衝撃を与え，これに反することは明らかである」[18]とみる。

評価単位の形成によって，個別評価原則が限定されたとみる KIRSCH は，「第254 条は，これまで商法年度決算書において，金融経済的なリスクを補償するため行われてきた，実務上の評価単位の形成と結びついている。たしかに，第254 条によって評価単位に組み込まれる基礎取引とヘッジ取引は，これまでの支配的意見をはるかに越えていることで，個別評価の GoB に対する直接の影響も生まれる。政府法案による部分的限定にもかかわらず，とくに高い確率での予定取引の受容によって，評価単位は現状より著しく拡張されたと見なければならない」[19]という。

いずれも，金融商品の時価評価と評価単位の形成の，可決法での規定が GoB の基盤的原則―実現原則や不均等・個別評価原則の"揺らぎ"につながるとした点である。

3.2 GoB 解釈基盤の揺らぎ

BilMoG 草案から，商法会計法上の GoB の解釈基盤が揺らいだとみた FÜLBIER/GASSEN は，「"信頼できる HGB 会計法を持続し，国際的会計基準との関係においてほぼ等価で，しかも効率的かつ簡素な代替的選択肢をいっそう発展させる" とした BilMoG の大幅な改正が，いまや会計法を岐路に立たせ，GoB へのさまざまな侵害が，商法会計の土台を揺るがそうとしている。新しい規範が，部分的にもはや"古い"GoB と調和しなくなったとき，今後それらは，目的論的にどう解釈されるのだろうか」[20]と，GoB をめぐる解釈基盤の揺らぎを率直に語っている。

その点で KIRSCH は，現にある GoB を，IFRS 会計の意味で広げて解釈するよりむしろ，GoB を適度に発展させることが肝要とみる立場から，「いまも発展し続けている IFRS 会計は，全体的に異なる概念フレームワークに基づいているので，今後 IFRS により接近していく商法会計が拡大解釈されていくとす

れば，いつまでGoBに依拠しうるかは多分に疑わしい」[21]とみる。

また，新HGB第254条によって導入されたヘッジ会計が，GoBに対しても実質的に新たな影響を広げているとみたWEHRHEIM/FROSSは，「評価単位の法律上の明文化は，実質的にGoBをその原理において揺るがし，とうてい容認しがたい会計政策的な裁量の余地を残した。それは明らかに，個別評価原則，実現原則・不均等原則に反する」[22]としている。

GoBの解釈基盤をめぐる，こうした論議が交差する中で，MOXTERの「IFRSは商法上のGoBの解釈補助となりうるか？」と題した論稿（WPg, 1/2009）は，こうしたGoB解釈基盤の揺らぎに関説した象徴的な問題提起となった。

これに応えて，HENNRICHSは，「現代化されたHGB会計法の解釈と適用にとって，IFRSは助けとなりうるのか？」と問い，「新HGB会計法がIFRSに接近したことによって，GoBの展開のための演繹基盤が変わり，またIFRSが今後，新HGB会計法の解釈と適用に当たって"解釈を助け"たり，"解釈の指針"として引かれうるのか，あるいは引くべきなのかである。ともあれ，HGBの解釈と適用において，IFRSを一律に反映させることには異論がある」[23]とした。その上で，BilMoGのIFRSへの接近は「全面的ではなく，あくまで慎重かつ部分的である上，情報指向的なIFRSが，もっぱら投資家の視点から"一元的に"有用な情報の提供を目的としているのに対して，HGB会計は，情報目的と資本維持的な利益決定目的を合わせもち，情報GoBと利益決定GoBが矛盾なく"二元的に"構想されていることから，情報指向的なIFRSとHGBによる利益決定GoBとの間には，明らかに目的論的な乖離がある」[24]とみる。HENNRICHSはさらに，欧州裁判所（EuGH）の2003年1月7日の判決（BIAO事件）を引いて，「裁判所は，IFRSを決して法規定の欠缺の充足や欧州会計法の解釈のための一般的基礎とはみず，むしろ（EU）指令に細目規定がない場合，会計処理と評価は『国内法に従う』とだけ判示している。（HGBとIFRSとの処理法上のグレーゾーン）のケースでは，それがGoB原則体系に適合するかどうかが常に点検されなければならず，その限りでIFRSは，

法比較上の認識源泉（Erkenntnisquelle）ではあっても，法源（Rechtsquelle）ではなく，まして拘束力ある解釈基準でもない」[25]と明言している。ここでは，新 HGB 会計法のもとでも，解釈基盤としての GoB の基軸性は変わらず，IFRS は，"場合によって"引かれる単なる認識源泉にすぎないとみたのである。

GoB 解釈基盤の"揺らぎ"をめぐる立法者のスタンスは明快である。すなわち，「現行商法上の GoB は今後とも有効である。とくに慎重原則，実現原則および決算日原則の重要性は，従来どおり保たれている。もちろん，法案にある規定のいくつかは，個々の点でその重要度に違いがある。その限りで，商法年度決算書の情報機能も，相対的に強調されているにすぎず，商法上の諸規定の解釈は，引き続き商法上の GoB に照らしてなされるべきであり，それゆえ，商法上固有の価値判断から行われなければならない」[26]と。

ここでは，BilMoG に表れた一連の改正条項が GoB の解釈基盤に変化を促し，商法会計の土台・GoB の規範力そのものの"揺らぎ"にまで及ぶとする論調と，IFRS の受容が慎重かつ限定的であることから，GoB の解釈はその二元的な構造とともに，BilMoG 後も，HGB の諸規定と固有の価値判断から演繹されるとした論調との厳しい交差に注目しなければならない。

4. GoB の新しい解釈論理

しかし現に，BilMoG における年度決算書目的の"重点移動"から，商法会計法の規範構造が変移し，GoB 解釈基盤の"揺らぎ"が生じたとみたとき，GoB の新しい解釈論理がどう再構築されるのかである。つまり，IFRS への"接近"によって"重点移動"した新 HGB 会計法が，今後も GoB 体系とその規範力を基本的に維持すべく，新しい解釈論理の開発にむけて，どのような方向で"動的平衡"を図ろうとしているのかである。

4.1 Kirsch の GoB 論

周知のように，正規の簿記の諸原則（GoB）は，法的には不確定法概念の形をとる規範命令（Normbefehl in der Form eines unbestimmten Begriffes）[27]であり，機能形態としては会計全体を包括する，規準および慣行の体系とみなされている。

不確定法概念としての GoB は，伝統的な帰納法（induktive Methode），演繹法（deduktive Methode）に代って，今日，支配的には法解釈学的方法（hermeneutische Methode）がより適合的な導出・充填方法とされている[28]。

Kirsch によれば，"理性的な商人"の見解や実務慣行から GoB を導き出す帰納法は，文献ではいまや一様にしりぞけられ，また商法上の年度決算書目的から出発し，整合性ある目的から論理的に演繹して GoB を導き出す演繹法も，現行法の下では，一般に認められた上位の統一的な年度決算書目的が明確でないため難点があるとされる。こうして，「IFRS への適度な接近に伴う情報機能のいっそうの重視が，GoB の導出とその内容の形成にとって，法解釈学的方法の適用を容易にした」[29]とみた。

Kirsch によれば，法解釈学的方法による GoB の導出は，新 HGB 会計法の諸規定との関連で，順次，以下のメルクマールを顧慮して行われる[30]。

▶法規定の文理解釈（文言 Wortlaut と語義 Wortsinn）
▶法規定の意味関係
▶法規定の形成史ならびに立法資料および立法者の見解（その他の法律および立法理由書）
▶目的論的解釈ならびに経営経済的観点
▶コンベンション
▶上位法との適合性（とくに合憲性および EU 法との適合）

いまとくに留意すべきは，IFRS との関係である。その点，欧州裁判所の見解では，ドイツ HGB の基礎をなす規範は，そのつど現行の IFRS 規範を顧慮して解釈されなければならないとされるが，連邦法務省によれば，IFRS 会計規定は GoB の解釈を得て補強されるという。とくに，ドイツの立法者が，国

際的会計規範を，HGBにそのまま広範に受入れたとしても，ドイツ商法の規定が漠然としているので，GoBにより基本原則をより明確に解釈する必要があるとみる。(とくにリース会計や自己創設無形固定資産の場合)

KIRSCH・GoB論の特徴は，IFRS会計への接近からの，情報機能の強化に関する諸規定にそって，情報GoBの体系的構築を主張した点である。すなわち，システム原則（個別評価原則／継続企業／収支計算）と期間原則（実現原則／事象および期間に基づく限定原則／広義の慎重な利益決定原則）をGoBの共通原則とし，その助けを借りて個々の諸原則を目的適合的に展開させる，基盤的原則としての情報伝達の諸原則（Grundsätze der Informationsvermittlung）を，つぎの個別諸原則を軸に解釈論理を展開する[31]。

▶貸借対照表明瞭性および概観性（HGB第243条2項）
　・明瞭性および概観性は，附属説明書での記載事項の拡大によって強化された。（具体的には，第285条24号・年金引当金の評価方法／第285条24号準拠の第254条・評価単位／第285条21号・会社と個人の関係／第285条26号・出資または投資有価証券）

▶正確性および非恣意性（HGB第243条1項，第264条2項）
　・資本会社等の場合，第264条2項1文での「GoBを遵守した年度決算書による写像伝達」規定から，GoBの全体が，正確性および非恣意性の原則に決定因子として影響を及ぼす。情報機能の地位の強化は，決算書の受け手に対する情報権の意味で，正確性および非恣意性には大きな意義がある。
　・BilMoGによる非恣意性原則の強化は，従来の貸借対照表処理・評価選択権を大幅に制限するが，反対にIFRSへの接近に伴って新たな裁量の余地を生みだしている。（たとえば，のれんの利用期間の見積り，売買目的の金融商品の限定，活発な市場がない場合の金融商品に付すべき時価の測定，引当金評価での将来の価値変動の見積りなど）

▶完全性（HGB第246条1項）
　・完全性原則は，資産の経済的帰属性の見地からより厳しく定義されてい

る（たとえば，第248条2項 無償取得の無形固定資産の計上禁止の廃止，第266条 自己創設無形固定資産の計上選択権，第246条1項4文 有償取得の営業価値またはのれんの計上義務，第247条3項 逆基準性の廃止，第249条1項3文，2項 費用性引当金の廃止など）。

▶貸借対照表継続性／比較可能性（HGB 第252条1項6号）
・比較可能性原則は，今後，継続性命令が評価方法に関してだけでなく，貸借対照表項目の計上にも適用されることで，GoBとしてより拡大された。

▶経済性および実質性（連結決算書適用の個別規定のみ）
・集合勘定の形成に係る所得税法第6条2a項の，税務上特別の評価規定の受け入れは，商法上の年度決算書作成の際の経済性・実質性原則のいっそうの重視をうかがわせる。

こうして KIRSCH は，BilMoG が，商法年度決算書の情報機能に重点を移動させたことは確かだとして，GoB の解釈をめぐって，つぎのようなシフトを示唆している[32]。

①情報伝達の諸原則，とくに貸借対照表明瞭性，正確性および非恣意性，完全性ならびに継続性の諸原則は，明らかに重要性を増してきた。とくに"経済的観察法"がはじめて明文化され，経済的所有権なる，IFRSの用語を受け入れたことで，今後，IFRSに倣った解釈がより強まるとも考えられる。

②個別評価原則は，とくに評価単位の形成（第254条）によって明らかに限定された。しかも，ヘッジ対象のなかに"高い確率の予定取引"が受容されたことで，評価単位が著しく拡大された。

③同様に，期間区分原則での実質的な変更が目立っている。

実現原則は，今後，活発な市場の存在を前提に，ほぼ確実な（quasisicher）実現可能利益にまで広げて解釈されるが，それでも工事進行基準の適用を明確に位置づけたことで，その核心部は確保されている。また，経済的観察法の原則が，収益の認識時点（経済的所有権の移転の時点—たとえばリース取引）を左

右するが（期間に基づく限定），費用は，今後，期間に基づくよりむしろ，より広く事象に基づいて限定される（たとえば，自己創設無形固定資産や借方潜在的租税，有償取得ののれんの借方計上など）。

慎重な利益決定の原則は，実現原則と並んで不均等原則や狭義の慎重原則を含むが，それらは GoB としてそのまま保持されている。確かに，非恣意性原則と情報機能の目的適合性の意義の増大は，恣意的で極端に慎重な利益の算定をできなくするので，慎重な利益決定にも効果をあらわす。

こうした情報 GoB 論はかつて，BALLWIESER が 2002 年の論考において，アングロ・アメリカ型の意思決定有用性・情報機能アプローチに立ち，EC 指令の国内法への転換と IFRS 会計への接近を視野に，"情報"をキーワードとして構築を試みたものであった[33]。しかし KIRSCH のそれは，年度決算書の重点移動・情報機能の強化を指向した BilMoG の成立が現実化した状況を前に，GoB の新しいスキーム・情報 GoB 論の体系的構築を提唱したという点で，よりリアリティーがある。それだけに，KIRSCH の場合，GoB 規範体系全体における諸原則の関係性と構成，解釈論理のさらなる深化と精緻化が注目されなければならない。

4.2　BAETGE（KIRSCH, SOLMECKE）らの GoB 論

BilMoG を，HGB 史上最大の会計法改革とみた BAETGE らは，「この法律によってまた，商法上の年度決算書目的に基づいて解釈すべき多くの新しい不確定法概念と裁量の余地が生まれた。しかし，年度決算書目的そのものは依然として明文化されていない」[34] としている。BilMoG をめぐるドイツの衝撃は，たとえば，参事官草案・政府法案をめぐって交わされた"パンドラの箱"（LÜDENBACH/HOFFMANN）や"パラダイム転換"（FÜLBIER/GASSEN），"コペルニクス的転回"（ENGEL-CIRIC）などとした論者たちの反応にも象徴される。BAETGE らは，BilMoG 改正条項をめぐる関係各界・研究者の多様な意見や議会審議を経て辿りついた可決法と政府法案の間には，実際にはそう大きな違いはないとしながら，「現行商法上の目的体系が今後とも，年度決算書にとって基礎とな

るべきか，それとも変更されるべきなのかが検討されなければならない」[35]としている。

　Baetge らはまず，会計法改革の焦点となった，いくつかの改正条項に関説してつぎのように述べている。

　すなわち，「政府法案で構想された自己創設無形固定資産の借方計上義務は，連邦議会では転換されず，最終的には選択権として可決されたが，いずれにせよそれは事実上の選択権であったので，可決法での規定は政府法案に比べて基本的に変わりはない。同様に，金融商品の時価評価の場合も，政府法案の規定はたしかに連邦議会で修正されたが，時価評価は（政府法案ですでに構想していたように）老齢年金債務と相殺される（制度）資産に受入れられている。特定の金融商品の時価評価に関して，政府法案をめぐって論議された際の論拠の大部分は，BilMoG の可決後も決して色あせていない」[36]としている。

　その上で，Baetge らは，商法上の規範解釈は，商法年度決算書の目的と，それを具体化する GoB に基づいて行われるとみるが，商法上の目的体系も GoB システムも，HGB では明示的に規定されていないので，それらは多くの個別規定から法解釈学的に導き出されなければならないという。

　Baetge らの GoB 論は，貸借対照表受け手の利害調整に向けた文書記録目的（Dokumentationszweck）と会計報告責任目的（Rechenschaftszweck）および資本維持目的（Kapitalerhaltungszweck）の，三位一体の目的体系を中心に，それを支える基幹原則や計上原則，限定原則など六つの諸原則の，継起的な結合関係からなる GoB 体系として知られている[37]。

　Baetge らにあっては，BilMoG の諸規定が，それぞれの目的体系にどのような影響を及ぼしたかであるが，BilMoG の場合，主として会計報告責任目的（情報目的）と資本維持目的に関わる影響が，中心的な検討課題とされる。

　Baetge らはまず，BilMoG では会計報告責任目的に関する諸規定を基調に転換（立法化）されたことによって，商法年度決算書の情報機能はより強化されたとみた。それと同時に，配当利益・課税利益算定機能もそのまま維持されたことで，債権者保護と資本維持目的が堅持されたとし，そこから，立法者の

意思も，債権者保護機能と情報機能とを同じ平面（gleiche Ebene）に置いているとみ，年度決算書の目的体系においては今後とも，資本維持と会計報告責任との平衡（利害調整）をいかに図るかにあるとしている[38]。

BAETGE らによれば，BilMoG における各改革条項の，会計報告責任目的に対する影響はつぎのようである。

4.2.1　会計報告責任目的に対する BilMoG の影響
(1) 自己創設無形固定資産の借方計上（第248条2項）[39]

参事官草案および政府法案では，従来，第248条2項で計上禁止とされていた無償取得の無形固定資産（自己創設無形固定資産）を借方計上義務としたが，可決法ではこれを選択権とした。従来の規定では，それは費用として扱われたため，減価償却は行われず，経済状態がネガティブに描き出される結果，秘密積立金の設定と取り崩しを可能にし，それによって会計報告責任が限定されることになるとした。

そもそも，これまで第248条2項で計上禁止とされていたのは，自己創設無形固定資産を非恣意的かつ客観的に評価することが往々にして難しく，またその無形性と将来の利用期間が不確かなことから，製作原価の適正な算入と客観的な価値配分が困難だからである。

これに対して，可決法での借方計上選択権は，企業自らが創出した価値を表示できることで，報告責任が強化されることになるとみる。法案段階での借方計上義務は，最終的に選択権となったが，そもそも借方計上義務も幅広い裁量の余地（たとえば，将来，財産対象物が創出されるかどうかの蓋然性や研究費と開発費の区分など）を有していたので，そこには実質的な違いはないという。つまり，政府法案で構想された借方計上義務は，実質的には可決法での借方計上選択権と異ならない，事実上の計上選択権とみなければならないというのである。

総じて，自己創設無形固定資産計上の新しい可能性によって，会計報告責任目的は基本的に強化されたが，他方では，選択権とされたことで，裁量の余地とも結びつくため，それによって比較可能性と会計報告責任目的が限定される

こともありうるという。その意味で，自己創設無形固定資産借方計上の，会計報告責任目的に対する影響は両義的であるとみる。
(2) 特定の財産対象物（制度資産）の時価評価（第253条1項3, 4文，第255条4項，第34e条3項1文）[40]

参事官草案・政府法案において，売買目的で取得した金融商品は時価で評価すべきものとした規定（第253条1項3文）では，価値上昇時でも，それはまだ販売市場で飛躍（Sprung）を遂げていないため，評価差益（未実現利益）の計上は，実現原則を侵すことになる。しかし，それが活発な市場で取引される場合，いつでも売却可能であることから，それを非恣意的（客観的）な価値で計上することが可能となる。反対に，活発な市場がない場合，一般に認められた評価方法（mark-to-model）で見積られるため，企業に著しい裁量の余地が与えられ，信頼できる時価の計上が疑わしくなり，そこから会計報告責任目的にネガティブな影響を及ぼすことになる。たとえ，評価方法での見積りについて，附属説明書で記載された（第285条20号）としても，実現原則の例外事象を，その義務的記載の拡大によっても補うことはできないからである。

立法者は，時価評価に対する一部での激しい抵抗（BiegやKütingなど）と，「現今の金融危機を背景に」（法務委員会），最終的にすべての企業（非金融機関）での金融商品の時価評価を断念した。立法者が，政府法案の場合での実現原則の放棄と，時価評価の限定的な客観性のゆえに，とりわけ活発な市場がない場合の評価方法での計上を非金融機関で避けたのは，会計報告責任目的の重視という点で，形成史的には明らかに重要な意味をもつ。

しかし，立法者は時価評価を完全に諦めたわけではなく，第253条1項4文によって，年金引当金（老齢年金債務）と相殺される制度資産（Planvermögen）について，時価で評価する道を選んだ。たしかに，活発な市場とそれによる客観的な価値がある場合，制度資産の時価評価は会計報告責任を高めることになるが，活発な市場がなく，時価の測定のために評価方法を利用する場合，裁量の余地から，経営者に恣意的な利用を許す危険がある。こうして，Baetgeらは，特定の財産対象物（制度資産）の時価評価は，会計報告責任目的との関係

では，総じて肯定的にも否定的にも明確な影響が認められないとみる。

(3) 評価単位の形成（第254条）[41]

旧HGBでは，評価単位の会計上の形成について規定はなかった。従来の厳格な個別評価原則では，基礎取引からの不確実な損失は費用として扱われなければならず，反対に，これに対応するヘッジ取引からの収益は，実現原則と調達原価主義により表示できない。そのため，ヘッジ関係が有効に働いてリスクが回避されたとしても，貸借対照表上の表示は取引の経済的実質とは一致しないことになる。従来，実務で行われていた評価単位の形成は，これまでも基本的に合法とみなされていた。評価単位の会計上の顧慮の明文化は，とりわけ従来の会計処理実務の変化に，法規定が対応していなかったことを明らかにした。新規定によって，法的安定性が生れ，会計処理が統一化されたという点では，評価単位形成の明文化は会計報告責任目的に対してポジティブに作用する。しかし，第254条では，新たに「高い確率で予定される」取引も，ヘッジ可能な基礎取引として顧慮されたことで，そうした蓋然的な将来の取引をどう判断するかで，貸借対照表作成者にさらに裁量の余地を与え，会計報告責任目的を弱めることになる。それは，第285条23号が要求する附属説明書での義務的記載によって緩和されるとはいえ，将来の取引の顧慮によって，期間利益に対する限定原則が少なくとも部分的に損なわれることもあり，総じて，会計報告責任目的に対する，新HGB第254条の影響は，いずれともはっきり断定できないとしている。

4.2.2 資本維持目的に対するBilMoGの影響

BAETGEらはまず，企業の債務償還能力の確認（情報に基づく資本維持 Kapitalerhaltung aufgrund von Information）に役立つ完全性原則（第246条1項）はそのままだが，相殺によってそれが会計上あいまいにならないよう，今後とも同条2項の相殺禁止を遵守すべきだとしている。それでも，同項2文によって，他の債権者の求償権を停止して，将来の老齢年金債務または類似の長期的債務の履行に充てられる制度資産は，これらの債務と相殺されなければならないとした補完規定によって，債務償還能力は従来より実際的に表示されること

になり，情報に基づく資本維持はより強化されるとみた。

(1) 自己創設無形固定資産の借方計上（第248条2項）[42]

これまで，無償取得の無形固定資産は，価値測定の著しい不安定性から，不確かな価値で借方計上されるため，資本維持を危うくするとして計上禁止とされてきた（旧法第248条2項）。そうした不安定な価値測定を伴う，無償取得の無形固定資産の計上禁止は，もっぱら資本維持に資するものとして説明されてきたのである。

自己創設無形固定資産は，法案段階では借方計上義務であったが，可決法では選択権となった。ともあれ，新規定によって，生産方法，ソフトウエア，パテント，ノウハウに関連する開発費は，自己創設無形固定資産として借方計上できることになった。しかしその場合でも，信頼できる価値が測定できなければ，不安定な価値額で借方計上される結果，株主に過大に配当されたり，社員に引出される危険が生じる。それは，基本的に資本維持目的とは相容れない。しかし，この危険は，あいまいな価値の財産対象物をより低い価値で評価する低価主義（第253条3,4項）によって緩和され，また資本会社等には，少なくとも最低資本額を保証するため，借方計上される当該資産については配当禁止規定（第268条8項）が適用される。ただし，こうした配当制限が及ばないその他の企業形態では，情報に基づく資本維持は限定される。ともあれ，資本維持目的に由来したこれまでの諸規定は，相殺の例外と自己創設無形固定資産の計上選択権，低価主義規定の3点で修正されただけであり，総じて，資本維持が今後とも，商法年度決算書の実質的な目的であるという状況は変わらないとみる。

(2) 特定の財産対象物（制度資産）の時価評価（第246条2項4文）[43]

第246条2項4文にいう制度資産については，今後，付すべき時価で評価されるため，時価が取得原価を上回った場合，未実現の利益が表示される。たしかに，そこでの評価差額は，資本会社等では，第268条8項でそれに対する貸方潜在的租税を控除して，配当禁止とされているが，非資本会社には適用されないため，その利益が配当されることになり資本維持が危うくされる。しか

も，評価モデルの方法で時価を測定する場合，そこでは実現可能ですらない，まったく虚構の利益が問題になる。

こうして，制度資産の時価評価によって，年度決算書に未実現の利益が含まれるとすれば，情報に基づく資本維持は限定されることになる。

(3) 評価単位の形成（第254条）[44]

評価単位の形成は，従来の法状態に比べて，基本的には資本維持目的に影響を及ぼさない。それでも，高い確率での予定取引が顧慮される，将来に可能な評価単位の形成は批判的に捉えなければならない。その場合考えられるのは，将来の（まだ約定していない）基礎取引の補償に役立つはずのヘッジ手段では，起りうる損失が認識されないことである。この認識されない損失が分配されたり，あるいは基礎取引が後日，実行されなかったり，別の条件で実行されたとき，企業の責任資本は減少することになる。したがって，いわゆる先物ヘッジは資本維持目的とは相容れないことになるという。

4.2.3　小　　　活[45]

BAETGE らは，BilMoG に表れた改革条項による GoB 規範体系への影響を，二つの目的体系・会計報告責任目的と資本維持目的に照らして上述のような検討を試みた上で，これをつぎのように概括している。

まず立法資料から，新 HGB 諸規定では会計報告責任目的（情報機能）を強化しつつ，資本維持目的をも堅持しようとした立法者の意思を読み取ることができるとしている。とくに会計報告責任は，従来の多様な選択権を廃止したことで明らかに強化された。他方，資本維持目的に対するネガティブな影響の多くは，年金引当金のより現実的な評価によって緩和されたが，自己創設無形固定資産の計上や金融商品の時価評価に関連して措かれた配当禁止規定（第268条8項）は，資本会社等に当てはまるだけのため，その他の企業（非資本会社）では，情報に基づく資本維持は弱められることになるとみた。

総じて，BilMoG 諸規定から，年度決算書の目的体系において会計報告責任目的と資本維持目的とでどちらに優先性が与えられているかは明確に推論できないという。いくつかの規定では会計報告責任目的が，他の規定では資本維持

目的が重きを置かれ，時には両目的の間で妥協が図られているからである。

たとえば実現原則では，財産対象物は本来，"販売市場で飛躍"をとげるまでは，調達・製作原価で評価しなければならない。利益は，"飛躍"をとげた時点ではじめて実現するのであって，契約上，販売条件（販売価格・量）が取り決められただけでは不十分である。肝心なのは，販売可能な財産の経済的処分権が買手に移転することであり，それによって買手が，財産の不測の価値減少や劣化のリスクを引き受けることである（危険の移転）。財産の売買に係るリスク（調達・製造・販売および価格リスク）は，販売市場での飛躍によって実質的に取り除かれる。したがって，販売市場での"飛躍"以前の実現認識は，年度決算書目的とは相容れない。すなわち，実質的なリスクに関する情報が提供されず（会計報告責任），しかも調達・製造・販売および価格リスクが発生した場合，資本維持が危うくなるからである。かくして，実現原則では BilMoG 以前も以後も，会計報告責任と資本維持の両目的が同格に（すなわち優位性なしに）顧慮されていると見なければならないという。

BAETGE らは，こうして，法の文言と意味関係，形成史に照らしても，BilMoG では，目的体系のいずれの側にも優先性は認められず，債権者保護機能と情報機能が同じ平面に立っているとみる。この点でも，新 HGB は，財産，財務および収益状態に関する意思決定に有用な情報の伝達に重点をおく IFRS の目的設定とは明らかに異なる。したがって，債権者保護重視の HGB の立場からは，IFRS を商法上の規範に関する第一次の解釈基盤として援用することはできないとみる。たしかに，個別問題では，IFRS 規準を帰納的な「情報源」として援用することに意味はあるが，IFRS と BilMoG-HGB 規定との演繹的なつながりは，双方の会計レジームにおける目的体系の違いからまったく問題にならない。両者の目的体系において明確な一致がない以上，HGB 会計は解釈基盤を IFRS に求めることは困難とみるのである。

BAETGE らは，こうして可決された BilMoG は，国際的会計基準・IFRS 会計に適度に接近しながらも，基本的には HGB 年度決算書の目的と GoB 規範体系に依拠する構造を維持しつつ，商法会計法の現代化を成し遂げたとみる。

Baetge らによれば，「新 HGB」は，総じて同じ重要度をもつ目的体系（文書記録，会計報告責任および資本維持）の上に成り立っており，その意味でも，IFRS が商法上の規範の解釈基盤としては通用性を持ちえないとされる。

4.3　Solmecke の GoB 論

Solmecke の論攷[46]は，BilMoG 後の HGB 諸規定をめぐる GoB 論の展開として注目される最新の研究である。方法論的には，いわゆる"エッフェル塔"体系を範型とした，Baetge を中心とするミュンスター学派の法解釈学的方法（Hermeneutik）による，新世代の GoB 論構築への試みである。

Solmecke によれば，GoB は年度決算書目的を具体化する手段であるが，それ自体，発見と解釈を要する"海綿状 schwammiger"[47]の不確定法概念である。ところが，肝心の年度決算書目的はそれ自体明文化されておらず，GoB 概念も HGB において明確に規定されていない。したがって，年度決算書目的と GoB は，明文上の法規定に基づいて解釈され，発見・獲得されなければならない。よく知られている，法解釈学的方法のそれである。

法解釈学的方法では，法の文言と語義，意味関係，形成史，立法資料・立法者の意思および年度決算書目的などが，GoB の解釈と獲得の基準とされるが，なかでも法規定の文言（Wortlaut）が基軸的な意味をもち，そこから商法年度決算書目的が目的論的（teleologische）に発見される。また法解釈学的方法では，GoB の解釈と獲得に当たって，立法資料とともに立法手続きの展開（形成史）も顧慮・評価されなければならない。とくに原資料としての参事官草案・政府法案理由書では，構想された新規定が解説され，理由づけられており，最終的には政府法案の規定修正に関する法務委員会の決議勧告・理由書も引かれなければならない。しかも，立法理由書や法務委員会での説明に表れる立法者の意思は，GoB の獲得と解釈の際に引かれるべき解釈源泉のひとつと見なければならない。

Solmecke はこうして，"エッフェル塔"型 GoB 体系（文書記録原則，基幹諸原則，システム原則，計上原則，限定原則，資本維持原則）を支える個別の GoB

に対する BilMoG 改正規定の影響関係について，仔細な分析と検討を試みている。それをおもな個別原則について概観すれば，以下のようである。
(1) 正確性原則
　正確性の原則は，いかなる情報伝達形態にも基本的に要請される基幹的諸原則（Rahmengrundsätze）の中心をなす原則である。すなわち，実質的諸関係に合致した経済状態を伝達すべき年度決算書は，外部の第三者が価値計上額を跡づけ，かつ作成者の裁量によって恣意的に行われないことを前提としており，今後とも BilMoG によって，年度決算書に関するこの不文の原則の解釈を変えることは許されない。このことは，この原則を根拠づけている HGB 第238条1項2，3文，第239条2項および第264条2項1文など一連の規定が，BilMoG によっても何ら修正されていないことに明らかである。
　しかし，いくつかの新規定がこの原則に与えた影響関係，すなわち HGB 体系内でウエイトが一定の変化をもたらしたことはありうる。たとえば，制度（特定）資産の時価評価（第253条1項4文）に当たって，活発な市場がなく評価モデルに拠らざるをえない場合，経営者に恣意的な利用・裁量の余地が生まれ，年度決算書の非客観化が生まれる。その結果，貸借対照表受け手が，その評価価値について完全な写像を描くことができず，表示された価値額が決算書作成者によって適切に測定されたものか，あるいは政策的な動機に影響されたものかについて，間主観的な検証が不可能であることから，正確性原則にネガティブな影響を与え，年度決算書の報告責任が損なわれることになる[48]。また自己創設無形固定資産の借方計上選択権では，たとえば"開発費"と"研究費"についても，研究段階と開発段階との区分基準があいまいなことから，選択権の恣意的な行使の危険が高く，多分に裁量の余地と結びつくため，正確性原則は全体として弱められ，会計報告責任目的への寄与を減退させる[49]。
　また評価単位の形成が，第254条において明文化されたことで，一定の法的安定性を生み出したが，ヘッジの有効性評価が裁量の余地と結びつくポートフォリオ・マクロヘッジや，将来の予定取引のような経営者の判断に依存する先物ヘッジの許容は，明らかに正確性原則と相容れない。かくて，新規定は，一

方における「企業の経済状態の実質的諸関係の表示」(会計報告責任目的)を強く指向した立法者の意図からの法的安定性と，他方での会計政策的な裁量の余地が互いに相殺しあうことで，正確性原則に対する影響は実質的にプラスともマイナスとも確定しがたい[50]。

(2) 比較可能性原則

第246条3項をもって明定された計上(方法)の継続性が，評価継続性(第252条1項6号)とともに統一的に説明されたことによって，法的安定性が高められ，比較可能性原則はより強められた[51]。また第254条・評価単位の形成は，基礎取引とヘッジ取引の，会計上の一体的な扱いが明文化されたことによって法的安定性をつくり出した。すなわち，基礎取引が補償される限りで，評価単位は実質的諸関係の，事象に基づく写像をもたらすことで，会計報告責任目的の客観的・目的論的年度決算書目的に寄与する。しかし，他方では，ヘッジ関係における価値変動の会計処理法の選択(純額法か総額法か)やヘッジの有効性，予定される基礎取引の実現可能性・確率などで，実質的に裁量の余地が新たにつくり出されている。その限りで，比較可能性原則への影響はプラスともマイナスとも確言しがたい[52]。

しかし他方では，逆基準性や減価償却選択権の廃止，営業価値またはのれんの計上義務など，いくつかの新規定によって，総じて比較可能性原則が年度決算書の客観化に貢献し，その意義と重要性が高められたとみる[53]。

(3) 個別評価原則

個別評価原則によれば，すべて個々の年金債務は，その時々の長期平均利子率で評価されなければならない。しかしこれまでは，通常，税務上の部分価値法が用いられ，年金引当金は6%で割引かれていたため，残存期間がかげに隠され，個別評価原則は首尾一貫した顧慮がなされなかった。BilMoGでは，第253条2項2文によって，年金引当金は残存期間を15年と仮定して，長期平均利子率で割引計算する選択権が認められたことで，個別評価原則はやや強められたが，他方で，年金債務の評価に際して，将来の物価上昇や従業員のキャリア開発等による給与上昇分の顧慮や，効率上の理由から，過去のデータから

給与動向を推定するなどによって，個別評価原則はやや弱められた。かくして，新しい引当金評価規定の，個別評価原則に対する実質的な影響は，プラスともマイナスとも言いがたい[54]。

　評価単位の会計処理を個別評価原則の例外とみるべきか，それとも一定の条件の下で，個別評価原則からそれが当然行われるべきかどうかは不確かである。たとえばミクロヘッジでは，基礎取引とヘッジ取引は評価単位としては実際に損失の危険がないにも拘らず，厳格な個別評価原則によった場合，いずれかの損失が表示されるため，およそ実現することのない"架空の損失"が問題となり，企業の経済状態を歪めることから，会計報告責任目的とも資本維持目的とも一致しない。個別評価原則が，（客観的・目的論的に）年度決算書目的に役立つことが確かである以上，厳しすぎる個別評価原則の解釈は法解釈学的にも妥当ではない。むしろ基礎取引とヘッジ取引は例外としてではなく，個別評価原則からの当然の帰結とみるべきである。第254条によって，ヘッジ会計の許容と範囲が統一的に説明されたことで法的安定性が生まれ，評価単位の会計上の表示が明文化され具体化されたことで，個別評価原則に対しては実質的にプラスにもマイナスにも影響しない[55]。

(4) 実現原則

　立法理由書によれば，実現原則は今後ともその意義は変わらないが，"ある点では修正される"はずだともしている。それはたとえば，長期完成工事契約の関係や老齢年金債務と相殺される制度資産の時価評価の場合にみられる。

　第246条2項の意味での制度資産は，付すべき時価で評価されなければならない。この場合，制度資産の時価評価では，明らかに「実現原則の拡大」が想定されている。すなわち，時価が取得原価を上回った場合，販売市場での飛躍によって実現しない利益（実現可能利益）が計上され，また制度資産が取引される活発な市場がない限り，客観性が限定される評価法で見積もらなければならないため，実現原則が徹底して行われないからである。そもそも法案段階では構想されていなかった制度資産の時価評価が，最終段階で一転して可決され，またグローバルな金融危機を理由に有価証券の時価評価を金融機関にのみ

許した経過（第340e条3項）からも，立法者のアンビバレントな態度が，実現原則の解釈と重要性について説得力を欠き，総じて実現原則を弱める結果となった[56]。

また，評価単位との関係では，有効なヘッジ部分では実現原則と一致するが，ポートフォリオ・マクロヘッジでは問題がある。そこでは，補償すべき基礎取引もしくはポートフォリオ・ヘッジが変わることによって，ヘッジ効果も変わるからである。また，基礎取引が貸借対照表日にまだ契約上確定していない予定取引からの利益は，"販売市場での飛躍"の基準とも，（売上げ・価格）リスクの顧慮とも相容れないので，先物ヘッジは実現原則に反する。かくして，評価単位の実現原則に対する影響はネガティブである[57]。

とはいえ，実現原則は，上記のネガティブな部分が逆基準性の廃止や製造原価下限の引上げで強められる部分と相殺されるため，実質的にその意義を失っていないともみる。

(5) 不均等原則

評価単位では，ヘッジが有効に働くかぎり，将来の損失は回避されるので，不均等原則は何ら影響を受けないし，弱められもしない[58]。問題は先物ヘッジである。たとえば，商品販売でつぎの営業年度に見込んだUS-ドル債権を，為替変動に対する先物取引で補償しようとしても，通貨リスクはただちに回避できるとはかぎらない。すなわち，予定取引は，約定された営業年度にはまだ契約として確定していないので，基礎取引を評価単位としてヘッジ取引と統合する実態を欠いており，また取引そのものが成立しないか，あるいは予定した条件で実現しない可能性があるからである。つまり，通貨リスクに関して約定した先物取引によって，相当するUS-ドル債権回収への期待を，評価単位として統合することは目的に適っておらず，したがって，先物ヘッジに係る将来の可能性は，不均等原則とは相容れないことになる[59]。その他，固定資産の一時的価値減少に関する選択権の廃止（第253条3項）では，企業の責任資本を確保すべきGoBの上位目的を短期的にか，もしくはわずかに損なう可能性があるので，不均等原則はやや弱められる。

(6) 慎重原則

立法理由書では,「販売市場での飛躍」が実現時点とみなされる限りで, 慎重原則は実現原則および決算日原則と同じ平面に立っているとしている。その意味で, 法案段階での「売買目的の金融商品」に代って規定化された制度資産の時価評価 (第246条2項) は, 活発な市場が存在せず, 評価モデルによった場合, 多分に裁量の余地からの不確実な見込み額 (未実現利益の可能性) を許すことになる。この規定によって新たに生まれた裁量の余地は, 慎重原則にはっきり抵触しないまでも, 潜在的な影響として, 恣意的な評価の危険を高め, 慎重原則を弱める結果となる[60]。

他方, 自己創設無形固定資産の借方計上選択権 (第248条2項) は, 慎重原則に対してプラスにもマイナスにも影響せず, むしろかつての「計上禁止」のような, 慎重原則の極端な解釈を避けた点で評価できる。むろん慎重原則は, 自己創設無形固定資産の評価では, 今後ともその意義や解釈をとくに変えることなく, 顧慮されなければならないとみる[61]。

4.3.1 SOLMECKE・GoB論の概括— GoB体系に対するBilMoGの影響—

以上から, SOLMECKEは, いわゆる"エッフェル塔"型GoB体系・個別原則に対する, 新HGB規定の影響は必ずしも一律ではなく, 全体としてプラスに作用する要因が勝っているため, GoB体系は総じて強められたとみる。GoB体系に対するBilMoGの影響関係を概括すれば, 図表2-1のようである。

SOLMECKEによれば, 商法年度決算書目的も, それを具体化するGoBもともに明文化されていないので, それらは商法上の諸規定から法解釈的方法によって獲得されなければならない。

会計は, 客観性・非恣意性を内実とする正確性原則を中心に, 商法上の年度決算書目的とGoBに適合したとき, 正しいとみなされる。SOLMECKEは, 立法資料から, BilMoG後も商法上の年度決算書目的は何も変わっておらず, GoB体系も実質的に何ら損なわれていないことから, 個別の諸原則はそのまま適用され, 内容的にもとくに新しい解釈を必要としないと結論づけている[62]。とはいえ, 個々の原則では, BilMoGによって内容的に強められたものも弱めら

図表 2-1　商法 GoB 体系に対する BilMoG の影響

文書記録の諸原則	＝
基幹諸原則	
正確性（客観性および非恣意性）	＋
比較可能性（継続性および変更の説明）	＋
明瞭性および概観性	＋
完全性，決算日・期間原則	＋／－
経済性，重要性	（＋）
システム原則	
企業活動の継続性	＝
収支計算	＝
個別評価	＋／－
貸借対照表計上原則	
借方計上原則	＋／－
貸方計上原則	＋／－
年度利益の限定原則	
実現原則	＋／－
事象および期間に基づく限定	＋
資本維持原則	
不均等原則	（－）
慎重原則	＋／－

(出所) SOLMECKE, H., Auswirkungen des BilMoG, S. 253.
＊＋：BilMoG によって強化／（＋）：BilMoG によってやや強化
　＝：影響はナシ／＋／－：プラスとマイナスの影響が相殺
（－）：BilMoG によってやや弱化

れたものもあるが，GoB 体系としてはプラスの影響とマイナスの影響が中和されて，全体として強化されたとしたのである。

　こうして，GoB は，BilMoG-HGB 規定に即して解釈を進化させ，あらためて位置を得たことで，基本的には個別原則相互間での優先関係のない，"エッフェル塔" GoB 体系がそのまま維持されたというのである。かくて，ドイツ

商法会計法の礎石は，BilMoG 後も何ら"ゆらぎ"や"亀裂"が生じることなく，むしろ構造的に強化され，（金融危機の時代にあっても）競争的で信頼に値する会計システムを支える基軸概念として再構成されたとしている[63]。

5. お わ り に

FÜLBIER/GASSEN は，BilMoG が国際的会計基準への接近を図りながら，ドイツ会計法の標柱と GoB 体系を堅持し，しかも効率的で簡素な代替的選択肢を発展させた点で，これを"野心的な立法構想"とみた[64]。しかし，参事官草案・政府法案の段階で際立った IFRS 会計指向の改正条項は，実体経済を巻き込む世界的な金融危機の急激な広がりを前に，最終の可決法では一定のトーンダウンを余儀なくされた。たとえば，国際基準とされた公正価値会計の全面的な転換を意図した，売買目的で取得した「金融商品の時価評価」規定（第253条1項3文）が，最終的には年金債務事象の評価と適用企業を金融機関に限定した形で修正・可決されたことに象徴される。

確かに，公正価値会計やヘッジ会計の受容にみられる今次会計法改革の基調は，グローバル資本市場にシフトした計上・評価基準一元化の方向であり，その意味での会計システムの国際的・現代的対応といえよう。

しかしいま，市場原理の自動調整機能を前提とした国際金融システムの停滞・頓挫を前に，連邦議会は最終段階での軌道修正によって，資本市場指向型会計システムの，商法会計法への全面的転換を回避する現実的選択を示した。それは公正価値会計等に期待された，より弾力的な会計処理を合法のものとして説得しうる立法上の背景・機縁が後退したことに他ならない。

とはいえ，ドイツ企業にあって今後とも，グローバル市場での資金調達と経済活動の進展が不可避とすれば，年度・連結決算書での情報機能の強化と，比較可能性の改善を標榜した，会計のグローバルシフト・IFRS 会計への接近は再び顕在化するに違いない。現に，BilMoG において，最終的に一定の限定を付されたとはいえ，すでに金融商品の時価評価や自己創設無形固定資産の計上

（選択権），評価単位の形成（ヘッジ会計）などによって，年度決算書の目的体系と GoB の解釈基盤そのものに変容が生じたことは確かである。

問題は今後，会計グローバル化に伴っていっそう顕著となるパラダイムシフトの徴候と，そこからの GoB 規範構造への転換圧力を，ドイツがみずからの伝統的な会計レジームとの関係でどう平衡を図り，GoB システムを基軸とするドイツ HGB の標柱を，どう堅持していくのかである。国際化をキーワードとしたドイツ商法会計法のヴァージョンアップのなかで，基軸的な規範体系内部での，いわゆる"動的平衡"の可能性が注目される。ともあれ，IFRS 会計への接近とせめぎ合いは，さらに続くと見なければならない。

本章で扱われた BilMoG 規定に関説した KIRSCH, BAETGE, SOLMECKE らの GoB 論は，会計システム全体の代謝機能を高めるための，新しい解釈論理の展開と再構築に向けた予兆にすぎない。会計現代化のさらなる展開のなかで，GoB 論の動向に目を凝らし，その解釈論理の深化を通じて，ドイツ的会計レジームがいかに新しい生命力を保ちうるのかを見極めなければならない。

GoB 論にこだわる所以もここにある。

注

(1) CLAUSSEN, C. P., Das BilMoG ist da !, S. 1.
(2) WÜSTEMANN, J., Referentenentwurf eines BilMoG, S. 2557.
(3) BMJ, Eckpunkte der Reform, S. 1.
(4) BT-Drucksache 16/10067 vom 30. 07. 2008, S. 1.
(5) BT-Drucksache 16/12407 vom 24. 03. 2009, S. 1-2.
(6) BT-Drucksache 16/10067 vom 30. 07. 2008, S. 34.
(7) BT-Drucksache 16/12407 vom 24. 03. 2009, S. 1.
(8) BT-Drucksache 16/10067 vom 30. 07. 2008, S. 34.
(9) KIRSCH, H., Neuinterpretation der GoB, S. 454.
(10) HENNRICHS, J., GoB im Spannungsfeld, S. 862.
(11) HENNRICHS, J., GoB im Spannungsfeld, S. 865.
(12) WEHRHEIM, M./FROSS, I., Erosion handelsrechtlicher GoB, S. 71.
(13) WEHRHEIM, M./FROSS, I., Erosion handelsrechtlicher GoB, S. 74.
(14) FÜLBIER, R. U./GASSEN, J., GoB vor der Neuinterpretation, S. 2608-2609.
(15) BT-Drucksache 16/10067 vom 30. 07. 2008, S. 53.

(16) KIRSCH, H., Neuinterpretation der GoB, S. 457.
(17) BT-Drucksache 16/10067 vom 30. 07. 2008, S. 57.
(18) FÜLBIER, R. U./GASSEN, J., GoB vor der Neuinterpretation, S. 2610.
(19) KIRSCH, H., Neuinterpretation der GoB, S. 457.
(20) FÜLBIER, R. U./GASSEN, J., GoB vor der Neuinterpretation, S. 2612.
(21) KIRSCH, H., Neuinterpretation der GoB, S. 459.
(22) WEHRHEIM, M. /FROSS, I., Erosion handelsrechtlicher GoB, S. 84.
(23), (24) HENNRICHS, J., BilMoG-Verhältnis zu IFRS, S. 128.
(25) HENNRICHS, J., BilMoG-Verhältnis zu IFRS, S. 128-129.
(26) BT-Drucksache 16/10067 vom 30. 07. 2008, S. 35.
(27) LEFFSON, U., GoB, S. 21.
(28) 佐藤博明［ドイツ会計の新展開］，第3章参照。
(29) KIRSCH, H., Neuinterpretation der GoB, S. 459.
(30) KIRSCH, H., Neuinterpretation der GoB, S. 453-455.
(31) KIRSCH, H., Neuinterpretation der GoB, S. 455.
(32) KIRSCH, H., Neuinterpretation der GoB, S. 459.
(33) BALLWIESER, W., Information-GoB, S. 115ff. バルヴィーザーの情報GoB論については，川口八州雄［会計制度の統合戦略］，第4章・第3節を参照。
(34), (35), (36) BAETGE, J./KIRSCH, H-J./SOLMECKE, H., Zwecksystem BilMoG, S. 1211.
(37) 佐藤博明［ドイツ会計の新展開］，128-135頁。
(38) BAETGE, J./KIRSCH, H-J./SOLMECKE, H., Zwecksystem BilMoG, S. 1214.
(39) BAETGE, J./KIRSCH, H-J./SOLMECKE, H., Zwecksystem BilMoG, S. 1215-1216.
(40) BAETGE, J./KIRSCH, H-J./SOLMECKE, H., Zwecksystem BilMoG, S. 1217.
(41) BAETGE, J./KIRSCH, H-J./SOLMECKE, H., Zwecksystem BilMoG, S. 1218.
(42) BAETGE, J./KIRSCH, H-J./SOLMECKE, H., Zwecksystem BilMoG, S. 1219.
(43) BAETGE, J./KIRSCH, H-J./SOLMECKE, H., Zwecksystem BilMoG, S. 1220.
(44) BAETGE, J./KIRSCH, H-J./SOLMECKE, H., Zwecksystem BilMoG, S. 1220-1221.
(45) BAETGE, J./KIRSCH, H-J./SOLMECKE, H., Zwecksystem BilMoG, S. 1221-1222.
(46) SOLMECKE, H., Auswirkungen des BilMoG.
(47) SOLMECKE, H., Auswirkungen des BilMoG, Vorwort des Verfassers, XI.
(48) SOLMECKE, H., Auswirkungen des BilMoG, S. 130-131.
(49) SOLMECKE, H., Auswirkungen des BilMoG, S. 133.
(50) SOLMECKE, H., Auswirkungen des BilMoG, S. 140.
(51) SOLMECKE, H., Auswirkungen des BilMoG, S. 150.
(52) SOLMECKE, H., Auswirkungen des BilMoG, S. 160.
(53) SOLMECKE, H., Auswirkungen des BilMoG, S. 162.
(54) SOLMECKE, H., Auswirkungen des BilMoG, S. 193.
(55) SOLMECKE, H., Auswirkungen des BilMoG, S. 195.
(56) SOLMECKE, H., Auswirkungen des BilMoG, S. 215.
(57) SOLMECKE, H., Auswirkungen des BilMoG, S. 220.

(58), (59) SOLMECKE, H., Auswirkungen des BilMoG, S. 241.
(60)　SOLMECKE, H., Auswirkungen des BilMoG, S. 248.
(61)　SOLMECKE, H., Auswirkungen des BilMoG, S. 249-250.
(62)　SOLMECKE, H., Auswirkungen des BilMoG, S. 263.
(63)　SOLMECKE, H., Auswirkungen des BilMoG, S. 264.
(64)　FÜLBIER, R. U./GASSEN, J., GoB vor der Neuinterpretation, S. 2605.

参考文献
(論文および著書)

BAETGE, JÖRG/KIRSCH, HANS-JÜRGEN/SOLMECKE, HENRIK [Zwecksystem BilMoG]: Auswirkungen des BilMoG auf die Zwecke des handelsrechtlichen Jahresabschlusses, in: WPg 2009, S. 1211-1222.

BAETGE, JÖRG/KIRSCH, HANS-JÜRGEN/THIELE, STEFAN [Bilanzen]: Bilanzen, 12., aktualisierte Auflage, Düsseldorf 2012.

BALLWIESER, WOLFGANG [Information-GoB]: Information-GoB — auch im Lichte von IAS und US-GAAP —, in: KoR 2002, S. 115-121.

CLAUSSEN, CARSTEN PETER [Das BilMoG ist da！]: Das BilMoG ist da！, in: DB 2007, S. 1.

FÜLBIER, ROLF UWE/GASSEN, JOACHIM [GoB vor der Neuinterpretation]: Handelsrechtliche GoB vor der Neuinterpretation, in: DB 2007, S. 2605-2612.

HENNRICHS, JOACHIM [BilMoG — Verhältnis zu IFRS]: BilMoG — Verhältnis zu IFRS und Gläubigerschutz, in: DB 2009, S. 127-130.

HENNRICHS, JOACHIM [GoB im Spannungsfeld]: GoB im Spannungsfeld von BilMoG und IFRS, in: WPg 2011, S. 861-871.

KIRSCH, HANNO [Neuinterpretation der GoB]: Neuinterpretation der GoB durch das BilMoG, in: StuB 2008, S. 453-459.

LEFFSON, ULRICH [GoB]: Die Grundsätze ordnungsmäßiger Buchführung, 7. Auflage, Düsseldorf 1987.

SOLMECKE, HENRIK [Auswirkungen des BilMoG]: Auswirkungen des BilMoG auf die handelsrechtlichen Grundsätze ordnungsmäßiger Buchführung, Düsseldorf 2009.

WEHRHEIM, MICHAEL/FROSS, INGO [Erosion handelsrechtlicher GoB]: Erosion handelsrechtlicher GoB durch das Bilanzrechtsmodernisierungsgesetz, in: ZfB 2010, S. 71-109.

WÜSTEMANN, JENS [Referentenentwurf eines BilMoG]: Aus den Fugen: Referentenentwurf eines der Bilanzrechtsmodernisierungsgesetzes, in: BB 2007, S. 1.

佐藤博明［ドイツ会計の新展開］：編著『ドイツ会計の新展開』森山書店1999年。

佐藤博明［ドイツ会計法現代化法］：「ドイツ会計法現代化法の成立と論点」『會計』第176巻第6号，2009年，111-126頁。

佐藤博明［新ドイツ会計法］：「新ドイツ会計法のパラダイムとGoB論の位相」『會計』第179巻第4号，2011年，114-129頁。

佐藤博明［ヘッジ会計］：「ドイツ商法会計法におけるヘッジ会計」『會計』第183巻第2号，2013年，107-121頁。

川口八州雄［会計制度の統合戦略］：編著『会計制度の統合戦略—EU とドイツの会計現代化—』森山書店 2005 年。

（立法資料）

BMJ ［Eckpunkte der Reform］: Informationen für die Presse, Eckpunkte der Reform des Bilanzrechts vom 16. 10. 2007.

BMJ ［Referentenentwurf］: Referentenentwurf eines Gesetzes der Modernisierung des Bilanzrechts (BilMoG-RefE) vom 08. 11. 2007.

BMJ ［Wesentliche Änderungen］: Wesentliche Änderungen des BilMoG im Überblick, Stand: März 2009.

BR-Drucksache 344/08 vom 04. 07. 2008: Stellungnahme des Bundesrates zum Entwurf eines Gesetzes zur Modernisierung des Bilanzrechts.

BT-Drucksache 16/10067 vom 30. 07. 2008: Gesetzentwurf der Bundesregierung. Entwurf eines Gesetzes zur Modernisierung des Bilanzrechts (Bilanzrechtsmodernisierungsgesetz — BilMoG).

BT-Drucksache 16/12407 vom 24. 03. 2009: Beschlussempfehlung und Bericht des Rechtsausschusses (6. Ausschuss) zu dem Gesetzentwurf der Bundesregierung — Drucksache16/10067 — (Bilanzrechtsmodernisierungsgesetz — BilMoG)

BGBl Teil I, Nr. 27 vom 28. 05. 2009: Gesetz zur Modernisierung des Bilanzrechts (BilMoG), S. 1102-1137.

第3章
会計制度改革における規制緩和

1. はじめに

　近年のドイツの会計制度改革は,「資本市場指向」概念を軸にして「資本市場指向企業」と「非資本市場指向企業」, さらに「連結決算書」と「個別決算書」の区分に基づく, 二重の二元的な国際対応を図っている点に特徴がある。とくにIFRSへの対応に関しては, 資本市場指向企業に焦点を当てる形で, IFRSの承認と監視のメカニズムが構築されている[1]。

　他方, 非資本市場指向企業レベルの改革に関しても, ドイツにおいて大きな進展がみられる。それは, EU会計関連指令の改編・統合の動きを受けた,「非資本市場指向」の会計制度改革というべきものである。とりわけ, ドイツの中小・零細企業の負担軽減を目的として, 決算書の作成および公示義務の免除ないし軽減化を意味する, いわゆる規制緩和（Deregulierung）[2]が行われている。

　本章では,「資本市場指向」と「非資本市場指向」の切り分けに基づく国際対応という視点から, 2009年の会計法現代化法（BilMoG）と, それに続く2012年の最小規模資本会社会計法修正法（MicroBilG）を考察する。その場合, とくに非資本市場指向企業レベルでの規制緩和策について論究したい。

2. 資本市場指向の会計制度改革

2.1 資本市場指向の概念と 1998 年改革

　近年のドイツの制度改革において「資本市場指向」という概念が重要な役割を果たしている。「資本市場指向」の対概念として「非資本市場指向」が用いられるが，両者の区分は，会社形態別もしくは規模別の区分ではなくて，きわめて概念的なものである。とくに「非資本市場指向」の概念は，「資本市場指向」概念を設定することで得られる副次的なものといえる[3]。

　資本市場指向企業という場合，それは一般に EU 域内の「規制市場」を利用する企業と説明される。規制市場の概念は，EU の有価証券サービス指令に基づいており，規制市場と認定される域内の市場は，毎年，EU 公報に掲示される。ドイツの場合，HGB 第 264d 条にいう「組織的市場」が EU の規制市場の概念に合致し，具体的には，フランクフルト，ベルリン（ブレーメンと連携），デュッセルドルフ，ハンブルク，ハノーファー，シュトットガルト，そしてミュンヘンの証券取引所での市場を指す[4]。

　資本市場指向企業は EU 域内でおよそ 7,000 社，そのうちドイツ企業は約 1,000 社といわれる。ドイツの企業総数は 3,135,542 社（2009 年度売上税統計ベース）とされ，それから資本市場指向の約 1,000 社を除いた残りが非資本市場指向企業に相当する[5]。

　まず，資本市場指向企業に焦点を当てた制度改革は，1998 年の資本調達容易化法（KapAEG）が起点となった。KapAEG のポイントは，HGB 第 292a 条の新設を通じて，ドイツの国内企業に対し IFRS もしくは US-GAAP 準拠の連結決算書の作成を正式に認めると同時に，HGB 準拠の連結決算書を免除するところにあった。したがって，HGB 第 292a 条の導入は，HGB と"等価"な国際的基準の適用を容認する商法上の特例であり，HGB 会計規定そのものの抜本的な改編を意図するものではなかった。つまり第 292a 条の新設は，決算書作成にかかわるコスト節減の側面からドイツ企業を法制度上支援し，もって

当該企業の国際競争力の向上を目的としていた。

また，HGB 第 292a 条の適用範囲は，当初，「国外の資本市場を利用する企業」のみが想定されていた。KapAEG の参事官草案の段階では，その正式名称が「国際資本市場におけるドイツコンツェルンの競争能力の改善…に関する法律」と表現されており，とくに国際的な資本市場の利用の場面においてドイツ企業の競争条件を整えることに力点があった。ただし，立法の最終局面において，HGB 第 292a 条の適用対象は「取引所上場」の企業と定められた。つまり，国内，国外を問わず，すべての上場ドイツ（親）企業が第 292a 条の適用選択権を認められた。さらに，当該免責は 2004 年までの時限的措置とされた[6]。

2.2 2000 年の制度改革

KapAEG による HGB 第 292a 条の導入は，立法資料によれば，ドイツ企業に対して最高度の弾力性（Höchstmaß an Flexibilität）[7]を付与するものと評価された。他方で，「取引所上場」という免責の要件に対し批判もあった。2000 年制定の資本会社 & Co. 指令法（KapCoRiLiG）は，こうした点を踏まえ，免責措置の適用範囲をさらに拡げるものであった。すなわち HGB 第 292a 条の適用対象は，株式だけでなく，規制市場で取引されるその他の有価証券（たとえば債券）を発行する企業にまで拡大された。加えて，有価証券取引の認可申請段階の企業もその対象に含められた。こうした第 292a 条の修正により，IFRS/US-GAAP の任意適用の選択肢が，従来の取引所上場企業の範囲を超えて認められた。つまり，KapCoRiLiG は第 292a 条の適用範囲を，規制市場の利用企業，すなわち「資本市場指向企業」の概念設定に基づき拡張させた。その意味で，KapCoRiLiG は「規制市場の利用」をメルクマールにした「資本市場指向」と「非資本市場指向」の明確な線引きに基づく会計規制の差別化戦略を確立させるものであった。

こうして，KapCoRiLiG は，HGB 第 292a 条の適用範囲を拡大する側面を有していたが，他方で，EU の Ecu 適合指令との調整も目的としていた。EU で

は，域内の経済状況および為替の動向を考慮して，5年ごとに規模基準値の見直しが行われる。1999年のEcu適合指令の発布により，会社規模の区分に関する当時の規模基準値に関し，約25％の引上げが加盟国に要請された。これを受けてドイツは，KapCoRiLiGを通じて，貸借対照表合計額および売上高に関する規模基準値を約25％引上げた。その場合，HGBの規模基準値は，EUの基準値よりも約10％高く設定された。これは，EU第4号指令第12条2項がEUの水準を10％の範囲で上回ることを容認していたためである。

HGB第267条によれば，3種類の基準値（貸借対照表合計額，売上高，従業員数）のうち，少なくとも三つを超えるか否かで小規模，中規模，あるいは大規模資本会社の認定が行われる。こうした規模基準値の引上げは，HGBの諸規定の適用免除もしくは簡素化に関わる重要な規制緩和策を意味する。たとえば，小規模会社は監査義務を免除され，大規模会社に限り年度決算書を連邦官報に公示する義務を負う。その限り，KapCoRiLiGを通じて，従来よりも多くのドイツ企業が，規制緩和措置の恩恵を受けることになった[8]。

2.3 2004年の制度改革

2000年の改革を経た後，EUのIAS命令に基づき，域内におけるIFRSの導入が現実化した。すなわち，2005年から域内企業の連結決算書に対してIFRSの適用が義務づけられた。したがって2005年とは，ドイツにとってHGB第292a条の失効期限の到来と同時に，IAS命令に基づくIFRSの適用開始を意味する年であった。

これを機に制定されたのが，2004年の会計法改革法（BilReG）である。BilReGにより2004年までの時限立法であったHGB第292a条の代替措置が講じられた。まず，連結決算書レベルでのIFRS対応に関し，BilReGの政府法案理由書ではつぎのように説明された。

本法案は，連結決算書におけるIFRSの適用に関する包括的な企業選択権を定めている。IFRSに基づく連結会計義務は，IAS命令の範囲を超えて，規制市場における有価証券取引の認可申請段階の企業に対しても定められる。この

方法で，HGB 第 292a 条に従い IFRS による連結会計を選択しえた資本市場指向企業に対して，投資家の情報ニーズに応える形で IFRS の適用が強制される。その他の，すなわち連結決算書の作成義務を負う中規模以上のコンツェルン親企業に対しては，従来の法律の域を超えて，取引相手に IFRS に準拠した連結決算書を呈示する選択権が与えられる。また，IAS 命令の第 9 条によれば，加盟国は特定の資本市場指向企業に対して，IFRS の強制適用を 2 年間延期することができる。この経過規定は，（株式とは異なる）負債証券を発行するか，もしくは IAS 命令の発布以前から EU 域外の国—とくに米国—において，取引所上場目的のために US-GAAP に準拠している企業に適用される。本法案はこの選択権を完全に利用する。この点でも，本法案は企業サイドに最大限の弾力性（größtmögliche Flexibilität）を与えるものである[9]。

このように，BilReG は連結決算書レベルにおいて，HGB 第 292a 条による「資本市場指向」と「非資本市場指向」に分化した IFRS 対応の枠組みを維持しながら，一定の資本市場指向企業に対する IFRS の適用時期の選択（適用延期措置），そして非資本市場指向企業に対する IFRS の適用の選択（任意適用）を認めるものであった。つまり，ドイツの企業サイドに「最大限の弾力性」を保証する措置を講じたのである。これにより，「資本市場指向」概念に基づく IFRS 対応の枠組みが保持された。

また，個別決算書レベルに関し，同理由書においてつぎのように説明された。

IAS 命令の第 5 条により，加盟国は，IFRS に基づく年度決算書（個別決算書）の作成を企業に認めるか，もしくは強制することができる。本法案は，この加盟国選択権を行使するものではないが，しかし，企業に最大限の弾力性を保証する規定を設けている。本法案は，年度決算書に対する IFRS の適用を何ら義務づけるものではない。本法案は，HGB 第 267 条 3 項の意味での大規模資本会社に対して，年度決算書とは区別される，情報目的に資する個別決算書に IFRS を適用しうる企業選択権を定めている。HGB 準拠の年度決算書は，会社法上の資本維持および配当測定，企業収益課税および特定の産業部門，と

りわけ信用機関および保険企業の国家的監督目的のために，今後も一貫して要求される[10]。

こうして，IFRSへの対応場面をもはや連結決算書レベルに限定しない点がBilReGの特徴のひとつであるが，それによりHGB準拠の個別決算書の作成が不要とされたわけではない。すなわち，利益決定目的等のために，HGB準拠の個別決算書の作成をつねに要求すると同時に，情報目的に限定した形で，追加的にIFRS準拠の個別決算書の作成を任意（企業選択権）で認めるものであった。したがって，個別決算書レベルでのIFRSの容認はきわめて限定的であり，その意味で，IAS命令による加盟国選択権が忠実に行使されたわけではない。つまり，BilReGの目的は，個別決算書レベルについても，（大規模資本会社の場合）連邦官報でのHGB準拠の個別決算書の公示に代える形で，IFRSの適用に関する弾力性を保証するところにあった。理由書によれば，これにより，ドイツの該当企業は公けに対して，国際会計に対応する企業として強い印象を与えることが可能になるという[11]。

以上のように，KapAEGからKapCoRiLiG，そしてBilReGへとつながるドイツの制度改革の重要な特徴のひとつは，「資本市場指向」概念の形成を通じて資本市場対応に分離した上で，「最大限の弾力性」をキーワードにIFRSの任意適用の選択肢をドイツ企業に付与することであったといえる。

2.4 規模基準値の引上げ

BilReGの立法目的は資本市場指向企業レベルでのIFRS対応にとどまらない。BilReGのもうひとつの特徴は，EUの規模基準値修正指令（2003年）への対応として，HGB第267条および第293条における規模基準値を引上げた点にある[12]。当該指令はEcu適合指令の後継であり，加盟国に対し規模基準値の約17％の引上げを求めた。

2.4.1 第267条の修正

まず，規模基準値修正指令に基づき，HGB第267条における規模基準値が約17％引上げられた。図表3-1および図表3-2は，BilReG制定前後のEU

図表 3-1　BilReG 制定前後の規模基準値（小規模資本会社）

基　　準 （単位はユーロ，人数）	制定前		制定後	
	EU 指令	HGB	EU 指令	HGB
貸借対照表合計額	3,125,000	3,438,000	3,650,000	4,015,000
売上高	6,250,000	6,875,000	7,300,000	8,030,000
従業員数	50	50	50	50

図表 3-2　BilReG 制定前後の規模基準値（中規模資本会社）

基　　準 （単位はユーロ，人数）	制定前		制定後	
	EU 指令	HGB	EU 指令	HGB
貸借対照表合計額	12,500,000	13,750,000	14,600,000	16,060,000
売上高	25,000,000	27,500,000	29,200,000	32,120,000
従業員数	250	250	250	250

指令ならびに HGB の（小規模・中規模会社の認定に関わる）規模基準値を示したものである。制定前の数値は 1999 年の Ecu 適合指令と KapCoRiLiG に基づくものであるが，BilReG においても HGB の規模基準値が以前と同様，EU 指令よりも約 10% 高く設定された（従業員数は除く）。

2.4.2　第 293 条の修正

また，HGB 第 293 条「規模に基づく作成免除」も修正された。第 293 条における規模基準値は，企業が連結決算書（および連結状況報告書）の作成義務を有するか否かの判断基準となる。第 267 条と同様，貸借対照表合計額，売上高，そして従業員数に関する三つの規模基準値が定められ，そのうち二つの基準値を超えない場合，連結決算書（および連結状況報告書）の作成義務が免除される。BilReG では，第 267 条の規模基準値の引上げに対応して，第 293 条の規模基準値が約 20% 引上げられた（従業員数は変更なし）。図表 3-3 および図表 3-4 は，総額法および純額法に基づく BilReG 制定前後の規模基準値を示したものである。

図表3-3　BilReG制定前後の規模基準値（総額法）

基準（単位はユーロ，人数）	制定前	制定後
貸借対照表合計額	16,500,000	19,272,000
売上高	33,000,000	38,544,000
従業員数	250	250

図表3-4　BilReG制定前後の規模基準値（純額法）

基準（単位はユーロ，人数）	制定前	制定後
貸借対照表合計額	13,750,000	16,060,000
売上高	27,500,000	32,120,000
従業員数	250	250

3. BilMoGによる規制緩和措置導入の背景

3.1　BilMoG立法化の背景

　上述のとおり，ドイツにおいては，1998年のKapAEGを起点に資本市場指向の会計制度改革が進められた。その代表が，HGB第292a条の創設に基づく免責措置の導入である。すなわち，ドイツの資本市場指向企業に対しIFRS準拠の連結決算書の作成が容認され，同時にHGB準拠の連結決算書の作成が免除された。つまりHGB第292a条の導入は，国際競争力強化のために，ドイツの資本市場指向企業の負担軽減を図ることを目的とした措置であった。この措置はKapCoRiLiG，そしてBilReGに引き継がれ現在に至っている。

　こうした資本市場指向企業レベルでの負担軽減策に対して，2009年制定のBilMoGは，むしろ非資本市場指向の中小・零細企業に対する負担軽減措置の導入に力点を置くものである。すなわち，BilMoGの特徴のひとつは，非資本市場指向企業に対する規制緩和措置を拡充する次元へと重点が移行しているところにある。

　2008年7月のBilMoG政府法案によれば，BilMoGの目的は，信頼できる

HGB 会計法を堅持し，その現代化を通じて IFRS との関係においてほぼ等価で，効率的かつ簡素な代替的選択肢にすると同時に，包括的な規制緩和によりドイツ企業の負担軽減を図る点にある。すなわち「個人商人に対して，商法上の簿記会計義務を包括的に規制緩和する。さらに，資本会社が規模別の簡素化および免除措置を利用できるように，規模基準値を引上げる。同時に，HGB 会計規定の現代化により，商法上の個別決算書および連結決算書の情報機能を強化する。（新 HGB）会計規定は，ドイツの中小企業に拒否される IFRS に対する，ほぼ等価でしかも簡素な代替的選択肢として発展する。[13]」

このように BilMoG は，HGB 会計規定の"現代化"と"規制緩和"を通じて，決算書の情報機能の強化と同時に，ドイツの中小・零細企業の負担軽減を目的としたものである。とくに"現代化"の側面では，IFRS への接近を図ることで HGB をその「等価な選択肢」と位置づけ，存続させる点に狙いがある。しかもその前提は，HGB の核心部分が保持されることである。つまり，正規の簿記の諸原則（GoB）の堅持のもとに，従来通り，配当および課税所得算定の基礎として HGB 個別決算書の有効性が明言された。

また，BilMoG を通じて，「資本市場指向」の概念が HGB に明文化されたことも注目される。これにより新設の HGB 第 264d 条「資本市場指向の資本会社」と，有価証券取引法第 2 条との連携が図られた。第 264d 条によれば，「資本会社が，有価証券取引法第 2 条 5 項の意味での組織的市場を，当該会社が発行した，有価証券取引法第 2 条 1 項 1 文の意味での有価証券を通じて利用する場合，または組織的市場での取引の認可申請を行う場合[14]」に「資本市場指向」とみなされる。このように「資本市場指向」概念の明文化をもって，「資本市場指向企業」と「非資本市場指向企業」の線引きによる会計規制の差別化戦略が，HGB において鮮明になった。

BilMoG における"規制緩和"という目標は，EU の枠組みを前提にしている点も見逃せない。EU 域内，そしてドイツで大多数を占める非資本市場指向企業に関し，その規制緩和策の導入は，2007 年の「EU の行政コストの削減に関する行動計画」が起点になった。この行動計画は，EU 域内における法規の

簡素化運動を背景に，時代遅れの，重複する過剰な情報義務（いわゆる行政コスト）の撤廃を重要な目標と定めた。EU 理事会は当該計画を 2007 年に承認し，とくに中小企業に対する負担軽減措置の拡充を加盟国に要請した。またEU 委員会は，EU および加盟国が 2012 年までに行政コストを 25％削減することを目標として掲げた。したがって，加盟国の任務は自国企業のための負担軽減措置を講じることであり，そのための手段のひとつが，決算書の作成および公示義務の免除ないし軽減化とされた[15]。

こうした EU レベルの規制緩和の流れを受けて，ドイツにおいても「国家規準監視審議会の設置に関する法律」(2006 年 8 月) が制定され，連邦政府によるコスト節減策を検証・評価する「国家規準監視審議会」が創設された。新設の国家規準監視審議会は，独立的な助言および監視機関として，連邦政府の活動を支援する任務を有する。その場合，既存のいわゆる公的経費の削減，ならびに新規の公的経費の回避を目的とした活動を行う。公的経費とは，情報義務を通じて自然人または法人に対して生じる費用と定義される。ここで情報義務とは，法律，法規命令，定款または行政規則に基づき生じる義務であり，データおよびその他の情報が，当局または第三者に対して準備され，利用可能になり，または伝達されることが求められる（「国家規準監視審議会の設置に関する法律」第 2 条)[16]。

3.2 BilMoG による規制緩和措置

ドイツは，こうした一連の規制緩和の制度的枠組みに基づき，BilMoG の制定を通じて，非資本市場指向の企業群に対して第一段階の対応を図ったといえる。BilMoG による規制緩和に関しては，該当企業に対して，10 億ユーロを超える負担軽減効果が期待された。連邦法務大臣の声明によれば，「BilMoG によりドイツ企業，とりわけ中小企業の負担を軽減し，技術革新および投資能力を引き出す。改革の重点のひとつは，中小企業に対する規制緩和とコスト節減である。該当企業に対してはおよそ 10 億ユーロの負担軽減となる。たとえば，中規模個人商人は簿記会計義務を完全に免除され，資本会社に対しては規模基

準値の引上げが行われる。[17]」

このように，BilMoGによる規制緩和措置は，具体的には，一定の個人商人に対する簿記会計義務の免除，そして資本会社に関する規模基準値の改定であった。

3.2.1 個人商人に対する簿記会計義務の免除

BilMoGにより，一定の規模以下の個人商人は，商法上の簿記会計義務を完全に免除された。ここで簿記会計義務とは，帳簿記帳，財産目録，貸借対照表および損益計算書の作成に関する包括的な義務を意味する。

そのための新条項がHGB第241a条と第242条4項であり，まず第241a条は，帳簿および財産目録作成義務が免除される個人商人として，売上高が50万ユーロ，かつ年度剰余が5万ユーロ以下のものと定めた。そして，第242条4項により，当該個人商人に対し，貸借対照表および損益計算書の作成義務が免除された[18]。

こうした簿記会計義務の免除措置をもって，税務上の帳簿記帳義務に関連する租税通則法（AO）第141条との調整が図られた。政府法案の理由書によれば，当該免除措置を利用できる個人商人は，所得税法第4条3項に基づく収入余剰計算の利用が認められ，当該手法の容易さとその実行性の二つの観点から，該当企業に対するコスト節減が見込まれるという[19]。

3.2.2 資本会社に関する規模基準値の改定

つぎに，HGB第267条における規模基準値の更新である。上述のように，ドイツは当該基準値を漸次引上げながら，規制緩和措置の対象を広げてきた。BilMoGにより規模基準値がさらに約20％引上げられ，それにより約1,600社が大規模会社から中規模会社へ，そして約7,400社が中規模会社から小規模会社へと移行するといわれる[20]。具体的には，新規定により，貸借対照表合計額4,840,000ユーロ，売上高9,680,000ユーロ，そして従業員数50人以下が小規模会社に関する基準となる。また，貸借対照表合計額19,250,000ユーロ，売上高38,500,000ユーロ，従業員数250人以下が中規模会社に関する基準となる。この修正は，規模基準値の約20％の引上げを加盟国に要請した，新たな

図表 3-5　BilMoG 制定前後の規模基準値（小規模資本会社）

基　　準 （単位はユーロ，人数）	制定前		制定後	
	EU 指令	HGB	EU 指令	HGB
貸借対照表合計額	3,650,000	4,015,000	4,400,000	4,840,000
売上高	7,300,000	8,030,000	8,800,000	9,680,000
従業員数	50	50	50	50

図表 3-6　BilMoG 制定前後の規模基準値（中規模資本会社）

基　　準 （単位はユーロ，人数）	制定前		制定後	
	EU 指令	HGB	EU 指令	HGB
貸借対照表合計額	14,600,000	16,060,000	17,500,000	19,250,000
売上高	29,200,000	32,120,000	35,000,000	38,500,000
従業員数	250	250	250	250

EU の「修正指令」（2006 年）に対応したものである。当該指令は，2003 年の EU の行動計画に従い，一連の会計指令（第 7 号指令，第 7 号指令，銀行会計指令，保険会計指令）の内容を一部改定するものであった。図表 3-5 および図表 3-6 は，BilMoG 制定前後の EU 指令ならびに HGB の規模基準値を示したものである。なお，制定前の数値は規模基準値修正指令と BilReG に基づくものであり，BilMoG においても，HGB の規模基準値が引き続き，EU よりも約 10％高い水準で維持されている（従業員数は除く）。

　会社の規模区分に関する当該基準値は，KapCoRiLiG と BilReG を通じて漸次引上げられてきたが，BilMoG による引上げによって，規模別の適用免除および簡素化措置の恩恵を受ける企業の数がさらに増えることになった。

　また，第 267 条の修正との関連で，第 293 条における規模基準値も修正された。当該基準値は 2004 年の BilReG でも引上げられたが，BilMoG による修正により，連結決算書（および連結状況報告書）の作成義務が一層緩和された。図表 3-7 および図表 3-8 のとおり，HGB 第 293 条の基準値が，総額法では貸借対照表合計額が 23,100,000 ユーロ，売上高が 46,200,000 ユーロ，また純額法

図表3-7　BilMoG制定前後の規模基準値（総額法）

基準（単位はユーロ，人数）	制定前	制定後
貸借対照表合計額	19,272,000	23,100,000
売上高	38,544,000	46,200,000
従業員数	250	250

図表3-8　BilMoG制定前後の規模基準値（純額法）

基準（単位はユーロ，人数）	制定前	制定後
貸借対照表合計額	16,060,000	19,250,000
売上高	32,120,000	46,200,000
従業員数	250	250

では貸借対照表合計額が19,250,000ユーロ，売上高が38,500,000ユーロまで高められた（従業員数は変更なし）。

2008年の政府法案の理由書によれば，第267条および第293条の規模基準値の引上げに伴い，該当企業に対し，全体でおよそ3億ユーロのコスト節減が見積もられた[21]。BilReGによる新基準値は，EUよりも約20％高い水準に設定されたが，これは加盟国に対し20％の範囲内でその超過を許容するEU第7号指令第6条2項に基づいたものである[22]。

4. MicroBilGによる規制緩和措置の導入

4.1　MicroBilG立法化の背景

非資本市場指向企業に対する会計の法的根拠は，EUレベルでは第4号指令および第7号指令である。両指令はおよそ30年の間，ドイツの株式会社（AG），有限会社（GmbH），株式合資会社（KGaA），それに有限合資会社（GmbH & Co. KG）[23]の会計の基礎になっている。

EUでは，この会計関連指令の現代化・簡素化計画の一環として，非資本市場指向企業に対する新たな規制緩和措置の導入が図られた。それが，2012年3

月14日付の「最小規模企業に関わる第4号指令の修正のためのEU議会および理事会の指令」，いわゆる「ミクロ指令」の制定であり，これはEUの景気対策プログラムの一部とみなされる。当該プログラムでは，小規模および中規模企業の行政コストの削減義務に加えて，最小規模の企業群に対し，年度決算書の作成を免除する点が掲げられた。すなわち，従来の大・中・小規模の資本会社の3区分から，小規模の下に新たに最小規模のカテゴリーを設けた4区分へと移行させ，当該会社に対して会計関連コストの負担軽減を図るものである[24]。

EUのミクロ指令は，「第4号指令の修正のための指令」という形式をとり，域内企業に対する規制緩和策の法的基礎となる。EU委員会によれば，ミクロ指令による，最小規模企業に対する行政コストの節減効果として約35億ユーロが見込まれる[25]。

ミクロ指令に基づく第4号指令の新第1a条により，最小規模企業が定義され，また会計規定の免除に関する選択権が加盟国に認められる。同条1項によれば，最小規模企業とは，つぎの三つの基準のうち二つを超えないものをいう。

―貸借対照表合計額　350,000ユーロ

―売上高　700,000ユーロ

―従業員数　10人

こうした規模基準を満たす最小規模企業に関し，第1a条2項により加盟国選択権が認められる。それは主としてつぎの領域である。

―計算区分項目の表示義務の免除

―附属説明書および状況報告書の作成義務の免除

―年度決算書の公示義務の免除

―貸借対照表および損益計算書の項目分類の簡略化[26]

4.2　MicroBilGによる重要な改正点

EUのミクロ指令を受けて，ドイツの連邦法務省は2012年7月31日に

MicroBilG 参事官草案を呈示した。ミクロ指令の転換を目的する当該草案は，その後とくに規制緩和措置に関し大きな修正もなく，同年9月19日に政府法案として閣議決定され，11月2日に連邦参議院の承認を経て，12月27日付で連邦官報に公布された。

MicroBilG の重点は，EU のミクロ指令に倣う形で，小規模資本会社の下位概念として，「最小規模資本会社」という新たなカテゴリーを導入し，当該会社に対し，決算書の作成および公示義務に関わる負担軽減を図るものである。その意味で MicroBilG の立法化は，BilMoG に引き続く，非資本市場指向企業に対する規制緩和の第二段階といえる。

BilMoG による HGB 第241a 条に基づき，一定の個人商人は簿記会計義務を免除されたが，資本会社ならびに有限合資会社の場合，同様の免責措置の利用は認められなかった。そのため，HGB の規定が零細の資本会社に対する負担軽減の妨げとなっていた。そこで MicroBilG を通じて，簿記会計義務に関する規制緩和の対象が，零細の資本会社および一定の人的会社にまで拡げられることになった。

4.2.1 最小規模資本会社概念の導入

MicroBilG による重要な改正点としては，最小規模資本会社概念の導入，年度決算書の作成および公示に関する軽減化措置が挙げられる。

MicroBilG を通じて，資本会社の既存の規模別カテゴリー（大，中，小）に，新たに「最小規模」という（下位の）カテゴリーが導入される。HGB に新設の第267a 条に基づき，つぎの三つの規模基準値のうち二つを超えない会社が最小規模資本会社とみなされる。

―貸借対照表合計額　350,000 ユーロ

―売上高　700,000 ユーロ

―従業員数　10 人

当該規模基準値は，ミクロ指令のものと合致する。なお，MicroBilG に基づく規模別カテゴリーおよびその基準値は図表3-9 に示すとおりである。

資本会社である株式会社等に加えて，HGB 第264a 条の意味での人的商事会

図表 3-9　規模別カテゴリーと基準値

	最小規模	小規模	中規模	大規模
貸借対照表合計額 (単位：ユーロ)	350,000	4,840,000	19,250,000	19,250,000（超）
売上高 (単位：ユーロ)	700,000	9,680,000	38,500,000	38,500,000（超）
従業員数 (単位：人数)	10	50	250	250（超）
HGB 規定	新第 267a 条	第 267 条		

(出所) KÜTING, K./STRAUB, M., MicroBilG-E, S. 1671 に基づき作成。

社，すなわち有限合資会社もまた最小規模資本会社と認定される。これに対し，第264d条の意味での資本市場指向の会社は，つねに大規模資本会社とみなされる。なお，ドイツ全体で50万社以上が最小規模資本会社に該当するとみられ，これは公示義務を有する会社のほぼ半数に相当するという[27]。

4.2.2　年度決算書の作成に関する軽減化措置

最小規模資本会社に認定される場合，貸借対照表および損益計算書の簡略化が認められ，また附属説明書の作成が任意となる。

まず貸借対照表に関し，最小規模資本会社はHGB第266条1項に基づき，最も簡略化した場合，図表3-10のような貸借対照表の作成が可能になる[28]。

つぎに，損益計算書についても簡略表示が可能になる。ミクロ指令第1a条3項bに倣い，HGB第275条5項はつぎの項目分類を定めている。

1. 売上高
2. その他の収益
3. 材料費
4. 人件費
5. 減価償却費
6. その他の費用
7. 租税
8. 年度剰余額／年度欠損額

図表 3-10　簡略的な貸借対照表

借方	貸方
A．固定資産	A．自己資本
B．流動資産	B．引当金
C．計算区分項目	C．債務
	D．計算区分項目

そして，MicroBilG を通じて，附属説明書の作成に関する選択権が与えられる。附属説明書を作成しない場合は，貸借対照表においてつぎの点に関する記載が求められる。

・取締役会もしくは監査役会構成員に対する貸付および立替

・債務保証関係

・(株式会社の場合) 自己株式

4.2.3　決算書の公示に関する軽減化措置

MicroBilG による HGB 第 326 条 2 項を通じて，最小規模資本会社は，貸借対照表の預託という形で第 325 条にいう公示義務を履行することができる。つまり最小規模資本会社は，貸借対照表を電子媒体で連邦官報の所轄部門に預託するだけでよい。その場合，利害関係者は預託された貸借対照表のコピーを有料で入手できる。

4.3　負担軽減措置の要件と適用時期

最小規模資本会社が負担軽減措置を利用できる条件は「付すべき時価」，すなわち公正価値での評価を行わないことである。第 253 条 1 項により，最小規模資本会社が小規模資本会社に対する簡素化措置の利用に留まる限り，「付すべき時価」での評価が可能になる。これにより，最小規模資本会社に対する公正価値評価の禁止という，ミクロ指令が求める負担軽減措置利用の要件が転換される。また，MicroBilG に基づく負担軽減措置は 2012 年度の決算書から適用可能となった[29]。

5. お わ り に

　以上，本章ではとくに"規制緩和"の側面に焦点を当てて，ドイツにおける「非資本市場指向」の会計制度改革について考察した。

　本章で明らかにしたように，KapAEG（1998年）から BilMoG（2009年）までのおよそ10年間は，「資本市場指向」と「非資本市場指向」の線引きに基づく会計規制の差別化戦略が形成された時期であった。その場合，資本市場指向企業に対しては，HGB に「等価な選択肢」として IFRS（もしくは US-GAAP）の選択適用を容認し，他方，非資本市場指向企業に対しては，IFRS に「等価な選択肢」として"現代化"した HGB を用意する方向で制度改革が進められた。

　BilMoG の重要な立法目的である"規制緩和"についても，「資本市場指向」と「非資本市場指向」の線引きに基づき，その枠組みが整えられた。すなわち，ドイツ企業に対する「最大限の弾力性の保証」と「負担軽減」をキーワードに，資本市場指向企業レベルでの IFRS 対応の枠組みは維持しつつ，他方で，非資本市場指向企業に対する規制緩和措置の拡充に力点が置かれた。

　2012年制定の MicroBilG もまた，BilMoG を補完する形で，非資本市場指向企業に対する規制緩和措置の拡充を図るものである。つまり，ドイツにおいては「資本市場指向」概念を軸にして，資本市場指向企業レベルでの IFRS への接近と同時に，非資本市場指向企業レベルにおいて，IFRS の影響を遠ざける形で"規制緩和"が進展している。この点こそが，近年のドイツの制度改革を特徴づけるものであり，こうした方向性をより鮮明にしたのが BilMoG，そしてそれに続く MicroBilG の立法化であったといえる。

注
（1）　この点に関する体系的な分析として，佐藤誠二［EU・ドイツの会計制度改革］を参照のこと。
（2）　本章では，ドイツ語の Deregulierung の訳語として我が国で通用している「規制

緩和」という用語をあてている。その場合，当該用語を規制の撤廃，簡素化，免除等を含む広義の意味で用いる。
（3） KÜTING, K./LAM, S., Bilanzierungspraxis, S. 992.
（4） BURGER, A./FRÖHLICH, J./ULBRICH, P. R., Kapitalmarktorientierung, S. 117.
（5） KÜTING, K./LAM, S., Bilanzierungspraxis, S. 992.
（6） KapAEG の立法経過の詳細については，稲見亨［ドイツ会計国際化論］，9-38頁を参照のこと。なお，HGB 第292a条と同種の免責措置は，他の EU 諸国が先行しており，ドイツがそれに追随する形となった。
（7） BT-Drucksache 13/9909, S. 10.
（8） KapCoRiLiG の正式名称は，「第4号指令および第7号指令の適用領域修正のための EU 理事会指令の実施，年度決算書類の公示の改善，およびその他の商法規定の修正に関する法律」である。KapCoRiLiG の詳細については，稲見亨［ドイツ会計国際化論］，71-87頁を参照のこと。
（9） BT-Drucksache 15/3419 vom 24. 06. 2004, S. 33-34. 理由書によると，この判断は，資本市場指向企業の連結決算書の比較可能性に関し，一定の制限が加わることを前提としたものである。負債証券の発行企業の例としては，貯蓄金庫（Sparkasse）および協同組合銀行（Genossenschaftsbank）であり，また適用延期措置を利用できる US-GAAP 準拠企業とは，たとえば Daimler Chrysler 社（当時）や Deutsche Bank 社であった。なお，原典では IAS と表記されているが，本章の作成上，すべて IFRS に統一している。
（10） BT-Drucksache 15/3419 vom 24. 06. 2004, S. 45.
（11） BT-Drucksache 15/3419 vom 24. 06. 2004, S. 46. この場合，IFRS に準拠した個別決算書は，「HGB 第325条2a項1文に基づく個別決算書」ともよばれ，HGB 準拠の個別決算書，すなわち「年度決算書」とは明確に区別すべきことが理由書で強調されている。つまり，ドイツの「年度決算書」概念は，HGB 準拠の個別決算書を意味するものとして不変である。
（12） BilReG における規模基準値の上方修正に関しては，稲見亨［ドイツの会計国際化対応と規制緩和］，40-50頁を参照のこと。
（13） BT-Drucksache 16/10067 vom 30. 07. 2008, S. 1.
（14） BGBl Teil I, Nr. 27 vom 28. 05. 2009, S. 1104-1105.
（15） KÖHLER, A. G., Deregulierung, S. 268-269.
（16） BGBl Teil I, Nr. 39 vom 17. 08. 2006, S. 1866.
（17） BMJ, Neues Bilanzrecht.
（18） BGBl Teil I, Nr. 27 vom 28. 05. 2009, S. 1102. これらの措置以外に，参事官草案の段階では，大規模資本会社に対する規制緩和策として，IFRS に準拠した個別決算書の作成を容認する新第264e条が提案されていた。これは，HGB 第325条2a項および2b項に代替するもので，IFRS 決算書の附属説明書のなかに HGB 準拠の貸借対照表および損益計算書を記載することを要件としていた。当該選択権の導入により，該当企業に対する約1,800万ユーロの負担軽減が見込まれたが，第264e条はその後の立法経過において削除された。

(19) BT-Drucksache 16/10067 vom 30.07.2008, S.46. 参事官草案では，個人商人のほかに，合名会社や合資会社といった人的会社が当該措置の対象となっていた。
(20) BMJ, Eckpunkte der Reform.
(21) BT-Drucksache 16/10067 vom 30.07.2008, S.41-42.
(22) BT-Drucksache 16/10067 vom 30.07.2008, S.80.
(23) 有限合資会社は，合資会社の形態のひとつである。その特質は，合資会社の無限責任社員に有限会社が配置されるため，実質的に有限責任化している点にある。そのため当該会社形態がEU指令の対象に含まれるか否かが大きな争点であった。その意味で，有限合資会社を規制緩和措置の対象に含めた点がMicroBilGの重要な特徴といえる。
(24) KOM 800 vom 26.11.2008, S.13.
(25) Lanfermann, G., EU-Erleichterungen, S.1209.
(26) ABl L 81 vom 20.03.2012, S.3-6.
(27) BMJ, Referentenentwurf vom 17.07.2012, S.19.
(28) これ以外に，借方および貸方の潜在的租税，ならびに資産相殺による借方差額が計上される場合がある。
(29) Küting, K./Straub, M., MicroBilG-E, S.1674.

参考文献
(論文および著書)

Burger, Anton/Fröhlich, Jürgn/Ulbrich, Philipp R. [Kapitalmarktorientierung]: Kapitalmarktorientierung in Deutschland, in: KoR 2006, S.113-121.

Köhler, Annette G. [Deregulierung]: Deregulierung nach dem Entwurf eines BilMoG, in: BB 2008, S.268-270.

Küting, Karlheinz/Lam, Siu [Bilanzierungspraxis]: Bilanzierungspraxis in Deutschland — Theoretische und empirische Überlegungen zum Verhältnis vom HGB und IFRS —, in: DStR 2011, S.991-996.

Küting, Karlheinz/Straub, Marc [MicroBilG-E]: MicroBilG-E: Geplante Gesetzänderungen zur Erleichterung der Rechnungslegung und Offenlegung von Kleinstkapitalgesellschaften, in: DStR 2012, S.1670-1674.

Lanfermann, Georg [EU-Erleichterungen]: EU-Erleichterungen für die Rechnungslegung von Kleinstunternehmen — Handlungsspielraum des deutschen Gesetzgebers, in: BB 2012, S.1209-1211.

稲見　亨 [ドイツ会計国際化論]：『ドイツ会計国際化論』森山書店 2004 年。

稲見　亨 [EU指令・命令のドイツ会計法への転換]：「EU指令・命令のドイツ会計法への転換—会計法改革法の制定—」川口八洲雄編『会計制度の統合戦略』森山書店 2005 年，79-107 頁。

稲見　亨 [ドイツの会計国際化対応と規制緩和]：「ドイツの会計国際化対応と規制緩和—国内企業に対する二元的な規制緩和措置—」『産業経理』第69巻第3号，2009 年，40-50 頁。

稲見　亨［ドイツにおける国際的会計基準の適用と資本市場指向概念］:「ドイツにおける国際的会計基準の適用と資本市場指向概念」『會計』第180巻第5号，2011年，57-70頁。

稲見　亨［ドイツにおける非資本市場指向の会計制度改革］:「ドイツにおける非資本市場指向の会計制度改革—最小規模資本会社会計法修正法（MicroBilG）の要点—」『會計』第183巻第2号，2013年，95-106頁。

佐藤誠二［EU・ドイツの会計制度改革］:編著『EU・ドイツの会計制度改革—IAS/IFRSの承認と監視のメカニズム—』森山書店2007年。

(立法資料)

ABl L 81 vom 20. 03. 2012: Richtlinie 2012/6/EU des Europäischen Parlaments und des Rates vom 14. März 2012 zur Änderung der Richtlinie 78/660/EWG des Rates über den Jahresabschluss von Gesellschaften bestimmter Rechtsformen hinsichtlich Kleinstbetrieben, S. 3-6.

BGBl Teil I, Nr. 39 vom 17. 08. 2006: Gesetz zur Einsetzung eines Nationalen Normenkontrollrates (NKRG), S. 1866.

BMJ [Eckpunkte der Reform]: Informationen für die Presse, Eckpunkte der Reform des Bilanzrechts vom 16. 10. 2007.

BMJ [Neues Bilanzrecht]: Pressemitteilungen, Neues Bilanzrecht: Milliardenentlastung für den deutschen Mittelstand beschlossen vom 26. 03. 2009.

BMJ [Referentenentwurf vom 17. 07. 2012]: Referentenentwurf des Bundesministeriums der Justiz vom 17. 07. 2012: Entwurf eines Gesetzes zur Umsetzung der Richtlinie 2012/6/EU des Europäischen Parlaments und des Rates vom 14. März 2012 zur Änderung der Richtlinie 78/660/EWG des Rates über den Jahresabschluss von Gesellschaften bestimmter Rechtsformen hinsichtlich Kleinstbetrieben (Kleinstkapitalgesellschaften-Bilanzrechtsänderungsgesetz — MicroBilG)

BGBl Teil I, Nr. 27 vom 28. 05. 2009: Gesetz zur Modernisierung des Bilanzrechts (Bilanzrechtsmodernisierungsgesetz — BilMoG), S. 1102-1137.

BT-Drucksache 13/9909 vom 12. 02. 1998: Beschlussempfehlung und Bericht des Rechtsausschusses (6. Ausschusses) zu dem Gesetzentwurf der Bundesregierung (Kapitalaufnahmeerleichterungsgesetz — KapAEG)

BT-Drucksache 15/3419 vom 24. 06. 2004: Gesetzentwurf der Bundesregierung — Entwurf eines Gesetzes zur Einführung internationaler Rechnungslegungsstandards und zur Sicherung der Qualität der Abschlussprüfung (Bilanzrechtsreformgesetz — BilReG).

BT-Drucksache 16/10067 vom 30. 07. 2008: Gesetzentwurf eines Gesetzes zur Modernisierung des Bilanzrechts (Bilanzrechtsmodernisierungsgesetz — BilMoG).

BT-Drucksache 16/12407 vom 24. 03. 2009: Beschlussempfehlung und Bericht des Rechtsausschusses (6. Ausschuss) zu dem Gesetzentwurf der Bundesregierung — Drucksache16/10067 — (Bilanzrechtsmodernisierungsgesetz — BilMoG)

KOM 800 vom 26. 11. 2008: Mitteilung der Kommission an den Europäischen Rat: Europäisches Konjunkturprogramm.

第4章
会計法現代化法における基準性原則

1. はじめに

　ドイツにおいて，所得税法第5条1項に規定される基準性原則（Maßgeblichkeitsprinzip）は，商法会計と税法会計を連携させる不可欠の法基盤である。基準性原則をめぐっては，その法基盤が1870年代に所得税法に創設されて以来，多くの租税判決や法改正との関連で，度重ね議論が行われてきた。しかし，2009年の会計法現代化法（BilMoG）[1]の成立を契機に，基準性原則をめぐる議論は，深刻な問題を提起しているように思われる。それは，一世紀以上にもわたり堅持されてきた基準性原則の伝統を放棄して，あらたに独立した税務上の利益算定制度を構築すべきとする，かつての議論の再燃でもある[2]。

　本章の目的は，そうしたBilMoGの影響のもとでの議論の論点を明らかにすることにある。以下においては，まずドイツにおける基準性原則の内容を概略し（2節），BilMoGがその基準性原則との関係でどのような課題を担っているのか，商事貸借対照表と税務貸借対照表の離反の観点から検討する（3節）。そのうえで，立法者がBilMoGの改革の際に，基準性原則保持の立場から目標のひとつに掲げた「統一貸借対照表（Einheitsbilanz）」実務に関して，その存在と将来の可能性について既存の商法決算書の分析研究を素材にして考察する（4節）。そして最後に，BilMoGにおける基準性原則をめぐる現在の議論内容について取り纏める（5節）。

2. ドイツにおける商法会計と税法会計

　ドイツにおいて，商法会計は税法会計と緊密に連携している。この連携を根拠づけているのが，所得税法第5条1項に規定される，いわゆる基準性原則である。旧所得税法第5条1項1文は実質的基準性の原則，第5条1項2文は形式的基準性（逆基準性）の原則と呼ばれる。前者の実質的基準性の原則とは，商法上の正規の簿記の諸原則（GoB）に従う会計処理が税務上の会計処理の基礎となることを意味する。ただし，この実質的基準性の原則も，わが国と同様に税法上，別段の定め等がある場合には，それが優先する。具体的には，商法上の計上義務，計上禁止は実質的基準性により税務上も適用され，税法に別段，計上義務および禁止が定められる場合，それが優先する。商法上の借方計上選択権は，税務上の計上義務となり，商法上の貸方計上選択権は，税務上の計上禁止となる，と解されている。これに対して，後者の形式的基準性（逆基準性）の原則は，税法上の特別償却や免税積立金等の租税優遇措置などに関連して規定される税法上の計上選択権が，その行使にあたって商法決算書に同様に行使されることを前提とするもので，わが国の損金経理の規定に類する[3]。

　実質的基準性の原則の制度化は1874年以降，ザクセンとブレーメンの諸邦の所得課税法（Gesetz zur Einkommensbesteuerung）にまで遡るが[4]，形式的基準性原則（逆基準性原則）の歴史はそう古いものでない。形式的基準性原則（逆基準性原則）は1990年の租税改革法（Steuerreformgesetz）を通じて所得税法に導入された。この形式的基準性原則（逆基準性原則）については，これまで，商法上のGoBの実質的基準性の適用除外とみる見解とそれは基準性原則の形式的なあらわれであり，基準性原則の一部であるとみる見解がある[5]。

　しかし，形式的基準性（逆基準性原則）の導入以後，税法の商事貸借対照表に対する実質的支配による商法会計法の空洞化が生じているという批判もあり，また資本市場に対する情報提供機能を重視する会計の国際化が進展するなかで，商法会計に対して税法が基準性原則（形式的基準性原則も含めて）を保持

すべきか，あるいは放棄すべきかの議論が提起されてきた。とくに，会計国際化に伴う基準性原則の廃止ないし見直し論は，EU委員会が提示した1995年の「会計領域における調和化：国際的調和化の観点からの新しい戦略[6]」（以下，EUの新会計戦略）に対するドイツ会計基準委員会（DRSC）の公式意見書などを中心に2000年頃から活発に議論されてきたが，2009年BilMoGの成立により，結果として，所得税法第5条1項の修正が施された。所得税法第5条1項2文は，税法上の租税優遇措置などに関連して規定される税法上の計上選択権が，その行使にあたって商法決算書において同様に行使されることを前提とする，形式的基準性（逆基準性）の原則を定めてきたが，BilMoGの成立により，所得税法第5条1項を改正し，第5条1項1文の実質的基準性を堅持しながら，2文の「利益算定に際して税法上の選択権は商法上の年度決算書と一致して行使されなければならない」とする形式的基準性（逆基準性）の規定を廃止した。

所得税法第5条1項

（旧規定）
　法規定に基づき帳簿記入し，正規の決算を行うことが義務づけられる，もしくはかかる義務を伴わずに帳簿記入し正規の決算を行う事業者は，営業年度末に商法上の正規の簿記の諸原則に従い表示されるべき経営財産を計上しなければならない。利益算定に際して税法上の選択権は商法上の年度決算書と一致して行使されなければならない。

（新規定）
　法規定に基づき帳簿記入し，正規の決算を行うことが義務づけられる，もしくはかかる義務を伴わずに帳簿記入し正規の決算を行う事業者は，税務上の選択権を行使して異なる計上が選択される場合を除いて，営業年度末に商法上の正規の簿記の諸原則に従い表示される経営財産を計上しなければならない。税法上の選択権を行使する上での前提は，商法上の基準となる価値をもって税務上の利益算定に表示されない経済財が，特別に，継続した記録簿に収容されていることである。記録簿において，調達もしくは製作の日付，調達原価もしくは製作原価，行使される税務上の選択権の規定，実施される減額記入が証明されなければならない。

そうした所得税法第5条1項2文の廃止に伴い，HGBにおいて，これまで形式的基準性原則（逆基準性原則）に基づき税法上の非課税準備金を商事貸借対照表に設定する開放条項（Öffnungsklauseln），たとえば，HGB第247条3項「準備金的性格を伴う特別項目」，第254条「税法上の減額記入」が廃止された。また，実質的基準性（所得税法第5条1項1文）を補強するために，税務中立性を保持しつつ，これまで税法上は，認められなかった費用性引当金および自己目的引当金に対する計上選択権（HGB第249条1項3文および2項），理性的な商人の判断による減額記入に対する評価選択権（HGB第253条4項）等が削除され，商法と税法との調整がなされた。他方で，IFRSと同等性を担保するために新規に導入された，付すべき時価（fair value）の導入（HGB第255条4項），自己創設の固定資産たる無形資産に対する計上選択権（HGB第268条8項）などについては，税務中立性を保持するだけでなく，商法上の配当禁止措置が設けられることとなった。

3. BilMoGと基準性原則

3.1 BilMoGの税務中立的転換

　2009年5月，ドイツにおいて，BilMoGが成立した。この立法は，1985年商法改正以降，ほぼ四半世紀にわたって展開されてきた資本市場指向の（kapitalmarktorientiert）会計改革のいわば最終局面を示したものである。とくに，1995年にEU委員会が公表した新会計戦略により，EUが域内共通の会計基準の開発とそれによる加盟各国会計基準の調和化を断念し，アングロサクソン型のIFRSを導入・適用する開放政策を採ることを公表して以来，ドイツの会計改革も他の加盟国と同様に，IFRSへの対応を中心課題としてきた。1998年のKapAEG[7]，KonTraG[8]や2004年のBilReG[9]，BilKoG[10]など，この10年間の度重なる会計法改革で絶えず議論されてきたのは，IFRSと既存のEU会計基準に対する国内会計法との適合性，整合性をどう担保するのかという課題であった。

ただし，2004 年までの会計法改革は，主として資本市場において有価証券が取引認可される資本市場指向会社の連結決算書に対して IFRS を開放するという限定的範囲での制度改革であった。非資本市場指向の中小規模会社，そして配当規制，課税所得の算定と密接な関わりをもつ個別決算書を対象とする制度改革は部分的なものにとどまり，本格的改革はその後の立法に委ねられていた。2009 年に成立した BilMoG は，そうした課題を担い，具体的には 2003 年3 月に提示された「企業健全性と投資者保護の強化に関する連邦政府の措置一覧[11]」の最終局面の立法措置であった[12]。

　2007 年の BilMoG 参事官草案における理由書は，この BilMoG の立法について，つぎのように述べている。「本草案は会計法と決算書監査法における改正を規定する。会計法の現代化により，企業に対して，国際財務報告基準（IFRS）との関連において等価であるが簡素で効率的な代替的選択肢を提供するという目標が追求される。その場合，商法上の年度決算書は利益配当の基礎でありつづけるし，税務上の利益算定に対する商法上の年度決算書の基準性の優位性は保持され，したがって，商法会計の標柱（Eckpunkte）は存在し続ける[13]。」と。

　同様の位置づけは，政府法案の理由書にもみられるが，BilMoG の成立に際して，改革は税務中立的転換を前提としたものであって，商法上の利益算定とともに税務上の利益算定の基礎としての商事貸借対照表の機能を確認している。

　しかし，こうした税務上の利益算定の目標は，商法上の年度決算書の情報水準を高めるという主要目標とは競合状態にある[14]。Herzig によれば，BilMoG の目標競合は，商事貸借対照表と税務貸借対照表との同期化の負担へと広く落とし込む妥協を求める。資本市場の情報要求をますます指向することは，とりわけ形式的基準性の課題のなかで，商事貸借対照表の税務的変形を取り除くことが不可欠であったこれまでの統一貸借対照表思考に反することになる。従来，形式的基準性を通じて保護されてきた租税優遇措置の強制的計上がなくなり，税利益の配当の危険は貸方潜在的租税の形成を通じて取り除かれている。

立法者は形式的基準性の放棄をもって，税法の所有者／均衡命題を広範に基礎づけた。税務貸借対照表の商事貸借対照表からの解き放しは，BilMoG によりもたらされた税所得の確保に必要な実質的基準性の破棄（Durchbrechung）を通じてますます強められるだろうという[15]。

HERZIG に限らず，この実質的基準性の破棄は BilMoG 以降もまた，広範囲に継続するというのが，おおかたのドイツの意見であろう。

3.2 基準性原則の破棄の増大

基準性原則の破棄とは，BREITHECKER に従えば，個々の会計において異なる貸借対照表計上と評価やその結果として，商事貸借対照表と税務貸借対照表の離反をもたらすような状況をいい，会計外部の修正を通じて影響を及ぼす損益作用的な状況はそこに含められない[16]。

BREITHECKER によれば，基準性原則の破棄は，所得税法第 5 条 1 項 2 文の逆基準性の廃止以降，税務上の（GoB に反する）選択権から将来も生ずる。逆基準性に基づき BilMoG の発効前に存在し，商事貸借対照表に収容された選択権は保持され，加えて，基準性原則の破棄は，既存の基準性の破棄だけでなく，所得税法第 5 条 1 項 2 文の逆基準性の廃止以降，税務上の（GoB に反する）選択権から将来も生ずる。逆基準性の廃止を通じて独立して税務貸借対照表に作用する税法上の選択権は，商事貸借対照表と税務貸借対照表との離反に影響を及ぼすことになる。BREITHECKER は，近年，基準性の破棄の数は明らかに増大しており，その背景について，DRÜEN の言葉を借りて，「連邦財政裁判所（BFH）の判決は，基準性原則の内容を注文に応じて形作っている。立法者はそれに応じて立法措置で取り繕い，水を汲みだすように『数多くの破棄』を利用している[17]。」と述べている。

このように，商法と税法による異なる貸借対照表計上と評価の離反は，借方潜在的租税および貸方潜在的租税に関わる差異として存続し，またむしろ増大するだけでなく，基準性原則の破棄が，BilMoG 以降においてますます強まるとみる見解は多い[18]。

いま、ここでBilMoGによって、今後、基準性原則の破棄（商事貸借対照表と税務貸借対照表との離反）をもたらすと考えられる商法規定のいくつかについて、税法との関連で例示的に取り上げれば、つぎの通りである[19]（なお、BilMoGを通じて改正された商法規定が、税法規定との関係で相違が生じているか否かを一覧した章末の付表も参照のこと）。

a）売買目的で取得した金融商品の評価

HGB第253条1項3文によれば、売買目的で取得した金融商品は将来、付すべき時価で評価することができる。この金融商品には、たとえば、デリバティブの形態での未決取引も含まれる。一方、税法では、HGB第253条1項3文に合わせて所得税法第6条1項2b号に同様の規定が新設されたが、税法では、未決取引の計上は基準性原則を介して適用される実現原則および慎重原則に対する違反となるため認められていない。

b）不確定債務に対する引当金の計上

所得税法第5条4a項によれば、未決取引から生ずる偶発損失に対して引当金を計上することは許されない。これに対して、商法では、不確定債務に対する引当金のもとに帰属し、第249条に従い貸方計上義務となる。なお、不確定債務引当金には公法上の債務に対する引当金も属するが、BFHの税務判決は、ここで、税務上の貸方計上に厳格な境界を敷いている。

c）年金引当金の評価

年金引当金については、所得税法第6a条は、商法と比較して、限定的貸方計上規定が存在する。基本的には、有資格者が28年の生存年を完了し、撤回条件が必要でない、法請求に根拠づけられた書式が順守されなければならない。その限りでは、計上根拠による基準性原則の破棄は示されない。金額については、商法は履行日基準、税法は決算日基準の評価である。HGB第253条1項2文は、将来の価格および費用の増加を考慮したもとでの「履行額」による評価を要求する。これに対して、所得税法第6a条3項1号および2号に従い、税法上は、「貸借対照表決算日の状況に応じて生じた」部分価値（Teilwert）での金額を目指さなければならない。この税法上の評価留保権は、

将来，商事貸借対照表と税務貸借対照表の離反をもたらす。加えて，年金引当金について，所得税法第6a条3項3号では，6%の利子率での割引計算が，他方，HGB 第253条2項はドイツ連邦銀行が毎月指示する7年間の平均市場利子率を用いた割引計算が要請される。

d) 営業価値の償却

HGB 第246条1項4文に従い，有償取得の営業価値については，商法上，借方計上義務が生じる。税法においても，所得税法第5条2項の規定を通じて，商事貸借対照表に関わらず有償取得の営業価値の貸方計上が要請される。その点では，当初計上について商事貸借対照表と税務貸借対照表の離反は存在しない。しかし，継続評価に際して，有償取得の営業価値はHGB 第253条3項により計画的にその耐用期間にわたって償却されなければならず，その場合，経営慣行的耐用期間が5年を超えるときには附属説明書においてその理由が記載されなければならない。それに対して，所得税法第7条1項3文では，耐用期間を15年と定めており，検証可能な理由がなければ，商事貸借対照表と税務貸借対照表の離反がそこで生ずることになる。

e) 流動資産たる資産の減額記入

流動資産たる資産は，長期的に価値減少が見込まれる場合，税務上，より低い時価をもってのみ減額記入される。一方，商法上はさらに，HGB 第254条4項に従い，一時的な価値減少の場合にも減額記入の義務が与えられている。この異なる取り扱いは，一時保有の金融商品の一時的価値減少にも妥当する。

f) 負債と制度資産（年金資産等）との相殺

HGB 第246条2項によれば，商法上，（老齢年金義務）負債の履行にもっぱら用いられる資産（制度資産）とその負債との相殺計算が許容される。それに対して，税務上は，借方計上能力のない経済財が存在する限りにおいて，相殺計算が許容される。借方計上能力のある経済財が存在する場合，税務上は総額計上が行われる。

たしかに，BilMoG の法改正によっても，商法会計と税法会計は実質的基準性を通じて，相互に結びついている。立法者により形式的基準性（逆基準性）

の原則が放棄されたが，商事貸借対照表の税務貸借対照表に対する基準性は，基準性原則の破棄が増大しているにしても存続する。しかし，その場合，PETERSEN/ZWIRNER は，BilMoG では「信頼しうる GoB のシステムも統一貸借対照表の作成に対する基盤的可能性も断念されていない。逆基準性の原則はたしかに放棄され，単純な基準性は多くの箇所で破棄が生じている。統一貸借対照表の現実的な作成可能性は，それによって実務上，疑いをもたれている。（商法上，残存する）個々の選択権をフルに使用するなら，統一貸借対照表の作成はほとんど，可能でない。個々の商法上の選択権の行使を断念するほんの限られた場合にのみ，統一貸借対照表の作成が今後も可能となるにすぎない[20]。」という。

PETERSEN/ZWIRNER が述べるように，ドイツでは，BilMoG 以降，基準性原則の破棄（商事貸借対照表と税務貸借対照表との離反）が拡大し，今後，統一貸借対照表を作成する実務が継続できないとする意見は随所でみられる[21]。したがって，基準性原則の破棄（商事貸借対照表と税務貸借対照表との離反）の問題は，BilMoG の立法に際して立法者が提示した「統一貸借対照表の実務」の保持の問題と一体的に検討されなければならない[22]。

4. BilMoG と統一貸借対照表

4.1 BilMoG 以前の統一貸借対照表実務

連邦法務省のプレスリリースは，BilMoG の立法に際してつぎのように報じている。

「会計報告義務のあるドイツ企業の大多数は資本市場に要求を有していない。したがって，会計報告義務企業のすべてに費用負担を強い，非常に複雑な IFRS を義務づけることは正当ではない。最近，IASB が公表した『中小企業版 IFRS』基準案も情報能力ある年度決算書の作成にとって実用的な選択肢でもない。この基準案はその適用が商法会計法と比較して一層複雑で費用負担を強いるためにドイツの実務において厳しく批判されている。BilMoG は，した

がって，別のアプローチを採る。商法会計法を国際的会計基準とほぼ等価であり，本質的に費用節約的で実務においてより簡単に対応しうる法装置へと改造することである。その場合，とくに商法会計法が税務上の利益算定および配当測定のための基礎であることを保持する。とくに中，小規模企業については，上述の目的すべての基礎となる法装置，いわゆる統一貸借対照表がそれを可能とする[23]。」

統一貸借対照表については，ドイツにおいて，その明確な定義は存在しないが，理念的には，商法目的にも税法目的にも資する単一の貸借対照表を意味し，とくに中小規模の企業については，法人税申告の際に広く用いられる貸借対照表がそれに該当する[24]。ドイツの中小規模の企業の多くは，法人税申告の際に，実質的に税務上の措置が施された統一貸借対照表を作成する慣行が実務においてひろく定着しているといわれる。ドイツでは税務貸借対照表についても法定義はなく，商事貸借対照表は本来的貸借対照表であり，税務貸借対照表とは，通常，この商事貸借対照表から誘導された，商事貸借対照表に修正計算を加えた貸借対照表を指すことが多い。年度決算書の作成，監査，公示に関して簡便化・免責措置がある中小規模の企業の場合は，修正計算を商事貸借対照表に取り込み，税法を考慮した商事貸借対照表と税務貸借対照表の兼用の統一貸借対照表を作成し法人税申告に用いる実務が一般的慣行として定着しているといわれている。BilMoGは，国際化対応とはむしろ逆行して，現代化した商法会計法に対する規制軽減の観点から中小規模企業に対するこの統一貸借対照表実務を継続的に維持しようとした[25]。しかし，この統一貸借対照表の作成実務が現実にどのような状況にあるのかについて，文献上，多くの推定が言及される反面，経験的認識は僅かにすぎない。

DRSCのアンケート調査（2007年）によれば，ドイツの中小規模の企業の多くは，年度決算書の役割として税務上の利益算定を求め，また，可能な限り，統一貸借対照表を作成しているという。

すなわち，DRSCは，IASBが2007年2月に公表した「中小企業版IFRS草案[26]」を受けて，そこで定義される中小企業（Small and Medium-sized

Entities) に相当するドイツの企業 4,000 社に対して，質問票による意識調査を実施した。その調査において，「年度決算書の機能の重要性」を質問した項目について，情報提供機能を重要と回答する企業は少ないのに対して（潜在的な投資家に対する情報提供，顧客に対する情報提供，従業員に対する情報提供，仕入先に対する情報提供の各項目に対して，重要性が無いもしくは僅かとする回答数は，それぞれ81％，77％，77％，74％），課税所得の基礎の項目の重要性が高いないしかなり高いとする回答数は，86％の割合もある。また，「可能な限りで統一貸借対照表を作成しているのか」の質問項目については，79％の企業が作成していると回答している[27]。

しかし，このDRSCの調査は，あくまで，公開義務のある中小規模の資本会社のみを対象としたものであって，そこで得られたデータも資本会社の意識を示したものにすぎず，実務実態をしめすものでない。

その点，BilMoGの立法過程において，立法者が保持を目指した「統一貸借対照表実務」の状況の現実を知るうえで，参考になる資料のひとつが，DRSCの2007年調査の編集を担当したHALLER等の商法決算書分析であろう。HALLER等は，2006年〜2008年の商法決算書を分析対象にその3年間の営業年度において，任意抽出のドイツの大，中，小規模それぞれ100の資本会社（総数900の商法決算書）が，つぎの二つの視点からどのような会計選択行動をとっているのかについて分析，推定している。なお，そこでは，対象企業が統一貸借対照表の作成ないし作成を意識しているか否かについての判断にあたって，取得した情報が統一貸借対照表の作成に対して肯定しているか，否定しているかを，それぞれ積極的指標，消極的指標に区分して分析を試みている。

問1 企業は実務において，統一貸借対照表を作成し得るのか？
問2 企業は可能な限り，統一貸借対照表を作成する意図を持っているのか？

問1は，義務づけられた商法規定と税法規定の適用に際して，統一貸借対照表の作成を排除するような，両規定の対立的な関係が企業実務においてみられるのか否かを問題にする。この場合，商法と税法がそれぞれ規定する，選択さ

図表4-1 選択した強制的離反のある事象

	事象	商法基準	税法基準	否定的要素
1	偶発損失引当金	HGB 第249条1項1文により計上義務	所得税法第5条4a項1文に従う計上禁止	商事貸借対照表に計上
2	貸方潜在的租税	HGB 第274条1項1文により計上義務	計上なし	商事貸借対照表に計上
3	1年を上回る経過期間の一時的債務	HGB 第253条3項1，2文により返済額での計上義務	所得税法第6条1項3号に従う計上義務	返済額で商事貸借対照表に計上
4	流動資産における一時的価値減少	HGB 第253条1項1文により減額記入義務	所得税法第6条1項2号に従う減額記入禁止	商事貸借対照表に減額記入

(出所) HALLER, A./HONORS, E./LOFFELMANN, J., Die einheitliche Erstellung, S. 886.

図表4-2 各事象に対する消極的指標

	事象	小規模	中規模	大規模	合計
1	偶発損失引当金	2	12	23	37
2	貸方潜在的租税	1	0	0	1
3	1年を上回る経過期間の一時的債務	60	67	57	184
4	流動資産における一時的価値減少	42	76	87	205
	合計	105	155	167	427

(出所) HALLER, A./HONORS, E./LOFFELMANN, J., Die einheitliche Erstellung, S. 886.

れた強制的規定に各規模別の資本会社がどのような会計選択を行っているかが分析される。そして，この問1に対する分析項目と分析結果を示したのが図表4-1と図表4-2である。

図表4-2からは，選択した（商法と税法とで強制規定が異なる）事象については，商事貸借対照表において税務貸借対照表と異なる（統一貸借対照表の作成に消極的意味を持つ）会計処理が企業の実務において頻繁に行われており（300の企業で延べ427回），そこからは，統一貸借対照表の作成が現実には一定の取引事象を通じて妨げられていることが推論される。なお，潜在的租税の事象についての消極的指標は，小規模資本会社に1件のみとなっていて特別の解釈を要する事例である。また，中規模，大規模資本会社については，年度決算書において貸方潜在的租税に関する記載がないのは，貸方潜在的租税が存在しないか，もしくは借方の潜在的租税剰余と相殺していることが考えられる。

問2において中心に据えられているのが，商法と税法における選択権処理が異なって規定されており，両者の規定うち，商法の選択権が順守される事象である。選択された事象と分析結果は，それぞれ図表4-3と図表4-4および図表4-5に示される。

図表4-4からは，すべての企業にわたって積極的指標の多いことがわかる。規模別の件数のばらつきは，小規模資本会社について統一貸借対照表の重要度が少ないというより，開示条件の相違に起因すると考えられている。また，中規模および大規模資本会社に対して，いくつかの事象（のれん，年金引当金）について，規模別の相違が強くみられる。これに対して，図表4-5における消極的指標は少ない。個別事象については，わずかの資本会社のみが税法の厳格な特別の条件から離反していることがわかる。

HALLER等が実施した商法決算書分析には，その他，事象別の会計処理について立ち入った分析や附属説明書における記載事項の分析なども加えられているが，最終的に彼らがBilMoG以前の会計実務状況への分析から得た推定を要約すれば，つぎのようになる。

(1) 統一貸借対照表を作成する実務の転換可能性に関しては，つぎの認識が提供される。すなわち，商法と税法において離反した強制規定がある場合，商事貸借対照表と税務貸借対照表における会計上の模写は相互排他的で，そうした会計実務が企業において頻繁に行われている。そこでは，明らかに統一貸借

図表 4-3　商法会計と税法会計の選択可能な不一致がある事象

	事　象	商法規定	税法規定	積極的指標	消極的指標
5	営業価値またはのれんの償却	HGB 第255条4項	所得税法第7条1項	耐用期間15年に一致	耐用期間15年に不一致
6	固定資産たる稼働資産の減価償却	HGB 第253条3項	所得税法第7条1,2項	逓減（最大30％）	逓減償却は否定
7	建物固定資産の減価償却	HGB 第253条2項	所得税法第7条4項	典型的な耐用期間	経済的推定による耐用期間の確定
8	社債発行差金の処理	HGB 第250条3項	所得税法第5条5項5文1号	商事貸借対照表に借方計上	商事貸借対照表に借方非計上
9	製作原価の構成要素	HGB 第255条2項3文	所得税法通達6.3	間接材料費，製造間接費および製造特別直接費の算入	間接材料費，製造間接費および製造特別直接費の不算入
10	借方潜在的租税	HGB 第274条2項	―	商事貸借対照表に非計上	商事貸借対照表に計上
11	棚卸資産の評価簡便法	HGB 第255条4項	所得税法第6条1, 2a項	LIFO もしくは平均法	LIFO もしくは移動平均法
12	年金引当金の割引	―	所得税法第6条3項3文	商事貸借対照表に6％利子率を利用	商事貸借対照表に6％でない利子率を利用
13	僅少の経済財	―	所得税法第6条2, 2a項	GWG の特別償却	税法規定を不適用

（出所）HALLER, A./HONORS, E./LOFFELMANN, J., Die einheitliche Erstellung, S. 887.

対照表を作成し得る企業にとっての可能性は相対的に僅かとなる一定の状況が存在する[28]。

　(2) 様々な選択権や決算書において明示された記載についての分析からは，

第4章　会計法現代化法における基準性原則

図表4-4　選択可能な不一致に関する積極的指標

		小規模資本会社	中規模資本会社	大規模資本会社	合計
5	営業価値またはのれんの償却	0	6	16	22
6	固定資産たる稼働資産の減価償却	47	34	44	125
7	建物固定資産の減価償却	63	44	42	149
8	社債発行差金の処理	3	16	14	33
9	製作原価の構成要素	20	42	45	107
10	借方潜在的租税	0	0	1	1
11	棚卸資産の評価簡便法	3	16	38	57
12	年金引当金の割引	19	39	53	111
13	僅少の経済財	88	96	90	274
	合計	243	293	343	879

（出所）HALLER, A./HONORS, E./LOFFELMANN, J., Die einheitliche Erstellung, S. 887.

表4-5　選択可能な不一致に関する消極的指標

		小規模資本会社	中規模資本会社	大規模資本会社	合計
5	営業価値またはのれんの償却	0	2	1	3
6	固定資産たる稼働資産の減価償却	27	48	37	112
7	建物固定資産の減価償却	0	0	0	0
8	社債発行差金の処理	0	0	0	0
9	製作原価の構成要素	0	0	0	0
10	借方潜在的租税	0	1	2	3
11	棚卸資産の評価簡便法	0	1	0	1
12	年金引当金の割引	0	6	13	19
13	僅少の経済財	0	0	0	0
	合計	27	58	53	138

（出所）HALLER, A./HONORS, E./LOFFELMANN, J., Die einheitliche Erstellung, S. 887.

多くの企業が税法規定の適用を選択していることがわかる。多くの場合，そうした企業は，おそらく商事貸借対照表とその機能よりも税務貸借対照表を優先させた統一的会計処理を望んでいることが推定される。その場合，主要な目標は，より低い会計経費と税務上の優遇措置（特別償却，特別項目）による可能な限りの税負担の軽減をもとめることが考えられる。この結果は，しばしば文献において擁護される，商事貸借対照表における会計政策上の余地の行使が実質的に税務上の決定因子に影響されているという主張を裏づけている[29]。

HALLER等の分析は，みずからも言及するように，BilMoG成立以前の法規定に従い作成された決算書を対象としたものであり，得られた結果もBilMoG以前の法状況を導出したものであり，それが，BilMoG以降の法状況において，どれほど有効性を持ちうるのか，限定的意味を持つにすぎない。しかし，今後，ドイツの統一貸借対照表の作成実務がどのように推移するのか，経験的研究の乏しいなかで，HALLER等の分析は一定の示唆を与えてくれるものといえよう。

4.2 統一貸借対照表と電子貸借対照表

なお，HALLER等が，つぎのように述べている点も注目される。「調査した事象のいくつかにおいて，BilMoGによる改正は商事貸借対照表と税務貸借対照表における会計処理の相違と統一貸借対照表の原則的制約をもたらしている。貸借対照表の収斂の可能性に対して大きな影響を与えると予想できるもうひとつの改正として，おそらく，一方では，税務貸借対照表の一層の独立を導き，他方で，詳細な項目分類・区分規定を通じて―とくに中小規模の企業に対して―商法上の年度決算書の形成に『基準的に』影響する，いわゆる電子貸借対照表（E-Bilanz）を指摘できる。[30]」

ドイツでは，「電子貸借対照表制度」（電子申告制度）が導入された。当初は，2011年1月1日以降に開始する営業年度からの適用が予定されていたが，適用延期令（Anwendungszeitpunktverschiebungs-Verordnung）により，2013年1月1日以降に開始する営業年度から，いわゆるE-Bilanzの電子送信が義務づ

けられている[31]。

電子貸借対照表制度の導入に応じて所得税法第5b条1項の規定はつぎのように改正されている。

「第4条1項，第5条もしくは第5a条による利益を算定するとき，貸借対照表もしくは損益計算書の内容は，公的に規定されたデータ構造に従い，データ遠隔移送を通じて伝達されなければならない。貸借対照表が税務規定に合致しない計上もしくは金額を含むならば，当該の計上もしくは金額は，補足もしくは注記を通じて税務規定に適応させ，公的に規定されたデータ構造に従い，データ遠隔移送を通じて伝達されなければならない。納税義務者は，税務規定に合致した貸借対照表もまた，公的に規定されたデータ構造に従い，データ遠隔移送を通じて伝達することができる。」

ドイツの納税義務者は，この新設の所得税法第5b条に基づいて，①税務上の修正計算を伴う商事貸借対照表および商法上の損益計算書，②税務貸借対照表および商法上の損益計算書のどちらかを選択して履行される，択一的な電子伝達が義務づけられることとなった（図表4-6を参照）。こうした電子貸借対照表制度の導入は，将来，独立した税務上の利益計算への架け橋になるとの主張がHALLER等だけでなく，ドイツではよくみられる。HERZIGも，電子貸借対照表制度は，「商事貸借対照表と税務貸借対照表との相互作用について新たな一章を生み出すだろう[32]」としている。今後，統一貸借対照表に代替する独立した税務上の利益計算に電子貸借対照表がどう関わることになるのかは，いまだ不透明であるが，税務申告には，これまで旧所得税施行法第60条に従い，税務上の調整計算を伴う商事貸借対照表ならびに商法上の損益計算書もしくは商法上の損益計算書を伴う税務貸借対照表を付すことが求められてきたが，今後はそれが紙媒体ではなく，所得税法第5b条に基づき電子申告（E-Bilanz）によって行われることになる[33]。とくに，形式的基準性（逆基準性）の原則が廃止された以降の税務上の調整計算の煩雑さと費用負担の増加が指摘されるなかで，このE-Bilanzが果たす意味は少なくないことは事実であろう。

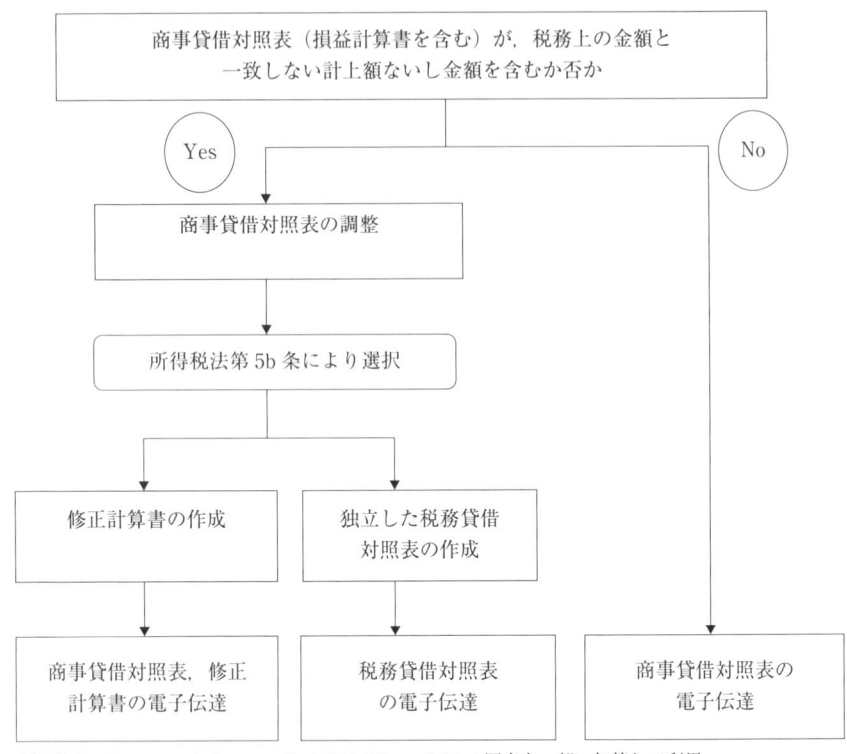

図表 4-6　E-Bilanz の可能な報告形式

```
          商事貸借対照表（損益計算書を含む）が，税務上の金額と
          一致しない計上額ないし金額を含むか否か
                    │
         Yes ───────┼─────── No
           │                   │
    商事貸借対照表の調整         │
           │                   │
    所得税法第5b条により選択     │
       │        │              │
  修正計算書   独立した税務貸借   │
  の作成      対照表の作成       │
       │        │              │
 商事貸借対照表，修正  税務貸借対照表  商事貸借対照表の
 計算書の電子伝達     の電子伝達    電子伝達
```

(出所) Dr. KLEEBERG & PARTNER GmbH, E-Bilanz, S. 24 の図表を一部，加筆して利用。

5. お わ り に

　政府法案の理由書では，つぎのように述べられている。「IFRSとの関係で生み出された商法上の年度決算書の比較可能性は，所得税法に収容される逆基準性の原則（所得税法第5条1項2文）の放棄を条件づけている。他方で，その年度決算書が基準性原則に基づいて貸借対照表を作成する商人の税務上の給付能力を写しだすという従来からの役割を引き続き果たすことができるか否かを吟味しなければならない。したがって，個々の給付能力を指向する課税を保持

するために，またEU局面で統一した連結法人税上の測定基礎を生み出すという観点のもとでも，独立した税務上の利益計算（eine eigenständige steuerliche Gewinnermittlung）というものが必要なのか否か，そして必要ならばそれをどのように構想すべきかが分析されなければならない[34]。」

　たしかに，ドイツの立法者は，BilMoGの成立をもって，商法会計法とIFRSとの近似化（同等性）をはかると同時に，ドイツ商法会計の「標柱」を確保しようとした。BilMoG以降も，商法上の年度決算書は利益配当の基礎であり続けるし，税法上の利益算定に対する商法上の年度決算書の基準性に優位性も保持されると述べている。しかし，本章の3節でみてきたように，商事貸借対照表と税務貸借対照表との離反（基準性原則の破棄）は，情報提供目的を中心とする（資本市場指向の）商法会計規定の改定と形式的基準性（逆基準性）の廃止を通じて，さらに強まることが予想されている。他方，立法者の意図に従えば，新商法会計規定とそれに基づく年度決算書は，（実質的）基準性を介して給付能力原則に応じた租税測定の基礎を提供するものでなければならない。また，立法者が言う，中小規模企業のための「統一貸借対照表の実務」の維持にしても，本章の4節でみた分析からして，基盤となる基準性原則の揺らぎ（破棄）がその将来を危ぶませている。そこに，立法者が政府法案の理由書において，商法の会計規定のIFRSに対する「適度な接近（maßvolle Annäherung）」と「独立した税務上の利益計算」の必要性の検討に言及せざるを得なかったひとつの要因があったように思われる。

　ドイツの商法会計制度は，BilMoGの改革を通じて商法上の決算書の情報提供能力を高め，IFRSに適応した。しかし，それは，他方において，情報提供機能と競合する配当および課税所得算定の基礎としての商法決算書の伝統的機能の維持や中小規模企業への規制軽減を図るために，IFRSに対して「現実的かつ可能な範囲」での緩やかな会計改革でもあった。そして，立法者のこの「両義性（Ambiguität）」を持つ改革は，現在，ドイツにおいて100年以上にわたって堅持されてきた基準性原則の存在を問うほどの議論を招来せしめている。今後，商法会計制度が税法会計との連携にどう取り組んでいくのか注意深

く見守る必要があろう。

注

（１） 正式名称は，Gesetz zur Modernisierung des Bilanzrechts (Bilanzrechtsmodernisierungsgesetz — BilMoG)。Vgl. BGBl Teil Ｉ, Nr. 28 vom 25. 05. 2009.

（２） この独立した税務上の利益算定制度を構築する提案自体は，古くて新しい問題である。かつて，1970年代はじめに1969年２月３日付の連邦財政裁判所大法廷決定による基準性原則の取り扱いを契機に，1971年における税制改革委員会答申や1974年所得税法改正に向けての参事官草案などを中心に，基準性原則の形式的廃止と税務貸借対照表の独立案をめぐって，また，1985年商法改正時にも活発な論争がみられた。この論争の内容については，木下勝一［会計規準の形成］の第２章および第４章において詳しい。

（３） これらは，1969年２月３日付の連邦財政裁判所大法廷決定の税務判決に依拠した取り扱いである。

（４） 1874年12月22日付のザクセン所得税法では，第22条によって，財産目録および貸借対照表に関してHGBが定めている諸原則，あるいは正規の商人の慣習に合致するような諸原則に従って，利益が算定されなければならない，と規定された。この点については，W. フレーリックス［現代の会計制度］，375頁を参照。

（５） この点について若干の考察を行ったものとして，佐藤誠二［ドイツ会計規準の探究］の第６章を参照されたい。なお，所得税法第５条１項２文について，それを形式的基準性と呼ぶのか，逆基準性と呼ぶかは，ドイツでも論者によって異なり，また両者の概念的な区分も一律ではない。本章では，概念上の区分をせず形式的基準性（逆基準性）と表記することとするが，引用個所等については原典に従い表記し，その限りでない。

（６） 正式名称は，Mitteilung der Kommission, Harmonisierung auf dem Gebiet der Rechnunglegung; eine neue Strategie im Hinblick auf die internationale Harmonisierung。Vgl. Kommission der EU, Eine neue Strategie. この戦略の内容については，佐藤誠二［EU・ドイツの会計制度改革］の第３章を参照。

（７） 正式名称は，Gesetz zur Verbesserung der Wettbewerbsfähigkeit deutscher Konzerne an Kapitalmärkten und zur Erleichterung der Aufnahme von Gesellschafterdarlehen (Kapitalaufnahmeerleichterungsgesetz — KapAEG)。Vgl. BGBl Teil Ｉ, Nr. 24 vom 27. 04. 1998. 内容については，佐藤誠二［会計国際化と資本市場統合］の第６章第１節を参照。

（８） 正式名称は，Gesetz zur Kontrolle und Transparenz im Unternehmensbereich (KonTraG)。Vgl. BGBl Teil Ｉ, Nr. 24. vom 20. 04. 1998. 内容については，佐藤誠二［会計国際化と資本市場統合］の第６章第２節を参照。

（９） 正式名称は，Gesetz zur Einführung internationaler Rechnungslegungsstandards und zur Sicherung der Qualität der Abschlussprüfung (Bilanzrechtsreformgesetz — BilReG)。Vgl. BGBl Teil Ｉ Nr. 65. vom 04. 12. 2004. 内容については，佐藤誠二

［国際的会計規準の形成］の第6章を参照。
(10)　正式名称は，Gesetes zur Kontrolle von Unternehmungsabschlüssen (Bilanzkontrollgesetz — BilKoG)．Vgl. BGBl Teil Ⅰ, Nr. 69 vom 20. 12. 2004. 内容については，佐藤誠二［国際的会計規準の形成］の第6章を参照。
(11)　Vgl. BMJ/BMF, Maßnahmenkatalog der Bundesregierung.
(12)　2009年BilMoGの成立に至る，この四半世紀にわたる会計改革の経過と内容について，包括して考察したものとして，佐藤誠二［国際的会計規準の形成］がある。
(13)　Vgl. BMJ, Referentenentwurf, S. 57.
(14)　商法上の年度決算書の情報水準を高めるという主要目標は，利益配当基礎としての利益計算の商法目的とも競合関係がある。この点について考察したものとして，佐藤誠二［IFRS 導入と商法会計目的］を参照。
(15)　Herzig, N./Briesemeister, S./Schäperclaus, J., Einheitsbilanz, S. 2.
(16)　Breitheecker, V., BilMoG-Überblick, S. 10.
(17)　Breitheecker, V., BilMoG-Überblick, S. 12.
(18)　たとえば，Forster/Schmidtmann は，「商事貸借対照表と税務貸借対照表は，将来，頻繁に離反する。そのことに対する根拠は，それに対し固有の税法規定が存在する商法規定の変化および逆基準性の放棄にある。したがって，修正計算の場合の誤謬の生まれる危険と潜在的租税の区分の重要性は増大する。上述の二つの根拠は，多くの場合，独立した税務貸借対照表の作成を導くことになる。」としている。Forster, G./Schmidtmann, D., Steuerliche Gewinnermittlung, S. 1346. その他，Schneider, D., Steuerbetriebswirtschaftliche Gewinnermittlung, Herzig, N./Briesemeister, S., Das Ende der Einheitsbilanz などに同様の指摘が多数ある。
(19)　Vgl. Breitheecker, V., BilMoG-Überblick, S. 13-19.
(20)　Petersen, K./Zwirner, C., Rechnungslegung und Prüfung im Umbruch, S. 1.
(21)　たとえば，つぎを参照。Herzig, N./Briesemeister, S., Das Ende der Einheitsbilanz, S. 2.
(22)　BilMoG の立法過程において，ドイツ経営経済学会の「外部会計」スタディグループが提唱した「統一決算書（Einheitsabschluss）」は，立法者の「統一貸借対照表」実務の保持の主張に応じて展開されたものであり，独立した税務上の利益計算の構想とともに，注目される構想である。この統一決算書構想の位置づけについては，佐藤誠二［国際的会計規準の形成］（エピローグ）を参照。なお，スタディグループの座長である Pellens の同様の構想について考察したものとして，佐藤誠二［会計国際化と資本市場統合］（第7章）がある。Vgl. AK (Arbeitskreis "Externe Unternehmensrechnung" der Schmalenbach-Gesellschaft für Betriebswirtschaft e. V.), International Financial Reporting Standards, Pellens, B./Fülbier, R U./Gassen, J., Internationale Rechnungslegung.
(23)　Vgl. BMJ, Neues Bilanzrecht.
(24)　この点については，佐藤誠二［IFRSへの対応と非対応の会計法改革］および［国際的会計規準の形成］の第10章を参照。
(25)　なお，統一貸借対照表について論じた最近の論攷として，坂本孝司［ドイツにおけ

る中小企業金融と税理士の役割] 第7章, 長谷川一弘 [ドイツ税務貸借対照表論] 第1章がある。
(26) Vgl. IASB, Exposure Draft.
(27) DRSC, ED-IFRS for SMEs, S. 8–10.
(28) HALLER, A./HONORS, E./LOFFELMANN, J., Die einheitliche Erstellung, S. 889.
(29) HALLER, A./HONORS, E./LOFFELMANN, J., Die einheitliche Erstellung, S. 889.
(30) HALLER, A./HONORS, E./LOFFELMANN, J., Die einheitliche Erstellung, S. 889.
(31) BMJ, E-Bilanz, S. 6.
　　2010年の適用延期令において，電子貸借対照表（E-Bilanz）の適用時期が1年延期されたが，その変更は，とくに経済界の要請を考慮したものであり，この期間は技術的および組織的に必要な適用に活用され，電子移送に利用される公的なBMFの2011年9月の適用通知では，E-Bilanzの多くの適用補助と新たな移送方法が規定された。結果として，2011年12月31日以後に開始する営業年度については，従来の紙媒体の貸借対照表，損益計算書の提出が可能となり，2012年12月31日より後に開始する，つまり2013年1月1日以降に開始する営業年度から，いわゆるE-Bilanzの電子送信が義務づけられることとなった。
(32) HERZIG, N./BRIESEMEISTER, S./SCHÄPERCLAUS, J., Einheitsbilanz, S. 4.
(33) BMFの通知に基づき，E-Bilanzの電子送信については，スタムデータ・モジュール（ein Stammdaten-Modul "GCD-Modul"）のほかに，年度決算書・モジュール（Jahresabschluss-Modul "GAAP-Modul"）として，以下の構成が指示されている。①貸借対照表，②総原価法，売上原価法による損益計算書，③利益処分計算書，④商事貸借対照表ならびに商法上の損益計算書の調整計算表（税務上の修正），④自己資本増減表，⑤人的商事会社等に対する資本勘定増減表，⑥資本流動計算書（キャッシュフロー計算書），⑦附属説明書，⑧状況報告書，⑨責任関係，⑩監査役会，決議および関連事項の報告書，⑪諸勘定の詳細内容。Vgl. BMJ, E-Bilanz, S. 28.
(34) BT-Drucksache 16/10067 vom 21. 05. 2008, S. 72.

参考文献
(論文および著書)

AK (Arbeitskreis "Externe Unternehmensrechnung" der Schmalenbach-Gesellschaft für Betriebswirtschaft e. V.) [International Financial Reporting Standards]: International Financial Reporting Standards im Einzel- und Konzernabschluss unter der Prämisse eines Einheitsabschlusses für unter Anderem steuerlicher Zwecke, in: DB 2003, S. 1585–1588.

BAETGE, JÖRG/KIRSCH, HANS-JÜRGEN/THIELE, STEFAN [Bilanzen]: Bilanzen, 9. Auflage, Düsseldorf 2007.

BREITHEECKER, VOLKER [BilMoG-Überblick]: BilMoG-Überblick über Änderungen einzelabschlussrelevanter Vorschriften und Auflistung der Durchbrechungen der Massgeblichkeitsprinzip, in: Schmiel, Ute/Breithecker, Volker (Hrsg.), Steuerliche Gewinnermittlung nach dem Bilanzrechtsmodernisierungsgesetz, Berlin 2008.

付表　IFRS および税規定に対する商法改正規定の関係

規制内容	商法基礎	IFRS に接近	税法規定に接近
小企業の帳簿記入義務	第 241a 条	—	(間接的影響)
経済的帰属	第 246 条 1 項 1 文, 2 文	○	○
期間限定的に利用可能な資産としての営業価値またはのれん	第 246 条 1 項 4 文	○	○
年金債務および類似の債務に関する資産と負債の相殺	第 246 条項および第 253 条 1 項 4 文	○	×
計上の継続性	第 246 条 3 項	○	○
自己創設の無形資産に対する借方計上選択権	第 248 条	○	×
費用性引当金の廃止	第 249 条 1 項 3 文および同条 2 項	○	○
計算区分項目の削減	第 250 条 1 項 2 文	○	×
評価継続性	第 252 条 1 項 6 号	○	○
引当金の評価	第 253 条 1 項および同条 2 項	○	× (5.5%利子率)
年金引当金の評価	第 253 条 1 項および同条 2 項	○	× (5.5%利子率)
固定資産の計画外償却	第 253 条 3 項 3 文, 4 文	○	× (6.0%利子率)
価値減少が予想される際の減額記入の廃止	第 253 条 3 項 3 文	○	○
理性的な商人の判断に従う減額記入の廃止	第 253 条 4 項	○	○
増額記入命令	第 253 条 5 項	○	○
評価単位の形成	第 254 条	○	○ (間接的)
製作原価下限の適用	第 255 条 2 項	○	○
研究費および開発費	第 255 条 2a 項	○	×
付すべき価値 (時価) の算定規定	第 255 条 4 項	○	一部 (間接的)
消費順序法の制限	第 256 条	○ (限定的)	○ (限定的)
外貨換算規定	第 256a 条	一部	一部
商法上の報告義務規定	第 264 条 1 項	○	—
「資本市場指向」の法定義	第 264d 条	—	—

貸借対照表項目分類体系の適用	第266条	○	×
規模基準値の引上げ	第267条	—	—
配当制限の新規制	第268条8項	×	×
事業経営の開業費および拡張費の借方計上の廃止	第269条	○	○
自己資本の説明（滞っている出資，自己持分，その他の持分）	第272条	○	○ （間接的）
潜在的租税の区画	第274条	○	—
特別な評価規定の放棄	第279条—第283条	○	○
附属説明書における記載の拡張	第285条	○	—
持分所有の区分表示の廃止	第287条	—	—
附属説明書の場合の規模依存的軽減措置	第288条	—	—
状況報告書内容の変更	第289条5項	—	—
マネジメントの説明	第289a条	—	—
監査委員会の設置	第324条	—	—
公示の軽減措置	第327条	—	—

（出所）Petersen, K./Zwirner, C., Rechnungslegung und Prüfung im Umbruch, S. 34-35.

BMJ [Referentenentwurf]: Referentenentwurf eines Gesetzes zur Modernisierung des Bilanzrechts (Bilanzrechtsmodernisierungsgesetz — BilMoG) vom 08. 11. 2007.

BMJ [Neues Bilanzrecht]: Pressemitteilungen, Neues Bilanzrecht: Milliardenentlastung für den deutschen Mittelstand beschlossen vom 26. 03. 2009.

BMJ [E-Bilanz]: E-Bilanz — Elektronik statt Papier-Einfacher, schneller und günstiger Berichten mit der E-Bilanz, 2012.

BMJ/BMF [Maßnahmenkatalog der Bundesregierung]: Bundesministerium der Finanzen, Mitteilung für die Presse; Bundesregierung stärkt Anlegerschutz und Unternehmensintegrität, Maßnahmenkatalog der Bundesregierung zur Stärkung der Unternehmensintegrität und des Anlegerschutzes vom 25. 03. 2003.

DRSC [ED-IFRS for SMEs]: Entwurf eines internationalen Standards zur Bilanzierung von Small and Medium-sized Entities (ED-IFRS for SMEs) Ergebnisse einer Befragung deutscher mittelständischer Unternehmen, Dezember 2007.

Dr. Kleeberg & Partner GmbH, Wirtschaftsprüfungsgesellschaft, Steuerberatungsgesellschaft [E-Bilanz]: E-Bilanz Prüfen-planen-profitieren (http://www.kleeberg.de/fileadmin/download/e-bilanz/Kleeberg_Praesentation_E-Bilanz_August_2013.pdf.), Juni 2013.

Forster, Guido/Schmidtmann, Dirk [Steuerliche Gewinnermittlung]: Steuerliche

Gewinnermittlung nach dem BilMoG, in: BB 2009, S. 1342-1346.
Haller, Axel/Honors, Eva/Loffelmann, Johann [Die einheitliche Erstellung]: Die einheitliche Erstellung von Handels- und Steuerbilanz, in: DB 2011, S. 885-889.
Herzig, Norbert [Modernisierung des Bilanzrechts und Besteuerung]: Modernisierung des Bilanzrechts und Besteuerung; in: DB 2008, S. 1-10.
Herzig, Norbert/Briesemeister, Simone/Schäperclaus, Jens [Einheitsbilanz]: Von der Einheitsbilanz zur E-Bilanz, in: DB 2010, S. 1-9.
Herzig, Norbert/Briesemeister, Simone [Das Ende der Einheitsbilanz]: Das Ende der Einheitsbilanz, Abweichungen zwischen Handels- und Steuerbilanz nach BilMoG-RegE, in: DB 2009, S. 1-11.
IASB [Exposure Draft]: Exposure Draft of an IFRS for Small and Medium-sized Entities, ED-IFRS for SMEs, 2007.
Kessler, Harald/Leinen, Markus/Strickmann, Michael [Bilanzrechtsmodernisierungsgesetz-Regierungsentwurf]: Bilanzrechtsmodernisierungsgesetz-Regierungsentwurf — die neue Handesbilanz, Freiburg 2008.
Kommission der EU, Mitteilung der Kommission [Eine neue Strategie]: Harmonisierung auf dem Gebiet der Rechnunglegung; eine neue Strategie im Hinblick auf die internationale Harmonisierung, COM 95 (508) DE, 1995.
Marten, Kai-Uwe/Weiser, M Felix [Neuorientierung der Bilanzpolitik]: Neuorientierung der Bilanzpolitik für den Einzelabschluss?, in: Freidank, Carl-Christian, Reform der Rechnungslegung und Corporate Governance in Deutschland und Europa, Wiesbaden 2004.
Pellens, Bernhard/Fülbier, Rolf Uwe/Gassen, Joahim [Internationale Rechnungslegung]: Internationale Rechnungslegung, 5. Auflage, Stuttgart 2004.
Petersen, Karl/Zwirner, Christian [Rechnungslegung und Prüfung im Umbruch]: Rechnungslegung und Prüfung im Umbruch; Überblick über das neue deutsche Bilanzrecht — veränderte Rahmenbedingungen durch das verabschiedete Bilanzrechtsmodernisierungsgesetz (BilMoG) — in: KoR 2009, Beihefter 1 zu Heft 5.
Schmiel, Ute/Breithecker, Volker (Hrsg.) [Steuerliche Gewinnermittlung]: Steuerliche Gewinnermittlung nach dem Bilanzrechtsmodernisierungsgesetz, Berlin 2008.
Schneider, Dieter [Steuerbetriebswirtschaftliche Gewinnermittlung]: Steuerbetriebswirtschaftliche Gewinnermittlung statt des Entwurfs einer BilMoG-elpackung !, in: Schmiel, Ute/Breithecker, Volker (Hrsg.), Steuerliche Gewinnermittlung nach dem Bilanzrechtsmodernisierungsgesetz, Berlin 2008.
木下勝一［会計規準の形成］:『会計規準の形成』森山書店1990年。
坂本孝司［中小企業金融と税理士の役割］:『ドイツにおける中小企業金融と税理士の役割』中央経済社2012年。
長谷川一弘［ドイツ税務貸借対照表論］:『ドイツ税務貸借対照表論―機関会社関係制度上の所得算定にみる会計の制度的役割―』森山書店2009年。
W. フレーリックス［現代の会計制度］:『現代の会計制度　第2巻　税法編』（大阪産業大

学会計研究室訳）森山書店 1987 年。

佐藤誠二［ドイツ会計規準の探究］：『ドイツ会計規準の探究』森山書店 1998 年。

佐藤誠二［会計国際化と資本市場統合］：『会計国際化と資本市場統合―ドイツにおける証券取引開示規制と商法会計法との連繋―』森山書店 2001 年。

佐藤誠二編［EU・ドイツの会計制度改革］：『EU・ドイツの会計制度改革― IAS/IFRS の承認と監視のメカニズム―』森山書店 2007 年。

佐藤誠二［国際的会計規準の形成］：『国際的会計規準の形成―ドイツの資本市場指向会計改革―』森山書店 2011 年。

佐藤誠二［IFRS 導入と基準性原則，会社規模別緩和策］：「ドイツにおける IFRS 導入と基準性原則，会社規模別緩和策～会計法改革法（2004 年），会計法現代化法（2009 年）との関連で～」『会計・監査ジャーナル』第 21 巻第 8 号，2009 年。

佐藤誠二［IFRS への対応と非対応の会計法改革］：「IFRS への対応と非対応の会計法改革～ドイツの 2009 年『会計法現代化法』を中心にして～」『會計』第 178 巻第 3 号，2010 年。

佐藤誠二［IFRS 導入と商法会計目的］：「IFRS 導入が商法会計目的に及ぼす影響―ドイツの会計現代化改革をめぐる議論―」『産業経理』第 72 巻第 1 号，2012 年。

(立法資料)

BGBl Teil I, Nr. 24 vom 20. 04. 1998: Gesetz zur Verbesserung der Wettbewerbsfähigkeit deutscher Konzerne an Kapitalmärkten und zur Erleichterung der Aufnahme von Gesellschafterdarlehen (Kapitalaufnahmeerleichterungsgesetz ― KapAEG), S. 707-709.

BGBl Teil I, Nr. 24 vom 27. 04. 1998: Gesetz zur Kontrolle und Transparenz im Unternehmensbereich (KonTraG), S. 786-794.

BGBl Teil I, Nr. 69 vom 20. 12. 2004: Gesetz zur Kontrolle von Unternehmungsabschlüssen (Bilanzkontrollgesetz ― BilKoG), S. 3408-3415.

BGBl Teil I, Nr. 65 vom 04. 12. 2004: Gesetz zur Einführung internationaler Rechnungslegungsstandards und zur Sicherung der Qualität der Abschlussprüfung (Bilanzrechtsreformgesetz ― BilReG), S. 3166-3182.

BGBl Teil I, Nr. 27 vom 28. 05. 2009: Gesetz zur Modernisierung des Bilanzrechts (Bilanzrechtsmodernisierungsgesetz ― BilMoG), S. 1102-1137.

BT-Drucksache 16/10067 vom 21. 05. 2008: Budesregierung, Regierungsentwurf eines Gesetzes zur Modernisierung des Bilanzrechts (Bilanzrechtsmodernisierungsgesetz ― BilMoG).

第5章
ドイツにおける無形資産会計

1. は じ め に

　今日の社会において，無形資産は企業固有の価値トリガーである。しかし同時に，それは「会計法の問題児」[1]としてもみなされる。商法典（HGB）において，無形資産の貸借対照表計上は有償取得を除いて，長期にわたり客観化根拠から遠ざけられてきた。2009年の会計法現代化法（BilMoG）の導入後，このことに変化が生じている。

　以下，BilMoG前後の諸規定が説明され，批判的な側面が示される。貸借対照表において無形資産が計上されうるのか，そしてそれはどのような種類の無形資産なのかという問題（3節）と並んで，評価が論じられ（4節），加えて，年度決算書における記載の形式が議論される（5節）。それらを論ずるにあたり，本章ではまず，ドイツ商法が無形資産の概念という場合，厳密に何を理解しているのかが明確にされる（2節）。

2. ドイツ商法に基づく無形資産の概念と種類

　無形資産について明確な定義は，ドイツ商法において見いだせない[2]。語義的には，有形資産と対照的に，具体的発現形態を示さないすべての財産がこの無形資産に属することになる[3]。さらに，純粋な貨幣性資産から区分するため

に，貨幣債権，物的給付債権ならびに資本参加がそこからは除外される[4]。

　この種の消極的な定義は，多くの無形資産が，物的担い手媒介と結びついているため[5]，個々の事例において問題を派生させる。たとえば，IT ソフトウエアと CD-ROM とは機能的には一体を形成している。そうした場合，通常，様々なコンポーネントの価値関係が目指される[6]。無形のコンポーネントの価値部分が物的コンポーネントの価値部分を上回るならば，全体のなかでその対象を無形資産に帰属させなければならない。

　無形資産は，原則的に，認許，特許のような権利およびそうした諸権利に対するライセンスの形態で，また，法的に保証された発明，処方箋ならびに顧客リストといった経済的価値の形態で発生しうる[7]。ドイツ商法における基本的条件は，相応の諸権利ないし諸価値が独立した利用可能性の意味での資産の存在に対する抽象的前提を満たすことにある。

3. ドイツ商法に基づく無形資産の計上

3.1 抽象的借方計上能力

　ドイツ商法の一般的計上コンセプトに従えば，無形資産は—特別に明文化された計上禁止ないし計上選択権は別として—資産の存在に対する諸条件がはじめに達成された時点から貸借対照表に計上されなければならない（いわゆる抽象的貸借対照表能力）。この場合，文献では，「負債を埋め合わせる経済的に利用可能なポテンシャルの存在[8]」を指す第三者に対する独立した利用可能性が指標として確立されている[9]。

　したがって，当初の貸借対照表計上の際，企業が無形財を通じて権利取引の独立した対象物である，つまり，売却，使用移転，条件付放棄を通じて，もしくは強制執行の形態で貨幣に転換できる[10]経済的利点を確認しなければならない[11]。個別利用可能性の基準は，立法者の見解によれば，BilMoG 以降もまた，商法上の計上コンセプトの中心的要素である[12]。

　無形資産は営業価値またはのれんとは区分される[13]。営業価値またはのれ

んは，まさに独立して利用可能でないか，ないしは企業全体から分離することのできない，様々な無形の経済的価値の複合体を示している[14]。営業価値またはのれんの構成要素に対する例示としては，良好な労働契約，販売ネットワーク，マネジメントの質ならびに組織構造が挙げられる[15]。HGB の計上コンセプトに従えば，営業価値またはのれんは資産を示さないが，しかし，有償取得の場合は，営業価値またはのれんは，時間的に限定された利用可能な無形資産と同様に会計処理され，計画的に帳簿価値の減額が行われる（HGB 第246条1項4文）。

これに対して，個別の無形対象物を取得する場合，独立した利用可能性について問題は生じない。それは取得を基礎づける取引によって証明される。資産の存在はさらに，資産が当初，資産移行の時点に抽象的な借方計上能力となるため，貸借対照表作成企業には資産の帰属性が必要に応じて要請される[16]。

無形財が他の財と一緒に，もしくは実物総体の枠内で取得されるなら，これに対して，その個別利用可能性をただちに前提とすることはできない。むしろ，具体的な個別事例において，相応の対象物が取得したその他の諸対象物に依存しないで評価されうるか否かが吟味されなければならない。個別利用可能性の暗黙の前提として，とくに，個別評価可能性もまた与えられなければならない[17]。さもないと，営業価値またはのれんとの区分がうまくいかないためである。資産の属性がそこにあるとされる限り，―個別取得の場合と同様に―資産移行の時点で借方計上されることになる。

自己創設の無形資産に対してまた，借方計上は最も早くは，個別利用可能性の意味での資産属性が与えられるときに可能である[18]。BilMoG 導入の立法過程のなかで，なによりも，無形資産の存立を見出す十分な蓋然性が前提されうるその時点から，借方計上が許容されるか否かが議論された[19]。そうした蓋然性の判断ないし予測は決算日の観点から行われる[20]。しかし，立法者は結局，そうした借方計上原則の新解釈は，いかなる場合も「いまだ資産でないもの[21]」の計上は行われるべきでないため，考慮しないことを明らかにした[22]。しかし，資産としての無形の事実関係についての区画と識別は，貸借対照表作

成企業に対して，取得の場合と対照的に，多くのケースで多大な困難に直面させる[23]。このことが当てはまるのが，とくに，製作過程が—しばしば，個別利用可能である—保証された法状況に対してではなく，チャンスの意味での経済的価値につながらない場合である[24]。そうした場合，借方計上が，実務において通常，個別利用可能な資産の存在を証明するのに十分な証拠が存在しないことで頓挫する[25]。たしかに，文書記録はそれ自体が形式的借方計上基準とならない[26]。しかし，立法者は，BilMoG の立法理由書において，とくに決算書監査目的にとって追跡可能な文書記録が必要であることを明らかにしている[27]。

3.2 具体的借方計上能力
3.2.1 BilMoG 以前の計上規定

無形資産の計上については，原則的に—すべての他の資産についても同様に—HGB 第246条1項の一般的完全性命令が適用される。その結果，すべての抽象的計上能力のある，すなわち独立して利用可能な資産は，法が特段の規定を設けない限り，貸借対照表に計上しなければならない。しかし，BilMoG を通じてドイツ商法の基本的な改訂がなされる前は，旧 HGB 第248条2項により，無償取得の固定資産たる無形資産には明示的な貸借対照表計上禁止が存在した。その結果として生ずる完全性命令の破棄は，無形資産がその存在についてもその価値についても極めて高い不確実性をもたらすことをもって理由づけがなされている[28]。これに対して，貸借対照表は第一に民事法上と税法上の利益請求に対し客観的かつ資本維持の意味において慎重な測定に対する基礎を示さなければならない[29]。客観化原則および慎重原則の重要性は，無形資産との関連においても，ドイツ法制史のなかで長い伝統を持ち，旧 HGB 第248条2項の計上禁止に反映されている。固定資産たる無償取得の無形財産に対する計上禁止は株式会社に対する貸借対照表の資本維持機能に関連して，すでに1965年において，また法形態依存的には1986年にはじめて法規のなかに明文化された。

旧HGB第248条2項の計上禁止は，しかし，表現上，貸借対照表作成以前の無償取得された固定資産たる無形資産にのみ限定されている。言い換えれば，すべての流動資産たる無形資産ならびにすべての有償取得の固定資産たる無形資産が，完全性命令に従い，貸借対照表に借方計上されなければならない[30]。計上禁止の制限は，一方で，流動資産たる資産について，企業が長期にわたり用いられることはなく，そのため，会計上のリスクがわずかであるとして理由づけられている[31]。他方，有償取得の固定資産たる資産は，無形資産と結びついている不確実性を相対化し，市場が確認する価値尺度である調達原価の形態で十分，客観化されるという見解が擁護されている[32]。したがって，結局のところ，限定的計上禁止とは，客観性原則と完全性原則というコンフリクトがある二つの原則について法が規定する妥協の表現として理解することができる[33]。

固定資産と流動資産との区分に対しては，財の種類ならびにマネジメントの主観的観点から導かれる経済的な目的規定が提示されている[34]。そのことは企業に対して，自己創設の資産を固定資産でなく流動資産に帰属させることにより貸借対照表の計上に疑いを持たせるような一定の形成余地を与えることになる[35]。

BilMoG以前の無形資産の貸借対照表計上について，―固定資産と流動資産の区分と並んで―とくに重大なのは，いつ資産が有償取得されたとみなされるのかということである[36]。取得は，基本的に，資産に関する使用権が第三者から貸借対照表作成企業に移行するときに生ずる[37]。また，相応する取得対象と直接，関連し，取引相手の観念に従えば価値に相当するところの反対給付が企業によって行われるときに，そうした事象が有償として特徴づけられる[38]。有償取得の考えられる形態は，とくに，購買，交換ならびに現物出資の払い込みがある。無形資産の贈与もしくは相続の方法での移行は，それらの場合，反対給付が存在しないために，通常，有償取得ではない[39]。

購買の場合，それが給付とそれに関わる反対給付を伴う権利取引であるため，有償取得の存在は明らかであるといえる[40]。第三者から購買した無形資

産は，しかし，自己資源の投入によってさらに加工されるため，調達原価および製作原価との区分，それとともにすでに計上能力の問題がより困難を伴う。経営部門の現状において資産を置き（付帯調達原価として借方計上），そこから既存の資産を拡張する（借方計上能力ないし製作原価）ために経営内の費用が用いられるのか，それとも本質的な改良によって新しい資産を生み出すためなのかが決定されなければならない[41]。後者の場合，当初に購買した資産は，本質的に自己創設であるため，その全体のなかで借方計上してはならない[42]。

類似の区分困難性は，第三者を通じて無形資産を注文生産する場合に生ずる。たしかに，作業契約を通じて取得された無形資産は，現行規定によれば，原則的には計上能力がある[43]。しかし，問題となるのは，注文生産の枠内での代価が資産そのものに対してではなく，生産と関連した一定の給付の第三者の請求に対するものになっている場合である。成果をもたらす生産のリスクが結局，発注者にとどまるならば，約定の代価は借方計上される製作原価とならないことになる[44]。

コンツェルン内部の購買に対する会計処理も同様に，文献上，多様に議論された[45]。私見によれば，コンツェルン関係が年度決算書における有償取得として購買取引の階層に基本的に反していないならば，代価の適切性に関して厳格な審査が行われなければならない[46]。同様のことは，ある社員もしくは企業に関与するそれ以外の者による無形資産の購買に対しても妥当する。

交換による取得の場合もまた，反対給付が生まれる。反対給付が代価として考えられるため，交換は基本的に引き渡された対象の時価額での資産の計上義務を導く[47]。問題になるのは，市場を通じての代価の確認が存在しない，二つの自己創設の無形資産が互いに交換されるケースである[48]。私見によれば，引き渡された給付の客観化がそうして制約されることは保有資産の計上義務と対立するものでなく，慎重原則の観点から，価値算定の際の考慮がなされるべきである[49]。

社員による無形資産の払い込みは，その見返りとして会社権利を認める限り，交換類似の事象として特徴づけられる[50]。こうした権利の保証は交換対

象と関連した反対給付の機能を引き受けるので，それゆえ，この種の事象は有償取得としての資格が付与され，旧商法に従えば，無形資産の借方計上義務に含められることになる[51]。

ここで論じてきた自己創設の固定資産たる無形資産の計上禁止は，文献においてかなり論争された。評価不確実性の問題は，自己創設の無形資産だけでなく，有償取得の無形資産とより多くの有形資産について，たとえば耐用期間の主観的確定を通じて，絶え間なく議論された[52]。したがって，—旧HGB第248条2項の規定に対する批判のように—自己創設の無形資産が，慎重原則と客観化原則の誇張を通じて，企業のその他の資産と比較して議論された[53]。それは，サービス会社やハイテクノロジー会社への産業の転換を背景にして，企業の重要な資産構成部分が貸借対照表に可視的とならないため，それだけ批判的に見られた[54]。したがって，計上禁止がHGB第264条2項において明文化されている財産，財務および収益状態の実質的諸関係に合致した写像に対する要請と結びつくことは困難である[55]。

3.2.2　BilMoG以後の計上規定

3.2.2.1　改正の動機と内容

2005年5月29日に成立したBilMoGをもって，ドイツの立法者はHGBの歴史において最も重要で進展した会計法改革のひとつを転換した[56]。目標は，ドイツ企業にとって国際的会計基準（IFRS）に対してほぼ等価で効率的かつ簡素な代替的選択肢を提供することにあり，その過程でとくに年度決算書の会計責任機能と情報機能を強化することにあった[57]。

BilMoGによる多くの変更点のうちのひとつが，無償取得の無形資産の貸借対照表計上である。従来，旧HGB第248条2項に明文化されていた計上禁止は，立法者により放棄された。その他，無形資産の重要性の増大も関連づけられた[58]。立法者は，別の言い回しを用いて，そこで情報機能の本質的な強化を擁護した[59]。なお追加的に，スタート・アップならびにイノベーティブな中規模企業は，自己資本表示の増加を通して自身の外部表示を改善することができる[60]。

2008年5月に，BilMoGの政府法案は，一定の無償取得の無形資産に対する計上禁止をまず，基本的計上義務に置き換えた[61]。しかし，立法過程のなかで，借方計上義務は明示的計上選択権に置き換えられた[62]。新HGB第248条2項では，現実に，固定資産たる自己創設の無形資産がいくつかの例外を除いて，貸借対照表の借方項目として収容され得ることが規定された。計上選択権の会計政策上の過誤を減ずるためには，選択権を行使する場合，継続性の原則を斟酌しなければならない[63]。「自己創設の指標，トレードマーク，版権，顧客リストもしくは比較可能な固定資産たる無形資産」は，それでも，今後も明らかに貸借対照表作成から除かれる[64]。法規に明文化された計上選択権もなければ計上禁止もないすべての無形資産については，完全性原則に基づいて借方計上命令が適用される[65]。

　貸借対照表計上命令の部分的な放棄にもかかわらず，立法者は自己創設の無形資産と結びつく評価不安定性を基本的に認識している[66]。年度決算書の資本維持機能ないし債権者保護を考慮するためには，資本会社と有限責任の人的会社に対する新設の計上選択権は，そのため，配当制限と結びついている[67]。HGB第268条8項に従えば，企業は必要に応じて，配当後に残余する任意の処分可能な積立金に利益繰越額を加え損失繰越額を減じた額が少なくとも借方計上の自己創設の無形資産の金額に一致しているときのみ配当が認められている。

3.2.2.2　HGB第248条2項1文に基づく選択権の適用領域

　HGB第248条2項1文の借方計上選択権は，固定資産たる自己創設の無形資産にもっぱら関連する。それに応じて，言い換えれば，すべての取得した固定資産たる無形資産ならびにすべての流動資産たる無形資産がHGB第246条1項による完全性原則に基づき，借方計上されなければならない。

　しかし，計上義務が無償取得の場合にも存在するか否か，明確とおもわれる用語選択にもかかわらず，その種の事例が，HGB第248条2項による計上選択権の適用にとって，認められるか否かが問題となっている。「自己創設」という概念の解釈もまた，「有償取得」との区分において，BilMoG以前の計上

規制と同じく，必ずしも問題がないわけではない。

　BilMoG 以前と同様に存在するもうひとつの問題として，計上選択権が固定資産たる資産にのみ関連するため，固定資産と流動資産との区画問題がある。HGB 第 247 条 1 項と結びつき，したがって，企業に対して借方計上が任意に行われるならば，自己創設の無形資産を永続的に営業経営に用いることを決定しなければならない。

3.2.2.3　HGB 第 248 条第 2 項 2 文に基づく部分的選択権の適用領域

　個々の事例において，自己創設の商標，トレードマーク，版権ならびに顧客リストもまた資産としての属性を満たしたとしても，それらが固定資産に帰属する限り，HGB 第 248 条 2 項 2 文を通じて，明らかに借方計上から除外される。立法者は厳格な計上禁止をもって，上述の資産はその製作原価で多様に帰属計算されることはないとする，つまり，本源的営業価値またはのれんとの区分はうまくいかないとするドイツ文献の批判に応じた[68]。その限りにおいて，当該規定は，慎重原則の観点から，実際の実務を抑制している[69]。

　HGB 第 248 条 2 項 2 文に従う借方計上禁止は，HGB 第 248 条 2 項 1 文に従う計上選択権と同様に，固定資産たる自己創設の無形資産にのみ関連する。そこでは，「自己創設」の概念と「取得」（有償ならびに無償）の概念との区分問題ならびに固定資産と流動資産の区画の問題は，借方計上選択権の場合とまったく同様に位置づけられている。

　借方計上禁止は，HGB 第 248 条 2 項 2 文の用語によれば，表現された例示にのみ関連するわけではない。むしろ，「類似の固定資産たる無形資産」もまた貸借対照表における借方項目として計上から除かれる。どのような自己創設の無形資産がそこに具体的に帰属するのかという問題は，「類似の固定資産たる無形資産」の場合，不確定法概念が問題となっているため，そのまま答えることはできない[70]。相応の資産の製作原価と営業価値またはのれんに帰属する費用との不十分な区分は，立法理由書によると，この集合項目が持つ決定的な特質とみなされている[71]。当該の概念は，慎重原則の観点から広く理解されるため，借方計上と比較して直接の費用把握に疑いが生ずる[72]。

4. ドイツ商法に基づく無形資産の評価

4.1 当初評価
4.1.1 取得した無形資産

取得した無形資産は，HGB 第 253 条第 1 項 1 文によれば，当初時点において HGB 第 255 条 1 項に基づきその調達原価をもって貸借対照表に計上されなければならない。調達原価の決定は個別の資産を調達した場合には，問題は比較的生じない。実物総体を購入する場合，ならびに交換，現物出資，贈与によって取得する形態の場合，いくつかの事例において，多大な困難が伴う。それに対する主要な原因は，無形資産に内在する評価不確実性のなかにみられる。

私見によれば，交換された資産は，入手した財の調達原価ないし製作原価かもしくはより高い時価でもって計上され得る[73]。その結果，交換により無形資産を取得した場合，貸借対照表作成企業が従来，借方計上していない無形資産において対価が存在する場合には，評価に対する配慮がとくに取り上げられる[74]。この種の事例では，反対給付の調達原価ないしは製作原価が存在しないため，もっぱら，時価が目指される[75]。それにもかかわらず，そうした時価を無形資産に客観的に関係づけることは困難であり，価値額は慎重に見積もり，比較的低く測定しなければならない[76]。

複数の資産の取得にあたって総購入価格があげられるならば，総購入価格の契約上の分割が対置していない限り，当該総購入価格は基本的に，個々の資産の時価との関係に応じて分割しなければならない[77]。ドイツの文献では，一部，総購入価格から有形資産ならびに財務的資産の時価を控除することがガイドされている[78]。このように，無形財の見積もりの困難性が考慮されなければならない。

社員から無形の現物出資が払い込まれる場合，支配的意見によれば，見返りに社員に保証される持分の契約上もしくは定款上確定される名目価値に価値計上額が制限される限り，慎重原則に応じなければならない[79]。人による出資

の場合は企業の社員のみが問題となるが、そこに利害対立が存在せず客観化がきわめて制約されるため、それだけ価値を検証するにあたって厳格な尺度が設定されなければならない。

当初評価については、贈与によって取得された無形資産に対しても著しく論争されている。一部では、資産はゼロもしくは慎重に見積もられた価値をもって計上する選択権があるとする見解がある一方(80)、別の見解では取得時点における無形財の時価をもって義務的に評価することが要求されている(81)。

4.1.2 自己創設の無形資産
4.1.2.1 物 的 範 囲

自己創設の無形資産は、HGB 第 255 条 2a 項を含む HGB 第 253 条 1 項に基づけば、当初、資産の開発中に要した、HGB 第 255 条 2 項の意味での製作原価をもって評価されなければならない。そこでは、原則上、「資産の製作に対する財の消費および役務の請求を通じて、—ないしは追加的な製作原価の場合—その拡張もしくはその本来の状態を上回り重要な改善にとって要する」費用が含められなければならない。この費用の義務的構成要素は、とくに、材料費および製造個別費、製造特別個別費、およびに間接材料費および製造間接費ならびに固定資産の価値減耗分の相当部分である。それ以外に、管理費の相当部分および製作のための資金調達に要した他人資本利子に対して算入選択権が存在する。

開発に典型的に引き継がれることになる研究コストは明らかに算入から除外されるために、研究局面から開発局面への移行が—少なくても非明示的だが—最も早く可能な借方計上時点である(82)。そのため、研究と開発との区分は決定的な意味を有している(83)。

区分の基礎となるのが、立法者がその二つの概念を正確化し、それにより恣意的な解釈を妨げようとした HGB 第 255 条 2a 項において具体的になされている「研究」と「開発」についての法定義である(84)。HGB 第 255 条 2a 項 3 文に従えば、研究とは「新規の技術的利用可能性もしくは経済的成果予想もしくはその技術的利用可能性もしくは経済的成果予想について基本的に証明でき

ない一般的種類の経験にむけての独立した計画的な試み」である。したがって，研究活動は，典型的に経験指向的であり，ならびに結果のその後の利用に対して何ら関連を持たない[85]。

立法理由書において，研究活動についてつぎの事例が挙げられている[86]。
・新しい知見の創出を目指した活動
・材料，設備，製品，手法，システムもしくはサービスに対する代替案に向けての試み

HGB 第 255 条 2 項 4 文の算入禁止を通じて，立法者は，—法律上の定義の用語によれば—技術的利用可能性ないし経済的成果予想について何ら証明がなされていないために，研究局面の成果に対する資産属性が現実にはないか，もしくは少なくとも不確定であることを典型として仮定した[87]。

それに対して，開発は，HGB 第 255 条 2a 項 2 文に従い「財もしくは手法の新規開発もしくは重要な改善を通じた財もしくは手法の一層の発展のための研究成果もしくは別の知見の利用」として定義される。さらに解釈が必要な「財」という概念については，立法理由書によれば，材料，製品，特許権，非保護のノウハウならびにサービスを含め，他方で，広く解釈を要する「手法」の概念のもとで典型的な生産および製作手法ならびに開発されたシステムを組み入れた[88]。研究の定義とは対照的に，より高い新規性ないし複雑度が結果に対する不確実性を一定度，もたらし続けるとはいえ，開発局面は技術的利用可能性ないし経済的成果予想を経てはじめて基本的認証が可能となる[89]。開発局面への入り口は，したがって，必ずしも資産属性の初回の存在とともに生ずることにはならない[90]。

立法者の見解によれば，定型的には，つぎの過程が開発局面に含まれる[91]。
・固有の生産もしくは活用を受容する前のモデルおよびプロトタイプの設計，構築もしくはテスト
・新しい技術を適用するもとでの器具，装置，刻印および鋳型の設計
・商用に適さないパイロット設備の設計，構築および運営
・新規もしくは改良された材料，装備，製品，手法もしくはサービスに対し

て選択された代替案の設計，構築およびテスト

　研究局面の開始は，一例示で明らかなように—その時点から新製品もしくは(製作)方法の製作のなかで研究局面の成果をもたらすことを具体的に目指すことによって特徴づけられる[92]。したがって，基本的には，獲得された知見への試験と検査に対する組織的試みへの移行が決定的となる。立法理由書によれば，正確な移行時点はつねに個別関連的に決定されなければならない[93]。

　研究と開発との境界づけを行うことは，貸借対照表作成企業にとって，現実にはきわめて困難である。基準となるのが，なによりも，立法理由書を通じて具体化され，特有の企業のコンテクストのなかで固有に解釈されるべき，HGB 第 255 条 2a 条において明文化された法定義である[94]。研究局面と開発局面との間の移行期間が実務において通常，存在し，また，かなり抽象的なものにとどめられた法定義が貸借対照表作成者に対して広く利用可能な会計政策の余地を開いていることによって，明確な区画というのは，とりわけ，困難となっている[95]。さらに，立法理由書に掲げられた諸例示は製造業の企業の技術プロセスにおもに関わっている[96]。したがって，サービス業ならびに金融業に対して，立法理由書は，移行時点の決定に際してかなり限定的にしか用いられない。

　—立法者が仮定するように—研究局面と開発局面が順次的ではなく，反復的に相互に結びついている場合，区画は，とくに困難なものとなる[97]。研究と開発との選択的な順位づけは，たとえば，ソフトウエア開発の領域においていわゆる「エクストリーム・プログラミング」の形態で一般的である[98]。その種の場合の区画が，どの程度，受容できるのかは，従来から論争されている[99]。一部では，純粋に期間関連的な分離可能性が前提となるという見解が擁護されている。しかし，それに対する条件は，研究局面と開発局面ないしはそれらと結びついているコストが，たとえば，プロセス経過記録を通じて十分に追跡可能で，相互に区画可能であり得ることである[100]。

　研究局面と開発局面の移行時を明確に決定することができず，そこに付随する費用を，信頼を持って—つまり十分追跡可能で納得的に証明されるほど—相

互に区分することができないならば，自己創設の無形資産の借方計上は，HGB 第 255 条 2a 項 4 文に従う慎重原則と客観化原則から遠ざかることになる[101]。自己創設の資産の計上および当初評価には，したがって，研究と開発のコントローリング（内部統制）に対する特別の組織的要件が存在する[102]。一方での研究コスト，他方での開発コストの分離した把握と並んで，局面の分離と要するコスト配分を実行するために，研究プロジェクトないし開発プロジェクトが追加的にコスト負担者として導入されなければならない[103]。

HGB の継続性命令に従えば，内部会計によって確認された区画基準が少なくともプロジェクト局面ないし製品局面において時間の経過のなかで保持されなければならない[104]。実際のところ，研究活動と開発活動との類似した性格に基づいて，区画と結びついている会計政策上の形成可能性がそのことにより制限されることはほとんど期待できない[105]。

4.1.2.2 時間的範囲

法律語意によれば，自己創設の無形資産の製作原価は原則上，HGB 第 255 条 2 項の意味でのその開発に要した費用をもって把握される。したがって，当初評価は以下の時点で区画される。

・開発局面から研究局面への移行時[106]　ならびに

・開発局面の終了時[107]

開発過程は，開発すべき無形資産が決定に応じたその利用可能性について準備されたとき終了とみなされる[108]。この時点まで，開発プロジェクトが追求する資産に対して無形価値はまだ結びついていないが，それにもかかわらず，計上のときには資産（個別利用可能）の特性を表示しなければならない[109]。したがって，開発局面の移行とともに，製作過程の終了時点まで，資産の存在にとっての前提がはじめて満たされるのがいつからなのかについて継続的に検査しなければならない。その時点まで，関連対象物が存在していないため，すべての帰属する開発費用は費用作用的に把握されなければならない[110]。資産属性がはじめて認められたときに，開発プロジェクトに要した費用のどの部分が製作原価に組み入れられ得るのかを期間関連的に明らかにしなければならな

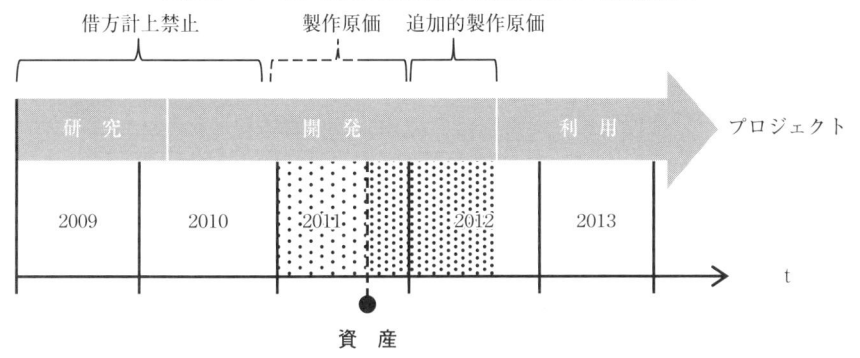

図表 5-1　自己創設無形資産の製作原価の時間的範囲

（図：研究（2009, 2010）＝借方計上禁止、開発（2011, 2012）＝製作原価・追加的製作原価、利用（2013）、資産）

い。それゆえ，文献における多数の見解によれば，すべての開発費用の借方計上は，すでに前期間に損益作用的に算入された項目もまた，排除されなければならない[111]。たしかに，そうした事後の借方計上禁止は立法者によって明示的に規定されていない。しかし，すでに前期間に費用として把握された開発費が事後活動の結果，計画的償却の形態で継続期間にあらたに費用作用的となるため，HGB 第 252 条 1 項 5 号による一致原則からそのことを導出することができる[112]。このことを回避する代案として，収益を上回りまず計上された費用の「修正記入」が考えられるが，しかし，他方で，それは実現原則に違反することになろう。

加えて，計上前提，つまり独立した利用可能性が年度内に達成された場合，実施が可能である。事業年度内にそこに帰属する開発費が中間報告書もしくは四半期報告書においてすでに費用として把握されているならば，たとえば，相応のコストの組み入れに替えて事後的借方計上が可能となるだろう[113]。

多年度にわたる開発プロジェクトの場合，すでに—前年度に要した開発コストの額で—借方計上された資産が，開発プロジェクトが最終的に追求する状態に持ち込むために，継続する営業年度において引き続き開発される。HGB 第 255 条 2a 項 2 文に従う開発の定義は，明らかに本質的改善を介した継続開発を含めているために，継続開発のコストは基本的に追加的調達原価として借方

計上される[114]。しかし，前提となるのは，ひとつには，もっぱら開発局面に要した費用を問題としていることである[115]。他方で，資産の機能能力ないし予想される効用を堅持するための費用が問題となっている[116]。それは，借方計上能力のない維持費用としてただちに損益作用的に把握しなければならない。

4.2 継続評価

　無形資産の継続評価に対しても，ドイツ法は何ら特別の規制をおいていない。その限りでは，―有形資産に対してもまた基準である―「高くとも償却分を減じた調達原価もしくは製作原価が計上されなければならない」とするHGB第253条における一般的評価規範が適用される。

　評価されるべき無形資産が設備資産に帰属するならば，なによりもまず，その都度の利用が時間的に限定されなければならない[117]。これが適用されるとき，調達原価ないし製作原価は予想される耐用期間にわたって計画的に償却されねばならない。無形資産は現実に技術的もしくは消費制約的な損耗を強いられないために，将来効用の期間は法的（たとえば，特許権の通用期間），また経済的側面（たとえば，技術的進歩）の観点からむしろ判断されなければならない[118]。したがって，大部分の無形資産にとって，利用可能性は限定的である。このことは将来の利用可能性が法的に無期限という意味で「未確定」とみなされるときですら妥当する[119]。耐用期間を正確に確定する場合，法的規範を通じて制限しても貸借対照表作成者にとってほとんど意味を持たない―無形資産に内在する特性に基づく―推定余地が広く生ずる[120]。しかし，私見によれば，疑いがある場合，慎重原則の観点のもとで短期の耐用期間が確定されるべきである[121]。部分的には，それどころか，耐用期間は特別の理由がある場合にのみ，5年以上認められるべきという見解が擁護される[122]。しかし，どんな場合であっても，―耐用期間の決定と結びつく問題が指摘されるもとでは―インペアメント（減損）・アプローチの意味で計画的償却を無視することは許されない[123]。

計画的償却の決定に際して，調達原価ないし製作原価および耐用期間のほか，さらには残存価額ならびに償却方法が確定されなければならない[124]。後者は企業にとって経済的利用の経過を反映する[125]。実務において，ほとんどは，直線償却ないし逓減償却がとくに問題となる[126]。逓減法を利用することによって，耐用期間の見積もりと結びつく不確実性を伴うことになる一方[127]，直線法の利点は調達原価ないし製作原価が耐用期間に均等に配分されることになる[128]。

現実の償却の開始は，移行（取得の場合）ないし生産，すなわち時間的に限定された利用可能な資産の操業（自家製造の場合）の時点である[129]。自己創設の無形資産はしたがって，開発プロセスの終了時点ではじめて，償却が行われることになる[130]。

計画的な償却に対する必要に応じた義務とは関わりなく，固定資産，流動資産たるすべての無形資産について，HGB 第253条3項ないしHGB 第253条4項に従い，計画外価値減少について検討されなければならない。流動資産たる資産は一時的価値減少の場合にも，強制的に減額記入されなければならないが，固定資産たる資産については，予想される期間に価値減少を前提するときに限り，償却が存在する。実際には，無形資産の継続的調達原価ないし製作原価が無形資産に付すべき価値を上回るときに現実には価値減少が生じる[131]。価値減少はさらに，この状況が残存期間のかなりの部分の間，存在する場合，予見的に継続するものとみなされる[132]。長期の価値減少の検討は原則として最大5年の計画見込みが基礎におかれている[133]。計画的償却とは対照的に，計画外償却は，自己創設の無形資産の利用開始以前も研究局面の終了以後も実施するこができる[134]。

より低い付すべき価値の算定については，支配的見解によると，調達市場が目指されなければならない[135]。無形資産には多くは活発な市場が存在しないため[136]，補完的に再生産価値，すなわち，評価されるべき—もしくは比較可能な—無形資産の製造を仮想した場合に生ずる原価が基礎におかれる[137]。この種の価値決定が可能でないときは，例外として，客観化がきわめて困難な収

益価値法に頼ることになる。経済監査士協会（IDW）の基準第5号がこの場合，基本的な指針補助として活用され，自己創設の無形資産の評価のための最終的に可能な処理方法を具体化している[138]。評価基準について純粋な経営経済学的展望に基づくならば，しかし，そこで提案される方法は，個々の事例に即して，適用可能性について批判的にチェックしなければならない[139]。

計画外償却に対する根拠がもはや存在しないときには，HGB第253条5項1文に従い，継続する調達原価ないし製作原価の金額まで価値回復が強制的に実施されなければならない。

5. ドイツ商法に基づく無形資産の表示

無形資産の計上規定および評価規定はHGBに基づき貸借対照表を作成するすべての企業に対して適用される一方，会計上の表示については企業の責任と規模に応じて異なる。資本会社および一定の有限責任の人的会社に対しては，とくに，HGB第266条に従う規定された分類規準が重要である。それによれば，固定資産については，分離記載の営業価値またはのれん，ならびに「自己創設の営業上の保護権と類似の権利」の間に必要に応じた無形資産への前払金，特許および自己創設の特許，営業上の保護権および類似の権利および価値，そして，反対側にそれらの権利および価値に対するライセンスが区分される。流動資産たる無形資産に対して，分類規準はなんら分類項目を提供していない。

詳細項目ないし部分的に含められる様々な無形資産の例示は明文をもっては強制されていない。むしろ，記載は実質的内容に適合することがガイドされている。名称変更のため常に問題を生じさせているHGB第265条6項に相応の法的な釈明は見いだせるが，明瞭で概観できる年度決算書の作成に寄与すべきである。同様に，—企業の実情にあわせて—さらなる計上項目の下位分類は[141]，法によって明示的に要請されていない[142]。

小規模資本会社[143]は，HGB第266条3項に従い，簡略的貸借対照表を作成

することが認められており，自己創設の無形資産は最終的に有償取得の無形資産，営業価値またはのれん，前払金と一緒にひとつの項目で表示され得る。無限責任の人的会社ならびに個人商人については，それどころか，HGB 第 243 条 2 項に明文化された明瞭性原則と概観性原則に照らしてみる限りには，まったく考慮されていない。支配的意見によれば，小規模資本会社に対して容認される「簡略的貸借対照表」が，この場合にもまた——最小分類の意味で——援用されている[144]。

　貸借対照表における表示と並んで，HGB 第 266 条の項目分類（簡略的）は，基本的に，HGB 第 268 条 2 項に従い，無形資産の動向（歴史的調達原価ないし製作原価，増加，減少，振替，増額記入ならびに減額記入）を示す固定資産増減表の記述に対して基準となる。

　さらに，資本会社およびそれと同等の人的商事会社は，自己創設の無形資産を借方計上する場合，附属説明書において一定の記載を行わなければならない（HGB 第 285 条 28 号）。配当制限金額のほか，とくに，当該営業年度の研究および開発費の総額ならびにそのうちの自己創設の無形資産に帰属する金額が記載されなければならない（HGB 第 285 条 22 号[145]）[146]。こうした記載に基づいて，決算書の受け手は，貸借対照表作成企業の研究開発活動とイノベーション力について概観を得ることが可能となる。しかし，自己創設の無形資産を借方計上しないように，計上選択権が行使されると，それに関する記載は実施されず，年度決算書の会計報告責任機能の観点からみて多様な批判が生ずることになる。

6. ま　と　め

　ドイツ商法に基づく無形資産の会計上の取扱いに関する諸規定は，BilMoG の過程において基本的に改訂された。一定の自己創設の財産対象物に対する計上選択権の導入は，多くの——場合によっては未解決の——詳細問題と結びつくドイツ法制史における極めて大きな前進を意味している。とくに批判として挙げ

られるのは，ひとつには，具体的計上規定の解釈である。たとえば，新規に導入された計上選択権は，注文生産で取得された無形資産の枠組みのなかで，また，非対価で取得した無形資産に対しても，基準となりうるのか否かという問題である。他方，計上選択権を通じて当初に借方計上可能な開発コストの評価については，多くの場合に開発コストが直ちに研究コストと区分できないために，新しい問題を生みだしている。したがって，無形資産は結局，BilMoG 以降もなお「会計法の問題児」でありつづけている。

注

（1） MOXTER, A., Immaterielle Anlagewerte im neuen Bilanzrecht, S. 1102.
（2） つぎもまた参照。KÜTING, K./ELLMANN, D., Immaterielles Vermögen, S. 266.
（3） Vgl. BAETGE, J./FEY, D./WEBER, C.-P., SOMMERHOFF, D., in: Küting/Pfitzer/Weber, HdR-E, 5. Aufl., §248 HGB, Rn. 20.
（4） Vgl. BREITHAUPT, J., in: Baetge/Kirsch/Thiele, Bilanzrecht, §247 HGB, Rn. 62.
（5） Vgl. BAETGE, J./FEY, D./WEBER, C.-P., Sommerhoff, D., in: Küting/Pfitzer/Weber, HdR-E, 5. Aufl., §248 HGB, Rn. 21.
（6） 代表的なものとして，つぎを参照。KEITZ, I. v., Immaterielle Güter, S. 45.
（7） Vgl. BALLWIESER, W., in: Böcking/Castan/Heymann/Pfitzer/Scheffler, Beck HdR, B131, Rn. 34.
（8） 詳細については，つぎを参照。BAETGE, J./KIRSCH, H.-J./THIELE, S., Bilanzen, S. 156-164. ならびに KUßMAUL, H., in: Küting/Pfitzer/Weber, HdR-E, 5. Aufl., Kap. 6, Rn. 11.
（9） Baetge, J./Kirsch, H.-J./Thiele, S., in: Küting/Pfitzer/Weber, HdR-E, 5. Aufl., Kap. 4, Rn. 96.
（10） Vgl. BAETGE, J./KIRSCH, H.-J./THIELE, S., in: Küting/Pfitzer/Weber, HdR-E, 5. Aufl., Kap. 4, Rn. 97.
（11） 詳細については，つぎを参照。BAETGE, J./KIRSCH, H.-J./THIELE, S., Bilanzen, S. 156-164.
（12） Vgl. BT-Drucksache 16/10067, S. 35 und 50.
（13） 詳細については，つぎを参照。KUPSCH, P., in: Hofbauer/Kupsch, BHR, §248 HGB, Rn. 33.
（14） Vgl. BREITHAUPT, J., in: Baetge/Kirsch/Thiele, S., Bilanzrecht, §247 HGB, Rn. 64.
（15） Vgl. BAETGE, J./KIRSCH, H.-J./THIELE, S., Bilanzen, S. 239.
（16） Vgl. KUßMAUL, H., in: Küting/Pfitzer/Weber, HdR-E, 5. Aufl., Kap. 6, Rn. 12.
（17） Vgl. ADS, 6. Aufl., §246 HGB, Rn. 29.
（18） Vgl. BT-Drucksache 16/12407, S. 85.
（19） この議論について包括的に概観したものとして，つぎを参照。SOMMERHOFF, D.,

Handelsrechtliche Berichterstattung über das immaterielle Anlagevermögen, S. 69-77.
(20) Vgl. GELHAUSEN/FEY/KÄMPFER, Abschn. E, Rn. 65.
(21) THEILE, C., Immaterielle Vermögensgegenstände nach dem RegE BilMoG, S. 1067.
(22) Vgl. BT-Drucksache 16/12407, S. 85. ならびに BAETGE, J./FEY, D./WEBER, C.-P., SOMMERHOFF, D., in: Küting/Pfitzer/Weber, HdR-E, 5. Aufl., §248 HGB, Rn. 18.
(23) Vgl. THEILE, C., Immaterielle Vermögensgegenstände nach dem RegE BilMoG, S. 1067.
(24) Vgl. BAETGE, J./FEY, D./WEBER, C.-P., SOMMERHOFF, D., in: Küting/Pfitzer/Weber, HdR-E, 5. Aufl., §248 HGB, Rn. 19.
(25) Vgl. BAETGE, J./FEY, D./WEBER, C.-P., SOMMERHOFF, D., in: Küting/Pfitzer/Weber, HdR-E, 5. Aufl., § 248 HGB, Rn. 19.
(26) Vgl. GELHAUSEN/FEY/KÄMPFER, Abschn. E, Rn. 85.
(27) Vgl. BT-Drucksache 16/10067, S. 60.
(28) Vgl. BAETGE, J./FEY, D./WEBER, C.-P., SOMMERHOFF, D., in: Küting/Pfitzer/Weber, HdR-E, 5. Aufl., §248 HGB, Rn. 17.
(29) Vgl. MOXTER, A., Aktivierungspflicht für selbsterstellte immaterielle Anlagewerte?, S. 1517.
(30) Vgl. ADS, 6. Aufl., §248 HGB, Rn. 23; FÖRSCHLE, G., in: Beck Bilanzkomm., 6. Aufl., § 248 HGB, Rn. 7f.
(31) Vgl. BENTELE, M., Immaterielle Vermögenswerte, S. 33. ならびに同様のものとして、HÖMBERG, R./KÖNIG, M., in: Baetge/Kirsch/Thiele, Bilanzrecht, §248 HGB, Rn. 32. 会計上のリスクは，流動資産たる資産が予見可能な期間において，市場を介して確認されることによって削減される。この点については，たとえば，つぎを参照。MOXTER, A., Bilanzrechtsprechung, S. 27.
(32) Vgl. DÖLLERER, G., Die Maßgeblichkeit der Handelsbilanz für die Steuerbilanz, S. 505; ADS, 6. Aufl., §248 HGB, Rn. 14
(33) Vgl. BAETGE, J./FEY, D./WEBER, C.-P., SOMMERHOFF, D., in: Küting/Pfitzer/Weber, HdR-E, 5. Aufl., §248 HGB, Rn. 17.
(34) 代表的なものとして，つぎを参照。BAETGE, J./KIRSCH, H.-J./THIELE, S., Bilanzen, S. 231f.
(35) Vgl. SOMMERHOFF, D., Handelsrechtliche Berichterstattung über das immaterielle Anlagevermögen, S. 82.
(36) 同様のものとして，つぎを参照。KUPSCH, P., in: Hofbauer/Kupsch, BHR, §248 HGB, Rn. 8.
(37) Vgl. HÖMBERG, R./KÖNIG, M., in: Baetge/Kirsch/Thiele, Bilanzrecht, § 248 HGB, Rn. 36.
(38) Vgl. KUHNER, C., in: HdJ, Abt. II/1, Rn. 206 ならびに MOXTER, A., Bilanzrechtsprechung, S. 29.
(39) Vgl. Ellrott, H./Brendt, P., in: Beck Bilanzkomm., 6. Aufl., § 255 HGB, Rn. 91.

(40) Vgl. Hömberg, R./König, M., in: Baetge/Kirsch/Thiele, Bilanzrecht, §248 HGB, Rn. 37.
(41) 詳細については，つぎを参照。Hömberg, R./König, M., in: Baetge/Kirsch/Thiele, Bilanzrecht, §248 HGB, Rn. 38.
(42) 代表的なものとして，つぎを参照。Bordewinn, A., Bilanzierung von Computer-Software, S. 1589.
(43) Vgl. Ballwieser, W., in: Münchener Komm. HGB, 1. Aufl., §248 HGB, Rn. 14.
(44) Vgl. ADS, 6. Aufl., §248 HGB, Rn. 22.
(45) 詳細については，つぎを参照。Hömberg, R./König, M., in: Baetge/Kirsch/Thiele, Bilanzrecht, §248 HGB, Rn. 39.
(46) Vgl. Förschle, G., in: Beck Bilanzkomm., 6. Aufl., §248 HGB, Rn. 9.
(47) Vgl. Kupsch, P., in: Hofbauer/Kupsch, BHR, §248 HGB, Rn. 27.
(48) Vgl. Richter, M., in: HdJ, Abt. II/2, Rn. 60.
(49) この議論について包括的に概観したものとして，つぎを参照。Baetge, J./Fey, D./Weber, C.-P., Sommerhoff, D., in: Küting/Pfitzer/Weber, HdR-E, 5. Aufl., §248 HGB, Rn. 33.
(50) 詳細については，つぎを参照。Kupsch, P., in: Hofbauer/Kupsch, BHR, §248 HGB, Rn. 28.
(51) 代表的なものとして，つぎを参照。Förschle, G., in: Beck Bilanzkomm., 6. Aufl., §248 HGB, Rn. 12 ならびに ADS, 6. Aufl., §248 HGB, Rn. 21.
(52) Vgl. Ballwieser, W., in: Böcking/Castan/Heymann/Pfitzer/Scheffler, Beck HdR, B131, Rn. 32. 同様の指摘は，Keitz, I. v., Immaterielle Güter, S. 36f.
(53) Vgl. AK Immaterielle Werte, Erfassung immaterieller Werte, S. 992.
(54) Vgl. AK Immaterielle Werte, Erfassung immaterieller Werte, S. 992.
(55) つぎもまた参照。DRS 12, A 2 a. F.
(56) Vgl. Baetge, J./Kirsch, H.-J./Thiele, S., Bilanzen, S. VI.
(57) Vgl. BT-Drucksache 16/10067, S. 33f. ならびに BT-Drucksache 344/08, S. 1.
(58) Vgl. BT-Drucksache 16/10067, S. 49f.
(59) つぎもまた参照。Moxter, A., Aktivierungspflicht für selbsterstellte immaterielle Anlagewerte?, S. 1514.
(60) Vgl. BT-Drucksache 344/08, S. 106f.
(61) HGB 第246条1項1文の完全性命令から，明示的計上禁止が欠けている場合，計上義務が存在する。これとの関連では，つぎを参照。Hennrichs, J., Immaterielle Vermögensgegenstände nach dem Entwurf des BilMoG, S. 537.
(62) Vgl. BT-Drucksache 16/12407, S. 84f.
(63) 選択権の一度の行使が自己創設の無形資産の計上に関する統一的原則決定の道しるべとなっているとまで，継続性が解釈されるべきか否か，あるいは，計上意思決定がむしろ製造グループ特有のものとみなし得るのか否か，ということは，たしかに依然として不明確である。Vgl. Küting, K./Ellmann, D., Immaterielles Vermögen, S. 274f.
(64) HGB 第248条2項2文に従う計上禁止は，IAS 第38号，第63号に合致している。

(65) Vgl. MOXTER, A., Aktivierungspflicht für selbsterstellte immaterielle Anlagewerte?, S. 1514.
(66) Vgl. BT-Drucksache 344/08, S. 106f.
(67) Vgl. COENENBERG, A./HALLER, A./SCHULTZE, W., Jahresabschluss und Jahresabschlussanalyse, S. 178. ないし BT-Drucksache 344/08, S. 107.
(68) Vgl. BT-Drucksache 344/08, S. 107f.
(69) Vgl. BT-Drucksache 344/08, S. 108.
(70) 類似の例示として，GELHAUSEN/FEY/KÄMPFER, Abschn. E, Rn. 81-83.
(71) Vgl. BT-Drucksache 344/08, S. 108. ならびに GELHAUSEN/FEY/KÄMPFER, Abschn. E, Rn. 81.
(72) Vgl. GELHAUSEN/FEY/KÄMPFER, Abschn. E, Rn. 83i. ならびに BT-Drucksache 16/10067, S. 50.
(73) Vgl. KAHLE, H., in: Baetge/Kirsch/Thiele, Bilanzrecht, §255 HGB, Rn. 72.
(74) Vgl. ADS, 6. Aufl., §248 HGB, Rn. 22.
(75) 同様の言及は，BT-Drucksache 16/10067, S. 50.
(76) Vgl. HÖMBERG, R./KÖNIG, M., in: Baetge/Kirsch/Thiele, Bilanzrecht, §248 HGB, Rn. 41. ならびに BRÖSEL, G./Olbrich, M., in: Küting/Pfitzer/Weber, HdR-E, 5. Aufl., §253 HGB, Rn. 74.
(77) 詳細については，つぎを参照。KAHLE, H., in: Baetge/Kirsch/Thiele, Bilanzrecht, §255 HGB, Rn. 69.
(78) Vgl. ADS, 6. Aufl., §248 HGB, Rn. 20.
(79) Vgl. ADS, 6. Aufl., §248 HGB, Rn. 21; Baetge, J./Fey, D./Weber, C.-P., SOMMERHOFF, D., in: Küting/Pfitzer/Weber, HdR-E, 5. Aufl., §248 HGB, Rn. 32.
(80) Vgl. ADS, 6. Aufl., §255 HGB, Rn. 84; Vgl. Ellrott, H./Brendt, P., in: Beck Bilanzkomm., 6. Aufl., §255 HGB, Rn. 100.
(81) Vgl. KAHLE, H., in: Baetge/Kirsch/Thiele, Bilanzrecht, §255 HGB, Rn. 75f. BALLWIESER, W., in: Münchener Komm. HGB, 2. Aufl., §255 HGB, Rn. 45.
(82) たしかに，計上意思決定にとって，資産の存在はまさに決定的である。資産が存在し，それが研究局面において見出せて，それに要した製作コストが組み入れられなければ，結果として，自己創設の無形資産は0で評価されることになる。それによって，問題となるのはもっぱら「備忘項目」である。この点については，つぎを参照。LÜDENBACH, N./FREIBERG, J., Zweifelsfragen, S. 144f. ならびに SOMMERHOFF, D., Handelsrechtliche Berichterstattung über das immaterielle Anlagevermögen, S. 104.
(83) たとえば，つぎを参照。KÜTING, K./ELLMANN, D., in: Küting/Pfitzer/Weber, HdR-E, 5. Aufl., §255 HGB, Rn. 389b.
(84) 同様の指摘は，SOMMERHOFF, D., Handelsrechtliche Berichterstattung über das immaterielle Anlagevermögen, S. 103.
(85) Vgl. SOMMERHOFF, D., Handelsrechtliche Berichterstattung über das immaterielle Anlagevermögen, S. 107.
(86) Vgl. BT-Drucksache 16/10067, S. 60f.

(87) Vgl. BT-Drucksache 16/10067, S. 60.
(88) Vgl. BT-Drucksache 16/10067, S. 60.
(89) Vgl. KÜTING, K./ELLMANN, D., in: Küting/Pfitzer/Weber, HdR-E, 5. Aufl., § 255 HGB, Rn. 389a.
(90) Vgl. GELHAUSEN/FEY/KÄMPFER, Abschn. E, Rn. 75.
(91) Vgl. BT-Drucksache 16/10067, S. 60.
(92) Vgl. BT-Drucksache 16/10067, S. 61.
(93) Vgl. BT-Drucksache 16/10067, S. 60.
(94) Vgl. HENNRICHS, J., Immaterielle Vermögensgegenstände nach dem Entwurf des BilMoG, S. 537f.
(95) Vgl. KÜTING, K./ELLMANN, D., Immaterielles Vermögen, S. 270f. ならびに、AK IMMATERIELLE WERTE, Bilanzierung selbstgeschaffener immaterieller Vermögensgegenstände nach dem BilMoG, S. 1816.
(96) Vgl. KÜTING, K./ELLMANN, D., in: Küting/Pfitzer/Weber, HdR-E, 5. Aufl., § 255 HGB, Rn. 389b.
(97) Vgl. KAHLE, H./HAAS, M., in: Baetge/Kirsch/Thiele, Bilanzrecht, § 255 HGB, Rn. 218. 1.
(98) Vgl. LÜDENBACH, N./HOFFMANN, W.-D., in: Haufe IFRS-Kommentar, 7. Aufl., § 13, Rn. 34.
(99) Vgl. BAETGE, J./KIRSCH, H.-J./THIELE, S., Bilanzen, S. 247. 一部では、反復的に経過する研究局面と開発局面の場合、信頼にたる区画が可能でなく、そこに結び付くすべてのコストは、直接、成果作用的に把握すべきとする見解が擁護されている。この点については、つぎを参照。KAHLE, H., in: Baetge/Kirsch/Thiele, Bilanzrecht, § 255 HGB, Rn. 218.
(100) Vgl. GELHAUSEN/FEY/KÄMPFER, Abschn. E, Rn. 77.
(101) Vgl. BT-Drucksache 16/10067, S. 61. これに対して、製作原価のいくつかの部分のみが明確に帰属させられないとき、そのことはすべての製作原価の計上禁止という結果に必ずしもならない。この点については、つぎを参照。GELHAUSEN/FEY/KÄMPFER, Abschn. E, Rn. 78.
(102) Vgl. ENGEL-CIRIC, D., Praxisfragen zur Abgrenzung von Entwicklungs- und Forschungskosten, S. 84.
(103) Vgl. BRAMANN, A., Controlling von Forschung und Entwicklung, S. 173–192.
(104) Vgl. AK IMMATERIELLE WERTE, Bilanzierung selbstgeschaffener immaterieller Vermögensgegenstände nach dem BilMoG, S. 1817.
(105) Vgl. KÜTING, K./TESCHE, T., Der Stetigkeitsgrundsatz, S. 1495.
(106) この点についての詳細は前節に記述した。
(107) 同様の指摘は、つぎにもある。GELHAUSEN/FEY/KÄMPFER, Abschn. E, Rn. 97.
(108) Vgl. KAHLE, H./HAAS, M., in: Baetge/Kirsch/Thiele, Bilanzrecht, § 255 HGB, Rn. 217. 2.
(109) Vgl. KÜTING, K./ELLMANN, D., in: Küting/Pfitzer/Weber, HdR-E, 5. Aufl., § 255

HGB, Rn. 398.
(110) Vgl. KÜTING, K./ELLMANN, D., in: Küting/Pfitzer/Weber, HdR-E, 5. Aufl., §255 HGB, Rn. 400.
(111) 詳細については，つぎを参照。AK IMMATERIELLE WERTE, Bilanzierung selbstgeschaffener immaterieller Vermögensgegenstände nach dem BilMoG, S. 1818f.
(112) この点については，つぎの議論を参照。AK IMMATERIELLE WERTE, Bilanzierung selbstgeschaffener immaterieller Vermögensgegenstände nach dem BilMoG, S. 1818f.
(113) この点については，つぎを参照。SOMMERHOFF, D., Handelsrechtliche Berichterstattung über das immaterielle Anlagevermögen, S. 106.
(114) Vgl. KÜTING, K./ELLMANN, D., in: Küting/Pfitzer/Weber, HdR-E, 5. Aufl., §255 HGB, Rn. 402.
(115) Vgl. KAHLE, H./HAAS, M., in: Baetge/Kirsch/Thiele, Bilanzrecht, §255 HGB, Rn. 213.
(116) Vgl. MÄDER, O./EHRET, M., Auswirkungen des BilMoG-E, S. 17.
(117) 同様の指摘は，つぎにもある。KÜTING, K./ELLMANN, D., Immaterielles Vermögen, S. 277.
(118) Vgl. SOMMERHOFF, D., Handelsrechtliche Berichterstattung über das immaterielle Anlagevermögen, S. 111.
(119) Vgl. AK IMMATERIELLE WERTE, Bilanzierung selbstgeschaffener immaterieller Vermögensgegenstände nach dem BilMoG, S. 1819f.
(120) 同様の指摘は，つぎにもある。SOMMERHOFF, D., Handelsrechtliche Berichterstattung über das immaterielle Anlagevermögen, S. 111f.
(121) Vgl. GELHAUSEN/FEY/KÄMPFER, Abschn. E, Rn. 106; Dawo, S., Immaterielle Güter in der Rechnungslegung, S. 108; Brösel, G./Olbrich, M., in: Küting/Pfitzer/Weber, HdR-E, 5. Aufl., §253 HGB, Rn. 78.
(122) Vgl. KUHNER, C., in: HdJ, Abt. II/1, Rn. 340.
(123) Vgl. DOBLER, M./Kurz, G., Aktivierungspflicht, S. 490.
(124) そうしたものは，しばしば，十分な信頼性をもって確定されることがないため，現実には，残存価値はゼロもしくは，ほんの僅かの金額が受け入れられている。なお，国際基準との関連で詳述しているものとして，つぎを参照。SOMMERHOFF, D., Handelsrechtliche Berichterstattung über das immaterielle Anlagevermögen, S. 157.
(125) Vgl. GELHAUSEN/FEY/KÄMPFER, Abschn. E, Rn. 109.
(126) Vgl. GELHAUSEN/FEY/KÄMPFER, Abschn. E, Rn. 109. ならびに BAETGE, J./KIRSCH, H.-J./THIELE, S., Bilanzen, S. 251.
(127) 詳細については，つぎを参照。BRÖSEL, G./OLBRICH, M., in: Küting/Pfitzer/Weber, HdR-E, 5. Aufl., §253 HGB, Rn. 78.
(128) Vgl. BAETGE, J./KIRSCH, H.-J./THIELE, S., Bilanzen, S. 257.
(129) Vgl. HOYOS, M./SCHRAMM, M./RING, M., in: Beck Bilanzkomm., 6. Aufl., §253 HGB,

(130) Vgl. GELHAUSEN/FEY/KÄMPFER, Abschn. E, Rn. 104.
(131) 無形流動資産の対象物の場合，HGB第253条4項に従い，なによりも，取引所価格ないし市場価格を目指さなければならない。それが確認されないときにはじめて，付すべき価値が関連づけられなければならない。
(132) Vgl. TIEDCHEN, S., in: Münchener Komm. AktG, 2. Aufl., § 253 HGB, Rn. 67.
(133) Vgl. BAETGE, J./BROCKMEYER, K., Voraussichtlich dauernde Wertminderung, S. 382.
(134) Vgl. DOBLER, M./KURZ, G., Aktivierungspflicht, S. 490; AK IMMATERIELLE WERTE, Bilanzierung selbstgeschaffener immaterieller Vermögensgegenstände nach dem BilMoG, S. 1819f.
(135) 代表的なものとして，つぎを参照。HOYOS, M./SCHRAMM, M./RING, M., in: Beck Bilanzkomm., 6. Aufl., § 253 HGB, Rn. 288.
(136) 詳細については，つぎを参照。GELHAUSEN/FEY/KÄMPFER, Abschn. E, Rn. 114.
(137) Vgl. BAETGE, J./KIRSCH, H.-J./THIELE, S., Bilanzen, S. 271; HOYOS, M./SCHRAMM, M./RING, M., in: Beck Bilanzkomm., 6. Aufl., § 253 HGB, Rn. 288.
(138) Vgl. AK IMMATERIELLE WERTE, Bilanzierung selbstgeschaffener immaterieller Vermögensgegenstände nach dem BilMoG, S. 1820.
(139) Vgl. GELHAUSEN/FEY/KÄMPFER, Abschn. E, Rn. 115.
(140) Vgl. SOMMERHOFF, D., Handelsrechtliche Berichterstattung über das immaterielle Anlagevermögen, S. 123.
(141) Vgl. SOMMERHOFF, D., Handelsrechtliche Berichterstattung über das immaterielle Anlagevermögen, S. 123.
(142) この種の下位分類は，HGB第265条5項1文に従い許容される。
(143) 小規模資本会社の定義については，HGB第267条1項を参照。
(144) 詳細については，つぎを参照。BAETGE, J./FEY, G./FEY, D./KLÖNNE, H., in: Küting/Pfitzer/Weber, HdR-E, 5. Aufl., § 243 HGB, Rn. 55.
(145) 連結決算書については，HGB第314条1項14号の関連規定がある。
(146) HGB第267条1項の意味での小規模資本会社は，HGB第288条1項に基づきその記載義務に従う。
(147) Vgl. BT-Drucksache 16/10067, S. 73.
(148) この点については，つぎを参照。SOMMERHOFF, D., Handelsrechtliche Berichterstattung über das immaterielle Anlagevermögen, S. 126; Knop, W., Küting, K., in: Küting/Pfitzer/Weber, HdR-E, 5. Aufl., § 255 HGB, Rn. 403a.
(149) MOXTER, A., Immaterielle Anlagewerte im neuen Bilanzrecht, S. 1102.

参考文献
(論文および著書)

AK; IMMATERIELLE WERTE (Arbeitskreis "Immaterielle Werte im Rechnungswesen" der Schmalenbach-Gesellschaft für Betriebswirtschaft e. V.) [Erfassung immaterieller

Werte]: Kategorisierung und bilanzielle Erfassung immaterieller Werte, in: DB 2001, S. 989-995.
AK; IMMATERIELLE WERTE (Arbeitskreis "Immaterielle Werte im Rechnungswesen" der Schmalenbach-Gesellschaft für Betriebswirtschaft e. V.) [Bilanzierung selbstgeschaffener immaterieller Vermögensgegenstände nach dem BilMoG]: Leitlinien zur Bilanzierung selbstgeschaffener immaterieller Vermögensgegenstände des Anlagevermögens nach dem Regierungsentwurf des BilMoG, in: DB 2008, S. 1813-1821.
BAETGE, JÖRG/BROCKMEYER, KLAUS [Voraussichtlich dauernde Wertminderung]: Voraussichtlich dauernde Wertminderung, in: Handwörterbuch der unbestimmten Rechtsbegriffe im Bilanzrecht des HGB, hrsg. v. Leffson, Ulrich/Rückle, Dieter/Großfeld, Bernhard, Köln 1986, S. 37-386.
BAETGE, JÖRG/KIRSCH, HANS-JÜRGEN/THIELE, STEFAN [Bilanzen]: Bilanzen, 11. Aufl., Düsseldorf 2011.
BENTELE, MARTINA [Immaterielle Vermögenswerte]: Immaterielle Vermögenswerte in der Unternehmensberichterstattung: Eine kritische Analyse, Frankfurt 2004.
BORDEWIN, ARNO [Bilanzierung von Computer-Software]: Bilanzierung von Computer-Software, in: NWB 1998, S. 1583-1590.
BRAMANN, ANNEHILD [Controlling von Forschung und Entwicklung]: Die Auswirkungen der Harmonisierung internationaler Rechnungslegung auf das Controlling von Forschung und Entwicklung, Frankfurt 2009.
COENENBERG, ADOLF GERHARD/HALLER, AXEL/SCHULTZE, WOLFGANG [Jahresabschluss und Jahresabschlussanalyse]: Jahresabschluss und Jahresabschlussanalyse, Stuttgart 2012.
DAWO, SASCHA [Immaterielle Güter in der Rechnungslegung]: Immaterielle Güter in der Rechnungslegung nach HGB, IAS/IFRS und US-GAAP: Aktuelle Rechtslage und neue Wege der Bilanzierung und Berichterstattung, Herne 2003.
DOBLER, MICHAEL/KURZ, GERHARD [Aktivierungspflicht]: Aktivierungspflicht für immaterielle Vermögensgegenstände in der Entstehung nach dem RegE eines BilMoG, in: KoR 2008, S. 485-493.
DÖLLERER, GEORG [Die Maßgeblichkeit der Handelsbilanz für die Steuerbilanz]: Die Maßgeblichkeit der Handelsbilanz für die Steuerbilanz, in: BB 1969, S. 501-507.
ENGEL-CIRIC, DEJAN [Praxisfragen zur Abgrenzung von Entwicklungs- und Forschungskosten]: Bilanzrechtsmodernisierungsgesetz: Praxisfragen zur Abgrenzung von Entwicklungs- und Forschungskosten, in: BC 2008, S. 81-86.
HENNRICHS, JOACHIM [Immaterielle Vermögensgegenstände nach dem Entwurf des BilMoG]: Immaterielle Vermögensgegenstände nach dem Entwurf des Bilanzrechtsmodernisierungsgesetzes (BilMoG), in: DB 2008, S. 537-542.
KEITZ, ISABELL VON [Immaterielle Güter]: Immaterielle Güter in der internationalen Rechnungslegung. Grundsätze für den Ansatz von immateriellen Gütern in

Deutschland im Vergleich zu den Grundsätzen in den USA und nach IASC, Düsseldorf 1999.

KÜTING KARLHEINZ/ELLMANN, DAVID [Immaterielles Vermögen]: Immaterielles Vermögen, in: Küting, Karlheinz/Pfitzer, Norbert/Weber, Claus-Peter, Das neue deutsche Bilanzrecht-Handbuch für den Übergang auf die Rechnungslegung nach dem Bilanz rechtsmodernisierungsgesetz (BilMoG), 1. Auflage, Stuttgart 2008, S. 243-276.

KÜTING, KARLHEINZ/TESCHE, THOMAS [Der Stetigkeitsgrundsatz]: Der Stetigkeitsgrundsatz im verabschiedeten neuen deutschen Bilanzrecht, in: DStR 2009, S. 1491-1498.

LÜDENBACH, NORBERT/FREIBERG, JENS [Zweifelsfragen]: Zweifelsfragen der abstrakten und konkreten Bilanzierungsfähigkeit immaterieller Anlagen, in: BFuP 2009, S. 131-151.

MÄDER, OLAF B./EHRET, MARKUS [Auswirkungen des BilMoG-E]: Bewertung selbst erstellter Software im Rahmen der Eigennutzung-Auswirkungen des BilMoG-E, in: BC 2009, S. 16-21.

MOXTER, ADOLF [Aktivierungspflicht für selbsterstellte immaterielle Anlagewerte?]: Aktivierungspflicht für selbsterstellte immaterielle Anlagewerte?, in: DB 2008, S. 1514-1517.

MOXTER, ADOLF [Bilanzrechtsprechung]: Bilanzrechtsprechung, 5. Aufl, Tübingen 2007.

MOXTER, ADOLF [Immaterielle Anlagewerte im neuen Bilanzrecht]: Immaterielle Anlagewerte im neuen Bilanzrecht, in: BB 1979, S. 1102-1109.

SOMMERHOFF, DOMINIC [Handelsrechtliche Berichterstattung über das immaterielle Anlagevermögen]: Die handelsrechtliche Berichterstattung über das selbsterstellte immaterielle Anlagevermögen im Vergleich zu internationalen Rechnungslegungsnormen, Düsseldorf 2010.

THEILE, CARSTEN [Immaterielle Vermögensgegenstände nach RegE BilMoG]: Immaterielle Vermögensgegenstände nach RegE BilMoG-Akzentverschiebung beim Begriff des Vermögensgegenstands?, in: WPg 2008, S. 1064-1069.

(立法資料)

BR-Drucksache 344/08 vom 04. 07. 2008: Stellungnahme des Bundesrates zum Entwurf eines Gesetzes zur Modernisierung des Bilanzrechts (Bilanzrechtsmodernisierungsgesetz — BilMoG).

BT-Drucksache 16/10067 vom 30. 07. 2008: Gesetzesentwurf der Bundesregierung, Entwurf eines Gesetzes zur Modernisierung des Bilanzrechts (Bilanzrechtsmodernisierungsgesetz — BilMoG).

BT-Drucksache 16/12407 vom 24. 03. 2009: Entwurf eines Gesetzes zur Modernisierung des Bilanzrechts (Bilanzrechtsmodernisierungsgesetz — BilMoG).

第6章
ドイツにおける公正価値会計

1. は じ め に

　商法典（HGB）の評価規定は，商法上の年度決算書目的に従う。Leffson によれば，年度決算書目的は法規定から導き出される[1]。会計報告責任目的は，企業の営業活動の完全な，そして明瞭かつ適切な写像を示すことで，受託資本の利用に関する開示を求める。他方，資本維持目的は，損失に備える成果の算定を求める。両目的は，その序列が法律上定められていないため同等とみなされる[2]。

　会計報告責任および資本維持目的に基づき，年度成果に対する限定原則そして資本維持原則を考慮した期間関連的な成果の算定が求められる[3]。年度成果に対する限定原則は Schmalenbach によるものであり，収入および支出がいつ損益計算書で成果作用的に，あるいはいつ貸借対照表に成果中立的に計上されるのかを定める。限定原則はさらに二つに区分される。それは実現原則と，事象および期間区分の原則である。実現原則によれば，「利益は…決算日に実現したもののみが計上されなければならない」（HGB 第252条1項4号2文）。したがって，未実現利益の計上および配当は認められない。他方，事象および期間区分の原則は，実現原則および発生原因原則を指向する成果の表示に役立つ[4]。

　年度成果に対する限定原則がおもに会計報告責任目的に役立つのに対して，

不均等原則および慎重原則は資本維持目的を履行する[5]。両原則は，決算日にはまだ発生していないが，すでに原因が存在している，将来の期間に見込まれる（マイナスの）成果作用を考慮するものである。

かかる原則に基づき，商法上，主として調達原価・製作原価による評価が求められる。それは借方側での価値上限となり，計画的あるいは場合により計画外の減額記入が行われる（HGB 第253条1項1文）[6]。したがって，調達ないし製作の際の財産価値は，当初評価では公正価値で計上される。継続評価では，固定資産に継続的な価値減少が予想され，付すべき価値まで減額記入すべき場合に限り公正価値が適用される（HGB 第253条3項3文）。財務固定資産は，継続的な価値減少が見込まれない場合にも，臨時に減額記入することができる（HGB 第253条3項4文）。調達原価・製作原価が流動資産に対する付すべき価値を上回るときは，流動資産は付すべき価値まで減額記入しなければならない（HGB 第253条4項）[7]。財産，財務および収益状態に関する情報は非対称に伝達される。すなわち，不均等原則に基づき，未実現のマイナスの成果貢献が計上される一方で，未実現のプラスの成果貢献は計上されない。そのため，いわゆる"不均等な公正価値コンセプト"[8]が生じる。

歴史的に育まれたこの評価コンセプトは，近年の会計国際化のなかで US-GAAP もしくは国際的会計基準，すなわち IFRS のような国際的会計圏の側から批判されるようになった。EU の会計調和化に向けて，ドイツの立法者は会計法現代化法（BilMoG）において一定の範囲で評価規準を緩和し，売買目的で取得した金融商品に対し付すべき時価による評価を定めようとした[9]。こうした提案に多くの批判が集まったため，立法者は BilMoG の最終版において，売買目的で保有する金融商品の時価評価を，信用機関に限定して定めることとした（HGB 第340e条3項1文）。

本章では，まず，ドイツにおける評価規定の歴史的発展を跡づけ，調達原価・製作原価主義からの離反に関し，ドイツで展開された議論を紹介する。つぎに，BilMoG における時価会計論議に言及し，ドイツの会計国際化について叙述する。そして最後に結論を要約的に示す。

2. ドイツにおける時価評価―歴史的概観―

2.1 まえがき

　以下では，ドイツにおける時価評価の歴史的展開について概観する。そこでは，調達原価・製作原価主義からの離脱がドイツにおいて否定されてきた歴史を顧みる。まず，20世紀前半における原則主義的な評価の説明に先立ち，ドイツ普通商法典（ADHGB）における評価規定，ならびに1870年代の会社乱立危機に言及する。そして最後に，慎重な評価コンセプトの定着と方向を異にするものとして，20世紀末葉の会計の国際化を確認する[10]。

2.2　19世紀における評価と会社乱立危機（1873/74年）の教訓

　ドイツでは，1794年のプロイセン一般国法（ALPS）においてはじめて評価規定が明文化された。破産に際し，正規の帳簿をつけていない，または貸借対照表を年に一度作成しないため自己の財産状態が不明瞭であった場合，商人はその過失責任を負う（ALPS 第1468条）。帳簿は商人の方法で記帳され，証拠力を有する必要があった（ALPS 第566条）。「商人の方法」についてさらなる言及はなく，そのため商事会社は帳簿記帳に関する適切な規準を用いる必要があった。定款に帳簿記帳規定が定められていない場合，ALPS 第644条に，財産目録を作成する際，商人の財産に属する棚卸資産を調達価格で評価すべきとの定めがあった。「財産目録作成時点で通用する価値」，すなわち商品および棚卸資産の実際の価値が調達原価よりも低くなるときは，当該価値が評価に用いられた。

　かかる定義の低価主義（Niederstwertprinzip）は，流動資産に適用された。なぜなら，利益＝（現金＋商品＋貸付金）－（借入金＋資本出資）[11]という等式に基づく利益の算定に，流動資産を組み入れる必要があったからである。固定資産への言及は―他の書物においても―ほとんどない。というのは，固定資産は利益の算定に際し副次的なものでしかなく，考慮する必要がなかったからで

ある。

　ALPS の規定は，かなりの部分フランス商法—1673 年の商事王令—に倣っていた[12]。このフランス法は評価規定を含んでいなかったが，主編纂者 JACQUES SAVARY は，流動資産に対し低価主義が適用されると解説していた。SAVARY は，価値減少を考慮するために，調達原価と実際の価値とのかい離幅の基本を 5％とした[13]。

　金融投機とそれによる破たんを背景に，1807 年にフランスの新商法典（Code de Commerce）が制定されたが，これにも評価規定は含まれなかった。JEAN-BAPTISTE DE LA PORTE は，商事王令に対する SAVARY のものよりも緩やかな解釈でもって，棚卸資産に対し調達原価もしくは製作原価による評価が強制されるのではなく，商人の財産が正確に表現されるという理由で，市場価値による評価も可能であると解説した[14]。こうした静的な貸借対照表観への移行の要因として，一面では商人の財産を算定することに力点が置かれたこと，そして他面では，利用可能な市場価値の透明性が高まったことが挙げられる。

　ドイツの会計規定は，フランスの規定に強い影響を受けている。これはとくに，占領国にフランス法を普及させることになったナポレオン戦争によるところが大きい。加えて，以下に示す文献の著者および法律の編纂者は，定期的に，フランスの先行的な文献を参照した。棚卸資産の評価に関し市場価格が重要な意味を持たず，低価主義が強調されていたにもかかわらず，ドイツの商事会社の実務にとってフランス商法の規定が依然重要であった[15]。

　19 世紀に入り，産業の発展とそれに伴うドイツ諸邦間の商業関係の強化により，経済的発展のため商法規定の共通化が望ましいとの認識が生じた。一つの法案が 1856 年にプロイセンから初めて公表された。当該法案では，流動資産に対する低価主義，ならびに固定資産に対し減価償却分を控除する調達原価・製作原価の適用が検討された。招集された会議において，増額記入ができない点について，とりわけ商人の側から批判された。同様に評価規準は，債権者に対する脅威となるので，有限責任の会社—すなわち株式会社—に導入すべきとされた[16]。結果として，当該法案は修正され，価値減少の考慮について

具体的な言及のない第二次案が1857年に公表された。

　ドイツ商法の編纂に向けたニュルンベルク立法会議での審議において，評価規定に関し，流動資産に対する価値および固定資産に対する「見積」価値にとくに言及のない，オーストリアの二つの法案が採用された。詳細な評価規定はその後も商人が拒んだため，ADHGB はつぎのような表現にとどまった。「財産目録および貸借対照表の作成に際しては，すべての財産および債権は，その作成時に付すべき価値で記載されなければならない。」（ADHGB 第31条）

　こうした妥協案に基づき，ドイツの商人は，調達原価・製作原価主義からの離脱が可能になり，貸借対照表において市場価値を用いることができるようになった。ADHGB 第31条の解釈に関しては，とにかく混乱が生じた。Schmalenbach が歴史を踏まえて，商人に客観的な判断を行わせるという意見を立法者に進言した[17]のに対して，von Hahn は調達原価もしくは製作原価を上回る市場価値，あるいは下回る市場価値も記載すべしと解説した[18]。これに異論を唱えて，Anschütz/von Völderndorff は異なる価値概念を示した[19]。すなわち，市場価値の継続は基本であるが，それは特定の財産価値に対してのみあてはまる。したがって，固定資産は調達原価もしくは製作原価で継続的に貸借対照表に計上するのに対して，棚卸資産については，調達原価もしくは製作原価を上回る金額で記載可能であろう，と。かくして，商人の判断が立法者により容認されたとはいえ，価値概念は慎重に解釈された。

　株式会社は認可制であったため，さらなる規制はなかった。ADHGB 第206条6号に基づき，国家により適宜検査される会計規定を設けることが株式会社に求められた[20]。産業がさらに発展するにつれて，株式法の領域で諸邦の規定の調和化が求められた。そのため1870年の法律（第一次株式法改革）に基づき，株式合資会社および株式会社は国家による認可制から外れて，私法上の規定に服することになった。立法者は，1870年版の ADHGB 第239a 条において，相場のある証券に関し，貸借対照表の作成時点での相場価格を上限とした評価を認めた。あらかじめ，有価証券の属性が評価上げを認められるものであり，過剰な配当支払いおよび破産にまず至らないケースかどうかが確認され

た。

　第一次株式法改革の直後，有価証券の過大評価の事例が増え，そして1873年にいわゆる会社乱立危機が起こった。この危機は，1870/71年のドイツ・フランス戦争による復興費の増大に伴い投資が逼迫したことが要因になった。とくに建設および不動産の部門で，短期間に設立された多くの株式会社が破たんし，19世紀におけるドイツ最大の経済危機となった。

　経済的基盤の強化のために，第二次株式法改革が行われた。そこでは，株式会社の設立に関する規制が強化され，監査役および経営者による検査（設立時検査）が課された。また，「商人慣行を装った，根拠のない資産の過大評価」を防ぐことが求められた[21]。そのため，1884年版のADHGBに第185a条が導入された。同条は株式会社に対し，流動資産に対する低価主義そして固定資産に対する調達原価・製作原価主義を定めたという点で，ADHGB第31条の価値概念をより詳しく規定するものであった。当該規定は，「株式会社の性質をよく表したものである。なぜなら，定期的な純利益の分配を鑑みれば，形式上は存在しているが，実際は該当資産の売却によりまだ実現していない利益の分配を回避する必要があるからである。[22]」したがって，—少なくとも株式会社については—均等な時価評価は見送られ，実現原則を履行するための評価規準が保持された[23]。

2.3　20世紀前半における原則主義的な評価

　1900年にHGBが施行されたが，会計処理規準はほぼ従来通りであった。HGB第261条において株式会社に固有の評価規準が定められた一方，HGB第40条に一般的な評価規定が存在した。価値概念は依然不明瞭であったが，HGBに付随する覚書が，市場価値で評価すべきものから固定資産を除外した点で幾分緩和された。さらに，商人が評価の判断を適切に行うことへの信頼が高まった。LEHMANN/RINGによれば，規定は解釈を要するため，「法律は文言通りに用いられなかった。[24]」その代わり，慎重な過小評価を通じて，業績の悪い時期に備えて秘密積立金を設定することが可能であった。たとえば

SCHMALENBACH は，評価規定は財産を評価すべき時点を定めているにすぎない，と主張した[25]。HGB に明文化された正規の簿記の諸原則（GoB）を通じて，商人は一部，HGB のあいまいな評価規定から離れて調達原価・製作原価主義に基づく方向に傾いた[26]。

これに関しては，当時展開された貸借対照表論が重要な役割を果たした[27]。SIMON は，1886 年に静的貸借対照表論の文脈で，支配的な貸借対照表の客観的価値の代わりに，主観的ないし個人の判断に基づく金額で評価することに賛同した。なぜなら，それには商人の判断が反映し，商人にとっての財産価値が金額で表現されるからだという[28]。こうした見解は，とくに鉄道会社にとって大きな意味があった。というのは，鉄道会社は国家による認可に基づき営業を行い，資産の売却の際，国家部門による証明が求められたからである。そのため，売却の条件が揃うことはほとんど無く，市場価値の測定はきわめて困難であった。SIMON の貸借対照表論に依拠して，鉄道会社は独自の判断で貸借対照表価値を評価，もしくは調達原価・製作原価を継続することが可能になった。

SCHMALENBACH はこうした見解と一線を画し，1919 年に最初の動的貸借対照表論を唱えた[29]。すなわち，商事貸借対照表の目的は財産の算定ではなく，営業成果の算定であるとした。SCHMALENBACH は，債権者保護の思考に基づき，上述の実現原則および不均等原則を提唱した。実現原則は，利益実現とそれに伴う利益配分を売却，すなわち市場取引に関連させる。そのため，棚卸資産は売却時点まで調達原価あるいは製作原価で評価されなければならない。調達原価あるいは製作原価よりも高い市場価格は考慮する必要がないのに対して，より低い評価額は記載しなければならない。したがって，未実現利益および未実現損失が不均等に取り扱われる。これが動的貸借対照表論による不均等原則である。結論的に言えば，ドイツの会計は，基本的に SCHMALENBACH により提唱された規準に沿って発展した。

第三の重要な貸借対照表論は，1921 年に，財産も利益も正確に算定しようとする SCHMIDT により提唱された[30]。彼は実質資本維持に焦点を当てて，再

調達価格に基づく資産の会計処理を企図した。利益は，販売価格と再調達価格で評価された売上原価との差額とみなされる。価格変動に基づく価値修正は，貸借対照表の貸方において「手持ち資産の価値修正」勘定で表示される。当該勘定は自己資本のなかで示されるが，価値修正は商品の売上から生じる利益を意味しない。その意味で，SCHMIDT もまた実現原則の支持者とみなされる。

　1920年代初頭に，ドイツにおいて通貨価値の著しい下落が起こったため，ハイパーインフレーションに対応する会計規定が求められた。そのため1924年1月1日以降に始まる報告期間の開始貸借対照表を金マルクで作成するよう定めた，金マルク貸借対照表命令が1923年12月に発布された。金マルクはアメリカドルの10/42に相当する人工的通貨であり，会計目的のために導入された。かかる指標に基づき，短期間ではあるが，調達原価もしくは製作原価からの離反が生じた。とはいえ，インフレーション期はむしろ，会計上の慎重な評価が定着する契機になった。慎重原則の強調およびSCHMALENBACHの理論に沿った会計の展開により，ドイツ会計において調達原価・製作原価主義がより強まった。

　ドイツ帝国はさらなる危機に見舞われた。一方では，1929年の世界経済恐慌に直面し，他方では，中小金融機関の破産により銀行危機が拡大し，立法者による介入が求められた[31]。1931年9月に株式法，銀行監督局および租税特赦に関する帝国大統領命令が制定され，株式会社の貸借対照表の項目分類がより詳細に定められた[32]。評価に関しては，固定資産は調達原価もしくは製作原価を上限に継続評価すべきという形でHGB第261条が修正された。流動資産は低価主義に基づき記載するものとされ，1794年にプロイセンで作成された規定に倣うものとなった。したがって，帝国大統領命令から導かれた会計基準は，秘密積立金を容認する思考に合致する慎重な評価を強調することになった[33]。1936年の帝国裁判所の判決は，秘密積立金の設定実務を支持するものであった。1937年に，株式会社に対する規定が単独の株式法に移された。流動資産は取引所あるいは市場相場より低い金額で記載すべきとされていたが，固定資産ならびに流動資産に対して，「調達原価・製作原価を上限とする評価

が認められた」（株式法第133条1～3号）。したがって，実務上，秘密積立金は無制限に設定可能であった[34]。

2.4 20世紀末葉における慎重な評価の定着ならびに国際化

　第二次世界大戦後，新たに構築された市場経済のもとで株式法の改革が求められた。とりわけ，株主の権利と，企業の経営および会計に対する信頼性を高める必要があった。利益の配分に対する株主の影響力の強化に伴い，とくに財産価値の評価に関して取締役会に与えられる裁量を制限することが求められた[35]。秘密積立金の禁止が検討されたが，それに対する十分な支持は得られなかった。その結果，ドイツ株式法の最終版，すなわち1965年の株式法第153～156条はつぎのように定めた。固定資産は減価償却および起こりうる価値減少分を控除した調達原価もしくは製作原価で，流動資産は調達原価もしくは製作原価と取引所価格もしくは市場価格のうち，より低い金額でその時々の付すべき価値で評価しなければならない。したがって，評価に内在する裁量は部分的に制限されるにとどまった。

　時を同じくして，1957年の欧州経済共同体（EWG）の設立を機にヨーロッパの調和化がさらなる展開をみせ，ドイツ人の教授 ELMENDORFF が指揮するワーキンググループがEC第4号指令の草案を作成した[36]。当初の草案は，ドイツの株式法改革に大部分依拠していたため，財産価値の慎重な評価を支持していた。ただし，1978年7月25日付の第4号指令の確定版は，期間限定で利用可能な物的資産および棚卸資産に対して再調達価格に基づく評価，固定資産の再評価あるいはインフレーションを考慮した評価を許容するか，もしくは義務づけることを加盟国に認めるものであった（第33条）。ドイツは，「通貨政策および経済政策上の理由により」当該評価方法の適用に反対の立場を示した[37]。

　ドイツでは第4号指令が，連結決算書に関する第7号指令および決算書監査人資格に関する第8号指令とともに1985年の会計指令法（BiRiLiG）を通じて現行法に組み入れられた。BiRiLiG は1965年に株式会社に対して定められた

評価規定をすべての企業形態に適用させた。個人商人および人的商事会社は，「理性的な商人の判断」で減額記入が実施可能になった（HGB 第 279 条 1 項 1 文と結びつく HGB 第 253 条 4 項）。したがって，立法者は慎重な会計処理および評価を通じて，債権者の保護も企業それ自体の存続も確保しようとした。

　1990 年代から新世紀の初頭にかけて，—評価規定への影響を伴う—ドイツ会計の国際化が進展した。企業活動の国際化に伴い，Daimler Benz 社が 1993 年にニューヨーク証券取引所に上場するという判断を下した。それに Deutsche Telekom 社や Fresenius Medical Care 社といった大規模コンツェルンが追随した。アメリカ合衆国における上場に際して，アメリカの会計規定に準拠した決算書の作成，もしくは自己資本および年度剰余の US-GAAP への移行計算が義務づけられた。その他の企業，たとえば Bayer 社および Schering 社の場合，商法上の決算書に加えて，国際的会計規定，すなわち IAS に基づく決算書を作成し，より投資家指向であることを強調した。取引所セグメント「ノイアマルクト」において，発行体は IAS もしくは US-GAAP 準拠の連結決算書を提出する必要が生じたため，投資家の情報ニーズへの対応がドイツの立法者に求められた。1998 年の資本調達容易化法（KapAEG）は取引所上場企業に対し，IAS もしくは US-GAAP に基づく免責連結決算書の作成を可能にした（HGB 第 292a 条）。2004 年末までとされたこの選択肢は，EU の 2002 年の IAS 命令をもって補完された[38]。それにより，すべての資本市場指向企業は，2005 年から IFRS に基づく連結決算書の作成義務を負った。同時に，IAS 命令は非資本市場指向企業に対して，IFRS に基づく免責連結決算書を許容するか，もしくは義務づけるという選択肢を加盟国に認めた。2004 年の会計法改革法（BilReG）に基づく HGB 第 315a 条により，非資本市場指向のコンツェルンは IFRS に基づく免責連結決算書を作成することが認められた。ただし，個別決算書を HGB に準拠して作成する点は不変であった。

2.5　小　　　括

　ドイツ商法における評価規定の歴史的展開の考察から，調達原価もしくは製作原価主義から離脱した後，重要な評価コンセプトとして調達原価もしくは製作原価に逆戻りする傾向が強まった点が確認できた。ADHGBにおいて商人サイドからの圧力によりほぼ制約のない評価規定が導入されたため，会社乱立危機の時代に，裁量の余地が不適切に利用され，債権者および企業の存続が脅かされるという結果を招いた。結論的にいえば，歴史的な評価コンセプトへの逆戻りは，──1920年代のインフレーション期における短期間の中断を経て──とりわけSCHMALENBACHの貸借対照表論に基づき進行した。まず，株式会社に対してのみ，固定資産に対する調達原価・製作原価主義，そして流動資産に対する低価主義が定められた。国際化の流れのなかで，こうした評価原則は，1985年のBiRiLiGを通じて他の法形態の会社にも適用されるに至った。また，1990年代初頭に，ドイツの商法会計は──国際的な会計システムであるIASおよびUS-GAAPとの比較において──投資家指向でないことが明らかになったため，強い圧力を受けることになった。評価規定に関していえば，企業が時価関連的な評価コンセプトの採用に大きく傾いたため，「ドイツの」調達原価・製作原価主義の軟化につながった。

3.　ドイツ商法の国際化を背景にした時価会計論議

3.1　概　　　観

　以下では，BilMoGに基づく，最近のドイツ商法改革に際しての時価会計論議に言及する。BilMoGの提案に対する批判および議論，そして立法者の対応を叙述する前に，まずBilMoG参事官草案および政府法案における評価規定について考察する。その後，時価会計に関するドイツ商法の今後の展望を示したい。

3.2 BilMoG 参事官草案および政府法案における公正価値評価

　EU における 2005 年の連結決算書に対する IFRS 導入のために，第 4 号指令および第 7 号指令といった既存の会計指令を修正する必要が生じた。とくに大陸ヨーロッパの会計圏は IFRS とは異なる価値評価を定めていたため，金融商品およびデリバティブの評価に関して調整が求められた[39]。IAS 命令のほぼ一年前，いわゆる公正価値指令が可決された。当該指令をもって加盟国は，デリバティブを含む金融商品に対して，付すべき時価で評価することを義務づけるか，もしくは許容できるように第 4 号指令が修正された（第 42a 条 1 項）。こうした評価コンセプトは，満期保有のデリバティブではない金融商品，売買目的で保有しない，会社が創出する貸付金および売掛債権，そして子会社，関連企業およびジョイント・ベンチャーに対する持分，ならびに会社発行の自己資本商品には適用されない（第 42a 条 4 項）。時価評価の適用範囲は，信用機関の一時保有のものだけに限定されない[40]。付すべき時価による価値修正は損益計算書上での把握が原則となるが，加盟国は自己資本での成果中立的な計上を義務づけるか，もしくは容認することも可能とされた（第 42c 条 1 項および 2 項）。

　ドイツにおける公正価値指令の転換は，2004 年の BilReG において部分的に実現した。HGB 第 285 条 3～5 文において，IAS/IFRS と類似の付すべき時価の定義が定められた[41]。しかし，金融商品の評価に関する規定は採用されず，HGB 第 285 条 18 号および第 314 条 1 項 10 号に基づき，附属説明書および連結附属説明書において付すべき時価に関する記載が求められたにすぎない。

　BilReG の理由書において，BilMoG による HGB のさらなる改革が予告された。そこでは，付すべき時価による評価に向けて商法会計法を開放する旨の言及があった[42]。2007 年 11 月の BilMoG 参事官草案では，付すべき時価での評価について，一定の範囲で商法会計法に導入することが肯定された。そして，売買目的で取得した金融商品を付すべき時価で評価するよう，HGB 第 253 条 1 項の修正が提案された[43]。その場合，売買目的とは「価格変動，あるいは取引による利ざやを通じて短期的な利益を得る[44]」ことを企業が意図することである。いいかえれば，金融商品に関し，計上額を客観化できる活発な市場の

存在が前提となる。

　こうした評価コンセプトに関して，三つの議論が生じた[45]。公正価値指令の部分的な転換に加えて，とくに売買目的で取得した金融商品を付すべき時価で評価することはすでに慣行であり，「一部は正規の会計処理の諸原則とみなされる[46]」と指摘された。また，既存の裁量の余地および会計政策的手段が制限され，商法上の年度決算書が比較可能になるとされた。それとは異なり，IAS第39号の全面的な適用は「実務的見地」から不可能であり，BilMoGの目標に沿わないとして否定された[47]。

　文献上では，一時保有の金融商品に対する時価指向的な評価が，信用機関の会計慣行であると指摘されるものの，市場価値の測定には様々な方法が用いられる[48]。より批判的な反応は，時価評価がもたらす調達原価・製作原価主義の破棄に関連するものである[49]。一時保有の金融商品が歴史的原価を超えて記載されるという事態は，均等な時価評価による慎重原則の後退，そして実現原則の排除につながるものとみなされた[50]。したがって，理論上は実行可能として，未実現利益の成果作用的な認識が示唆されたが，それは付すべき時価の測定がとくに評価モデルに基づいているという点から批判された[51]。

　これと反対の立場は，HGBの修正案が経済的観察法に基づく実現原則の具体化，そしてGoBへの時価評価の組み込みにつながるという意見に代表される[52]。こうした見解によれば，一時保有および活発な市場の定義を通じて「ほぼ実現可能な収益」が存在するということになる。引き渡しおよび給付による未決債権の場合の売上の実現と同様，経済的見地から利益実現時点が定められる。評価益の実現可能性に基づき，参事官草案は金融商品の価値修正による未実現利益の配当制限を見送った[53]。

　改正案に対する最初の批判を受けた後，連邦政府は2008年5月21日に，金融商品の時価評価（HGB第253条1項3文（案））に関しほぼ無修正の政府法案を可決した。ただし，HGB第268条8項（案）において，売買目的で取得した金融商品の時価評価益の配当は，配当後に残余する損失繰越額控除後ないし利益繰越額加算後の任意積立金が，少なくとも評価益の総額に一致する場合に

のみ実施可能であると規定された。またHGB第340e条3項（案）において，信用機関および金融サービス機関は，HGB第268条8項（案）における配当制限に"代わるもの"[54]として導入された，リスクプレミアム分を控除した付すべき時価で一時保有の金融商品を評価しなければならない，と明確に規定された。一時保有への，あるいは一時保有からの金融商品の移し替えは認められなかった[55]。

新規定の適用対象を信用機関および金融サービス会社に限定するか否かについて，その検討が連邦政府に求められた。そのため，2008年7月4日付の連邦参議院の意見書は，一時保有の金融商品の評価に関する変更を主たる内容としていた[56]。商事貸借対照表と税務貸借対照表の分離により，追加的な会計コストが見込まれ，また新規定に基づく評価の難しさが批判の対象となった。また，すべての企業に対して時価評価を行わせる場合の情報の質ならびに実務的適合性に対する懸念が表明された。こうした意見を検討の後，連邦政府は，2008年7月30日付の最終法案において評価規定を修正することなく，同年9月に当該法案を連邦議会に提出した[57]。

3.3　公正価値評価に対する批判と立法者の反応

2008年から2009年4月のBilMoGの可決までに，多くの学者と会計人が，ドイツ商法上での売買目的で取得した金融商品の時価評価を多面的に批判した。時価評価へのこうした抵抗の結果，立法の最終局面で信用機関の一時保有のものに限定して時価評価が義務づけられた[58]。以下では，ドイツの専門紙上におけるいくつかの論攷に言及したい。

とくに注目すべきは，BIEG/BOFINGER/KÜTING/KUßMAUL/WASCHBUSCH/WEBERといった教授陣の主導による，公正価値に対するザールブリュッケン提案である[59]。当該提案は10項目の観点から時価評価を批判し，ドイツの資本市場指向企業に対し，再度HGB連結決算書の作成を求め，また時価概念の明確化を図ろうとするものであった。伝統的な評価原則への抵触，そして公正価値概念が解釈を要するという点に加え，時価評価により会計処理方法が著しく変化す

ると指摘された。すなわち，貸借対照表の客観性の欠如と利益概念の相対化に対する懸念が表明された。さらに，時価評価は金融危機を加速させると同時に，危機時においては測定不能なため不適切であると論じられた。教授陣は，ドイツ会計における時価評価を回避するために，あらゆる施策を講じるべきであると主張した。

BÖCKING/FLICK は，ザールブリュッケン提案を直接引き合いに出し，その議論を相対化した[60]。とくにザールブリュッケン提案は，時価評価を包括的に批判するにとどまり，金融商品の会計処理に関する特殊性に言及していない点を指摘した。BÖCKING/FLICK によれば，一時保有の金融商品という非常に限定されたケースでは，時価評価は商法上の慎重原則および債権者保護と調和し，HGB の意味での理性的な商人の会計処理とみなされるという。加えて，BÖCKING/FLICK によれば，ザールブリュッケン提案の議論はいくつかの点―たとえば時価の定義が曖昧など―で説得力が欠け，全体として納得のいくものではないという。

BAETGE は，金融危機を背景にした時価会計を検討し，市場が機能していない場合の公正価値は評価モデルに基づいてのみ算定可能であり，情報の信頼性も適合性も損なうと結論づけた[61]。また，そのように測定された時価が金融危機を増幅させたことは，国際的な会計論議からも明らかであるとした。こうした議論のために，BAETGE は ADHGB における時価評価に関する歴史的論争を引き合いに出した（この点に関しては 2.2 節を参照）。

金融危機は金融サービス機関の経営活動に起因するものであって，当該活動の会計的表現が危機の要因ではないにもかかわらず，―日刊紙の報道によって―時価評価が当該危機を招いたとの印象が強められた[62]。ZÜLCH/HOFFMANN はこうした議論の客観化を求め，―時価評価に対する批判が正しい点はあるにせよ―公正価値を一律に攻撃することは正当でないことを指摘した。というのは，付すべき時価は，一時保有の金融商品という極めて限定された領域に適用されるにすぎないからである[63]。したがって，ZÜLCH/HOFFMANN は議論の客観化，ならびに付すべき時価概念の多面的な検討を求め，公正価値が容易かつ

客観的に測定できるケースでは時価評価が適切であると論じた。

　2008年9月の第一読会後に金融危機が発生し，立法手続きは一時中断していたが，2008年12月17日の法務委員会での公聴会をもって再開された[64]。出席した11人の専門家のうち，売買目的で取得した金融商品に対する時価評価に賛同したのはわずかであった。HENNRICHS教授は，極めて限定的な領域に時価評価を適用するというHGBの慎重な開放を唱えた。KÜTING教授は公正価値を批判するザールブリュッケン提案を引き継いで，付すべき時価が恣意的であると訴えた。評価コンセプトに対する包括的な批判において，KÜTING教授は時価概念が金融危機を増幅させ，表示利益の変動幅が大きくなり「好業績の誇張」がなされると警告した。付すべき時価に対する批判が寄せられるなか，KÜTING教授はより明確に，公正価値は信用機関および金融サービス機関に対してのみ妥当であるという見解を表明した。ZEITLER教授が唱えた「会計処理の同等性」は，規定を適用する大部分が信用機関であるにもかかわらず，すべての企業に時価会計を適用させる誘因になるとみなされた。経済監査士協会（IDW）のNAUMANN教授は，銀行の場合，一時保有の金融商品に対する時価評価が従来からの慣行であることを確認し，信用機関および金融サービス機関に時価評価の適用を限定するという解決策を示した。

　2009年3月24日付の法務委員会の決議勧告では，現実に，一時保有の金融商品への時価評価に関するHGB第253条1項（案）が削除され，HGB第340e条3項（案）に基づき，信用機関および金融サービス機関に時価評価の適用が限定された[65]。したがって，法務委員会は専門家の意見に従う形で，一時保有の金融商品に対する時価評価を銀行会計の領域に限定した。HGB第340e条4項（案）において，時価評価から生じる価値変動リスクに対する緩和措置を設ける義務が定められた。金融危機の結果，金融商品の一時保有への振り替え，ないし金融商品の一時保有からの振り替えは，金融商品の取引が著しく困難な特別の状況に限定された（HGB第340e条3項（案））。

　連邦議会は法務委員会に従い，2009年3月の読会においても決議勧告に修正を加えず，BilMoGは2009年5月25日付で可決された[66]。BAETGE/KIRSCH/

SOLMECKE によれば，金融商品の時価評価に関して，立法者は BilMoG の最終案において実現原則の破棄に反対の立場を示すと同時に，商法年度決算書の会計報告責任目的をより強めたとされる[67]。

3.4 公正価値評価にみるドイツ商法の今後の展開

　ドイツ商法における時価評価の採用が，当初の構想よりも限定的な範囲にとどまったことを踏まえて，ドイツの会計実務，とくに商法における公正価値の今後の役割について言及したい。BilMoG により HGB が広範囲に改訂されたため，当面，抜本的な改革は見込まれない。もちろん，EU は現在，第 4 号指令および第 7 号指令を改訂中のため，ドイツ商法会計法にも EU 指令への適合要請が生じうる[68]。ただし，2011 年 10 月 25 日付の改正案では，計上および評価規定に関し実質的な変更はなく，BilMoG により導入された評価規定は当分維持されるであろう。付すべき時価での評価についていえば，さしあたり，公正価値概念を HGB がさらに受け入れることはないといえよう。

　また，ドイツの立法者が IFRS に基づく個別決算書の作成を企業に認めるか，もしくは義務づける可能性はほぼないので，中期的にみて，中小企業版 IFRS を背景に，時価評価をドイツの会計実務にさらに容認すべきかどうかの検討にとどまるであろう。IASB により 2009 年に作成された中小企業版 IFRS によれば，公に取引される，もしくは時価が信頼できるほどに測定可能な株式は付すべき時価で評価される。したがって，中小企業版 IFRS は明らかに改正 HGB の規定を超える内容を有している。また中小企業版 IFRS は，関連企業およびジョイント・ベンチャーに対する持分の時価評価，ならびに投資不動産および農業資産の時価評価を認めるか，または義務づけている。中小企業版 IFRS が将来，ヨーロッパの会計法に採用されるのなら，ドイツの非資本市場指向企業に対しても，確かに付すべき時価が重要になってくる。ただし，EU は会計指令の改訂にあたり，ヨーロッパの会計法に中小企業版 IFRS を採用することに反対の態度を示した[69]。したがって，我々の見解では，中期的にみて中小企業版 IFRS の適用選択権の導入が限度であり，当該基準の適用義務化

には至らない。BiIMoG をめぐる立法手続きの経験から，ドイツの立法者が選択権を最大限に行使することが予想される。というのは，中小企業版 IFRS の導入は，付すべき時価での広範な評価を可能にするため，BilMoG の政府法案よりも明らかにドイツの伝統的な会計原理に抵触するからである。

4. 結 論

本章では，まずドイツにおける時価評価の史的展開を跡づけ，その上でBilMoG における付すべき時価評価の導入論議について考察した。そこでの論点は以下のようにまとめることができる。

(1) 19世紀においては低価主義，すなわち不均等な時価評価から，1861 年ADHGB における時価評価の妥協的容認の方向へと，評価原則が緩和された。1870 年代初頭の会社乱立危機では，多くの株式会社がその財産価値を過大評価し，未実現利益の配当を通じて破たんした。1884年の第二次株式法改革はより厳格な規定を導入し，それに基づき，流動資産に対する低価主義，そして固定資産に対する調達原価・製作原価主義が求められた。

(2) ADHGB 第 31 条の詳細でない評価規定により，たとえば鉄道会社の実務において多くの適用問題が生じた。そのため，企業が採用しうる評価方法を勧告する貸借対照表論が発展した。世紀の転換時に，HGB に導入されたGoBを通じて，企業は法律の文言から離れて—多くは—調達原価・製作原価を用いることが可能になった。1920 年代初頭のハイパーインフレーション時は例外として，調達原価・製作原価はドイツ会計における支配的な評価尺度となった。

(3) 1986 年にドイツ商法において慎重な評価が実行された後，ドイツ会計は，商品市場および資本市場の国際化のなかで，より強く投資家を指向する会計圏からの圧力を受けた。2001 年の EU の公正価値指令を機に，2007 年から2009 年にかけてドイツ商法の現代化が検討された。BilMoG 法案は，売買目的で取得した金融商品に対し付すべき時価による評価を定めていた。金融危機を

背景に，当該法案は会計分野の教授陣の抵抗にあい，文献および立法手続きにおいて公正価値批判が展開された。批判の焦点は，実現原則および慎重原則の破棄に関わるものであった。その結果，規定の適用対象から非金融機関が除かれた。

(4) ドイツ商法の今後の展開として，我々の見方によれば，付すべき時価のさらなる導入は中期的には実現しないであろう。EUによる会計指令の改訂に際し，現在のところ計上および評価規定はその対象とされていない。また，ドイツでも付すべき時価が意味を持ちうる，中小企業版IFRSのEU法への導入に関し，EUは否定的な立場である。中期的にみて，EUは中小企業版IFRSの適用選択権を設けるかどうかのレベルにとどまるであろう。我々の見解では，中小企業版IFRSはドイツの会計原理に抵触するため，ドイツは当該選択権を行使しないと思われる。BilMoGの経験から，中小企業版IFRSの適用選択権の転換に対し，とくにドイツの大学教授陣および会計人からの大きな抵抗が予想される。

注
(1) Vgl. LEFFSON, U., Die Grundsätze ordnungsmäßiger Buchführung, 7. Aufl., S. 63-107.
(2) Vgl. LEFFSON, U., Die Grundsätze ordnungsmäßiger Buchführung, 7. Aufl., S. 104f.
(3) より詳細については，つぎを参照。BAETGE, J./KIRSCH, H.-J./THIELE, S., Bilanzen, 12. Aufl., S. 131-142.
(4) Vgl. BAETGE, J./ZÜLCH, H., in: HdJ, Abt. I/2, Rn. 79f.
(5) より詳細については，つぎを参照。BAETGE, J./KIRSCH, H.-J./THIELE, S., Bilanzen, 12. Aufl., S. 136-142.
(6) BilMoGにおける公正価値評価をめぐる議論はおもに借方側に集中するため，本章では財産価値の評価問題に焦点を当てている。
(7) より低い評価額の根拠が消滅した場合，それを維持することは認められない。より低い評価額は有償取得の営業価値またはのれんの場合にのみ維持される（HGB第253条5項）。
(8) Vgl. BAETGE, J./ZÜLCH, H., Fair Value-Accounting, S. 550.
(9) BilMoG参事官草案ならびに政府法案におけるHGB第253条の修正を参照。
(10) この点に関し，つぎの文献に依拠している。HOFFMANN, S./DETZEN, D., The regulation of asset valuation in Germany. また，VELTE, P./HAAKER, A., Entwicklung

(11) Vgl. TER VEHN, A., Die Entwicklung der Bilanzauffassungen, S. 166.
(12) Vgl. BARTH, K., Die Entwicklung des deutschen Bilanzrechts, S. 128.
(13) Vgl. SAVARY, J., Le parfait négociant, 2. Aufl., S. 367.
(14) Vgl. DE LA PORTE, J.-B., Commentaire sur le Code de Commerce, S. 122.
(15) たとえば，つぎを参照。GESELLSCHAFT GELEHRTER UND PRAKTISCHER KAUFLEUTE, Allgemeine Enzyklopädie, 6. Aufl., S. 175.
(16) Vgl. PASSOW, R., Die Bilanzen der privaten Unternehmungen, S. 99-101.
(17) Vgl. SCHMALENBACH, E., Grundlagen dynamischer Bilanzlehre, 3. Aufl., S. 278.
(18) Vgl. VON HAHN, F., Kommentar zum Allgemeinen Deutschen Handelsgesetzbuch, S. 128.
(19) Vgl. ANSCHÜTZ, A./von VÖLDERNDORFF, O., Kommentar zum Allgemeinen Deutschen Handelsgesetzbuche. こうした見解は，帝国上級商事裁判所により1873年12月3日付の判決において確認された。判決によれば，静的な貸借対照表観に基づく貸借対照表価値は商人の財産を最も客観的に表すとされる。
(20) Vgl. TER VEHN, A., Die Entwicklung der Bilanzauffassungen, S. 436.
(21) Reichstagsprotokoll vom 7. März 1884, Nr. 21, S. 303.
(22) Reichstagsprotokoll vom 7. März 1884, Nr. 21, S. 303.
(23) 1892年に，同様の評価コンセプトが有限会社の法形態にも採用された。
(24) LEHMANN, K./RING, V., Das Handelsgesetzbuch für das Deutsche Reich, S. 122.
(25) Vgl. SCHMALENBACH, E., Grundsätze ordnungsmäßiger Bilanzierung, S. 228.
(26) Vgl. FISCHER, R., Die Bilanzwerte, S. 48-51.
(27) この点に関する代表的なものとして，つぎを参照。MOXTER, A., Bilanzlehre, 3. Aufl., S. 5-79.
(28) Vgl. SIMON, H. V., Die Bilanzen der Aktiengesellschaften, 3. Aufl., S. 293-294.
(29) Vgl. SCHMALENBACH, E., Grundlagen dynamischer Bilanzlehre, 3. Aufl.
(30) Vgl. SCHMIDT, F., Die organische Bilanz im Rahmen der Wirtschaft.
(31) とくに，つぎのものを参照。WALB, E., Die Bankkrise von 1931.
(32) 当該命令は株式会社に対し，外部監査人による貸借対照表監査を義務づけた。そのため，ドイツの経済監査士制度の始まりは1931年とみなされる。
(33) Vgl. NAPTHALI, F., Die Reform des Aktienrechts, S. 666.
(34) Vgl. KROPFF, B., Stille Rücklagen und Substanzerhaltung, S. 292.
(35) Vgl. KROPFF, B., Stille Rücklagen und Substanzerhaltung, S. 292-296.
(36) 指令はECないしEUにより加盟国の法律の調和化を目的として制定される。指令は直接的効力を有する法律ではなく，加盟国に転換されることが前提になる。そのため，加盟国の法律の調和化は進むが，他方で相違も存在しうる。
(37) Vgl. ADS, 6. Aufl., § 253 HGB, Rn. 34.
(38) EUの命令は指令と異なり，加盟国において直接的に適用される法律である。
(39) Vgl. HUTHMANN, A./HOFELE, F., Teilweise Umsetzung der Fair Value-Richtlinie, S.

181.
(40) Vgl. BÖCKING, H.-J./MORAWIETZ, A./TORABIAN, F., in: Münchener Kommentar HGB, 3. Aufl., § 340e HGB, Rn. 49.
(41) Vgl. BÖCKING, H.-J./MORAWIETZ, A./TORABIAN, F., in: Münchener Kommentar HGB, 3. Aufl., § 340e HGB, Rn. 49. 公正価値指令のドイツ商法への転換については，つぎを参照。HUTHMANN, A./HOFELE, F., Teilweise Umsetzung der Fair Value-Richtlinie.
(42) Vgl. BT-Drucksache 15/3419, S. 21.
(43) 付すべき時価は，政府法案ではHGB第255条4項において定義され，一般的な評価尺度として採用されている。
(44) Referentenentwurf BilMoG, S. 105.
(45) Vgl. SCHMIDT, M., Die BilMoG-Vorschläge zur Bilanzierung von Finanzinstrumenten, S. 1-3.
(46) Referentenentwurf BilMoG, S. 105. これとは異なる見解として，つぎを参照。SCHULZE-OSTERLOH, J., Ausgewählte Änderungen des Jahresabschlusses, S. 69.
(47) Vgl. Referentenentwurf BilMoG, S. 106.
(48) Vgl. BÖCKING, H.-J./MORAWIETZ, A./TORABIAN, F., in: Münchener Kommentar HGB, 3. Aufl., § 340e HGB, Rn. 48.
(49) 調達原価に基づく評価原則からの離脱の程度は，一時保有からの変更の頻度に関連する。時価会計による情報機能に対する批判的議論に関しては，つぎを参照。BÖCKING, H.-J./DREISBACH, M./GROS, M., Der fair value als Wertmaßstab.
(50) Vgl. FÜLBIER, R. U./GASSEN, J., Das BilMoG: Handelsrechtliche GoB vor der Neuinterpretation, S. 2608. 同様の批判として，つぎを参照。SCHULZE-OSTERLOH, J., Ausgewählte Änderungen des Jahresabschlusses, S. 69.
(51) 公正価値に関する批判的考察の代表的なものとして，つぎを参照。BALLWIESER, W./KÜTING, K./SCHILDBACH, T., Fair value — erstrebenswerter Wertansatz?
(52) Vgl. BÖCKING, H.-J./TORABIAN, F., Zeitwertbilanzierung von Finanzinstrumenten, S. 267.
(53) Vgl. KLAUS, A./PELZ, J., Zum Referentenentwurf des BilMoG, S. 25. 参事官草案は，基準性原則に基づく未実現収益の課税問題に言及している（105頁）。このことは税務上の観点から基本的に否定されている。代表的なものとして，つぎを参照。HERZIG, N., Modernisierung des Bilanzrechts und Besteuerung, S. 7-8.
(54) Regierungsentwurf BilMoG, S. 210.
(55) 政府法案においても，未実現収益への課税に向けて，所得税法第6条1項2b号の修正が提案された。それによれば，信用機関および金融サービス機関は，税務上の利益決定においても金融商品を付すべき時価で評価しなければならない。当該規定は商法規定の主たる適用者に対する追加的な負担の回避という「実務的見地から」採用された。というのは，実務上，「課税時点が短期的に早められる」にすぎないからである。(Regierungsentwurf BilMoG, S. 220-221).
(56) Vgl. BR-Drucksache 344/08, S. 4-5.
(57) Vgl. BT-Drucksache 16/1067.

(58) Vgl. BAETGE, J./KIRSCH, H.-J./SOLMECKE, H., Auswirkungen des BilMoG, S. 16.
(59) Vgl. BIEG, H. et al., Die Saarbrücker Initiative gegen den Fair Value.
(60) Vgl. BÖCKING, H.-J./FLICK, C., Die Saarbrücker Initiative-Erwiderung. 同様の見解として，つぎを参照。JANSSEN, J./WELTER, R., Fair Value-Bewertung von Finanzinstrumenten, wenngleich erst nach Verabschiedung des BilMoG.
(61) Vgl. BAETGE, J., Verwendung von DCF-Kalkülen.
(62) より詳細については，つぎを参照。MUJKANOVIC, R., Die Bewertung von Finanzinstrumenten, S. 334.
(63) Vgl. ZÜLCH, H./HOFFMANN, S., Plädoyer für einen deutschen Weg der Zeitwertbewertung, S. 189.
(64) Vgl. Protokoll der 122. Sitzung des Rechtsausschusses des Deutschen Bundestags. また，つぎも参照。HOFFMANN, S., Aktuelle Informationen zum BilMoG.
(65) Vgl. BT-Drucksache 16/12407, S. 2.
(66) BilMoGによる重要な新規定については，つぎを参照。ZÜLCH, H./HOFFMANN, S., Die Bilanzreform im Überblick.
(67) Vgl. BAETGE, J./KIRSCH, H.-J./SOLMECKE, H., Auswirkungen des BilMoG, S. 16.
(68) Vgl. ZÜLCH, H./GÜTH, S./STAMM, A., Der Entwurf einer neuen Bilanzrichtlinie.
(69) Vgl. ZÜLCH, H./GÜTH, S./STAMM, A., Der Entwurf einer neuen Bilanzrichtlinie, S. 417.

参考文献

ADLER, HANS/DÜRING, WALTHER/SCHMALTZ, KURT [zitiert: ADS, 6. Aufl.]: Rechnungslegung und Prüfung der Unternehmen, 6. Aufl., Stuttgart 1995.

ANSCHÜTZ, AUGUST/VON VÖLDERNDORFF, OTTO [Kommentar zum Allgemeinen Deutschen Handelsgesetzbuche]: Kommentar zum Allgemeinen Deutschen Handelsgesetzbuche mit Ausschluss des Seerechts, Erlangen 1867.

BAETGE, JÖRG [Verwendung von DCF-Kalkülen]: Verwendung von DCF-Kalkülen bei der Bilanzierung nach IFRS, in: WPg 2009, S. 13–23.

BAETGE, JÖRG/KIRSCH, HANS-JÜRGEN/SOLMECKE, HENRIK [Auswirkungen des BilMoG]: Auswirkungen des BilMoG auf die Zwecke des handelsrechtlichen Jahresabschlusses, Arbeitspapier der Universität Münster 1/2009.

BAETGE, JÖRG/KIRSCH, HANS-JÜRGEN/THIELE, STEFAN [Bilanzen]: Bilanzen, 12. Aufl., Düsseldorf 2012.

BAETGE, JÖRG/ZÜLCH, HENNING [Fair Value-Accounting]: Fair Value-Accounting, in: BFuP 2001, S. 543–562.

BALLWIESER, WOLFGANG/KÜTING, KARLHEINZ/SCHILDBACH, THOMAS [Fair value — erstrebenswerter Wertansatz?]: Fair value — erstrebenswerter Wertansatz im Rahmen einer Reform der handelsrechtlichen Rechnungslegung?, in: BFuP 2004, S. 529–549.

BARTH, KUNO [Die Entwicklung des deutschen Bilanzrechts]: Die Entwicklung des deutschen Bilanzrechts, Band I, Stuttgart 1953.

BIEG, HARTMUT/BOFINGER, PETER/KÜTING, KARLHEINZ/KUßMAUL, HEINZ/WASCHBUSCH, GERD/ WEBER, CLAUS-PETER [Die Saarbrücker Initiative gegen den Fair Value]: Die Saarbrücker Initiative gegen den Fair Value, in: DB 2008, S. 2549-2552.

BÖCKING, HANS-JOACHIM/DREISBACH, MARIUS/GROS, MARIUS [Der fair value als Wertmaßstab]: Der fair value als Wertmaßstab im Handelsbilanzrecht und den IFRS — eine Diskussion vor dem Hintergrund des Referentenentwurfs des BilMoG, in: Der Konzern 2008, S. 207-214.

BÖCKING, HANS-JOACHIM/FLICK, CAROLINE [Die Saarbrücker Initiative-Erwiderung]: Die Saarbrücker Initiative gegen den Fair Value — Eine Erwiderung von Prof. Dr. Hans-Joachim Böcking und Dr. Caroline Flick, in: DB 2009, S. 185-188.

BÖCKING, HANS-JOACHIM/TORABIAN, FARHOOD [Zeitwertbilanzierung von Finanzinstrumenten]: Zeitwertbilanzierung von Finanzinstrumenten des Handelsbestands nach dem Entwurf eines BilMoG, in: BB 2008, S. 265-267.

DE LA PORTE, JEAN-BAPTISTE [Commentaire sur le Code de Commerce]: Commentaire sur le Code de Commerce, Band I, Paris 1808.

FISCHER, RUDOLF [Die Bilanzwerte]: Die Bilanzwerte, was sie sind, und was sie nicht sind, Band I, Leipzig 1905.

FÜLBIER, ROLF UWE/GASSEN, JOACHIM [Das BilMoG: Handelsrechtliche GoB vor der Neuinterpretation]: Das Bilanzrechtsmodernisierungsgesetz (BilMoG): Handelsrechtliche GoB vor der Neuinterpretation, in: DB 2007, S. 2605-2612.

GESELLSCHAFT GELEHRTER UND PRAKTISCHER KAUFLEUTE [Allgemeine Enzyklopädie]: Allgemeine Enzyklopädie für Kaufleute und Fabrikanten so wie für Geschäftsleute überhaupt, 6. Aufl., Leipzig 1845.

HERZIG, NORBERT [Modernisierung des Bilanzrechts und Besteuerung]: Modernisierung des Bilanzrechts und Besteuerung, in: DB 2008, S. 1-10.

HOFFMANN, SEBASTIAN [Aktuelle Informationen zum BilMoG]: Aktuelle Informationen zum BilMoG-Diskussion der handelsbilanzrechtlichen Kernpunkte im Rechtsausschuss des Deutschen Bundestags, in: ZCG 2009, S. 38-41.

HOFFMANN, SEBASTIAN/DETZEN, DOMINIC [The regulation of asset valuation in Germany]: The regulation of asset valuation in Germany, in: Accounting History, im Erscheinen.

HOMMEL, MICHAEL/SCHMITZ, STEFANIE [Insights on German Accounting Theory]: Insights on German Accounting Theory, in: Biondi, Yuri/Zambon, Stefano (Hrsg.), Accounting and Business Economics — Insights from National Traditions, New York 2012.

HUTHMANN, ANDREAS/HOFELE, FRANK [Teilweise Umsetzung der Fair Value-Richtlinie]: Teilweise Umsetzung der Fair Value-Richtlinie in deutsches Recht und Folgen für die handelsrechtliche Bilanzierung, in: KoR 2005, S. 181-188.

JANSSEN, JAN/WELTER, RALPH [Fair Value-Bewertung von Finanzinstrumenten]: Fair Value-Bewertung von Finanzinstrumenten — Bilanzrechtsmodernisierung unter dem Eindruck der Finanzkrise, in: DB 2009, S. 2109-2111.

KLAUS, ANDREAS/PELZ, JÜRGEN [Zum Referentenentwurf des BilMoG]: Zum Referentenentwurf des Bilanzrechtsmodernisierungsgesetzes (BilMoG): Zeitwertbilanzierung von zu Handelszwecken erworbenen Finanzinstrumenten, in: DB 2008, Beilage 1, S. 24-26.

KROPFF, BRUNO [Stille Rücklagen und Substanzerhaltung]: Stille Rücklagen und Substanzerhaltung beim Übergang auf das Bewertungssystem des Aktiengesetzes 1965, in: Moxter, Adolf/Müller, Hans-Peter/Windmöller, Rolf/von Wysocki, Klaus (Hrsg.), Rechungslegung — Entwicklungen bei der Bilanzierung und Prüfung von Kapitalgesellschaften (Festschrift Karl-Heinz Forster), S. 289-305.

LEHMANN, KARL/RING, VICTOR [Das Handelsgesetzbuch für das Deutsche Reich]: Das Handelsgesetzbuch für das Deutsche Reich, Band I, Berlin 1902.

LEFFSON, ULRICH [Die Grundsätze ordnungsmäßiger Buchführung]: Die Grundsätze ordnungsmäßiger Buchführung, 7. Aufl., Düsseldorf 1987.

MOXTER, ADOLF [Bilanzlehre]: Bilanzlehre — Band I: Einführung in die Bilanztheorie, 3. Aufl., Wiesbaden 1984.

MUJKANOVIC, ROBIN [Die Bewertung von Finanzinstrumenten]: Die Bewertung von Finanzinstrumenten zum fair value nach BilMoG, in: StuB 2009, S. 329-335.

NAPTHALI, FRITZ [Die Reform des Aktienrechts]: Die Reform des Aktienrechts, Teil II, in: Die Arbeit 1930, S. 660-669.

PASSOW, RICHARD [Die Bilanzen der privaten Unternehmungen]: Die Bilanzen der privaten Unternehmungen, Leipzig 1910.

SAVARY, JACQUES [Le parfait négociant], Le parfait négociant, 2. Aufl., Paris 1679.

SCHMALENBACH, EUGEN [Grundlagen dynamischer Bilanzlehre]: Grundlagen dynamischer Bilanzlehre, 3. Aufl., Leipzig 1925.

SCHMALENBACH, EUGEN [Grundsätze ordnungsmäßiger Bilanzierung]: Grundsätze ordnungsmäßiger Bilanzierung, in: Zfhf 1933.

SCHMIDT, KARSTEN/EBKE, WERNER (Hrsg.) [zitiert: BEARBEITER, in: Münchener Kommentar HGB, 3. Aufl.]: Münchener Kommentar zum Handelsgesetzbuch, 3. Aufl., München 2013.

SCHMIDT, MARTIN [Die BilMoG-Vorschläge zur Bilanzierung von Finanzinstrumenten]: Die BilMoG-Vorschläge zur Bilanzierung von Finanzinstrumenten — Eine Revolution, die das Bilanzrecht aus den Fugen hebt?, in: KoR 2008, S. 1-8.

SCHULZE-OSTERLOH, JOACHIM [Ausgewählte Änderungen des Jahresabschlusses]: Ausgewählte Änderungen des Jahresabschlusses nach dem Referentenentwurf eines Bilanzrechtsmodernisierungsgesetzes, in: DStR 2008, S. 63-73.

SIMON, HERMAN VEIT [Die Bilanzen der Aktiengesellschaften]: Die Bilanzen der Aktiengesellschaften und der Kommanditgesellschaften auf Aktien, 3. Aufl., Berlin 1899.

TER VEHN, ALBERT [Die Entwicklung der Bilanzauffassungen]: Die Entwicklung der Bilanzauffassungen bis zum AHGB, in: Zfhf 1929, S. 161-169; 431-445.

VELTE, PATRICK/HAAKER, ANDREAS [Entwicklung der Zeitwertbilanzierung]: Entwicklung der Zeitwertbilanzierung im Handels- und Steuerrecht — Anmerkungen zur Bewertung von Finanzinstrumenten des Handelsbestands zum beizulegenden Zeitwert bei Kredit- und Finanzdienstleistungsinstitute, in: StuW 2012, S. 56-70.

von Hahn, Friedrich [Commentar zum Allgemeinen Deutschen Handelsgesetzbuch]: Commentar zum Allgemeinen Deutschen Handelsgesetzbuch, Braunschweig 1877.

von Wysocki, Klaus/Schulze-Osterloh, Joachim/Hennrichs, Joachim/Kuhner, Christoph (Hrsg.) [zitiert: Bearbeiter, in: HdJ]: Handbuch des Jahresabschlusses in Einzeldarstellungen, Loseblatt, Köln 1984 ff..

Walb, Ernst [Die Bankkrise von 1931]: Die Bankkrise von 1931, in: Zfhf 1932, S. 1-28.

Zülch, Henning/Güth, Simon/Stamm, Andreas [Der Entwurf einer neuen Bilanzrichtlinie]: Der Entwurf einer neuen Bilanzrichtlinie — Implikationen für die künftige Ausgestaltung des Europäischen Bilanzrechts, in: DB 2012, S. 413-419.

Zülch, Henning/Hoffmann, Sebastian [Plädoyer für einen deutschen Weg der Zeitwertbewertung]: Plädoyer für einen deutschen Weg der Zeitwertbewertung — Erkenntnisse aus der Anhörung zum BilMoG vom 17. 12. 2008, in: DB 2009, S. 189-190.

Zülch, Henning/Hoffmann, Sebastian [Die Bilanzreform im Überblick]: Die Bilanzreform im Überblick — Wesentliche Neuregelungen durch das BilMoG, in: BBK 2009, S. 425-445.

第7章
ドイツにおけるヘッジ会計

1. はじめに

　会計法現代化法（BilMoG）は，HGB 第 254 条・評価単位の形成（Bildung von Bewertungseinheit）を創設し，商法会計法上はじめてヘッジ会計に関する規定を明文化した。ヘッジ会計は，金融経済的リスクを補償するため，すでに所得税法第 5 条 1a 項や GoB，国際的会計基準に拠って，（主に金融機関において）一般に行われていた会計実務である。重要なことは，HGB 第 254 条をもって，これまで実務において限定的に行われていたヘッジ会計が，いまやすべての商人に適用される一般規定として，法的根拠を与えられたことである。

　本章では，ドイツ版ヘッジ会計・評価単位が，法規定上どのような目的と形態で形成され，その有効性をどのように評価し，会計的にどう処理されるのか，そしてそれが伝統的な商法会計法の一般諸原則・GoB にどのような影響を及ぼすのかについて検討を試みることとする。

2. 評価単位の形成に関する規定

　評価単位の形成に関する HGB 第 254 条の規定は，つぎのようである。
　「資産，負債，未決取引または高い確率で予定される取引が，相対する価値変動またはキャッシュフローに発生する類似のリスクを相殺するために，金融

商品と統合されるとき（評価単位），相対する価値変動またはキャッシュフローが相殺される範囲と期間にわたって，第249条1項，第252条1項3号と4号，第253条1項1文および第256a条を適用してはならない。商品の購入と売却にかかる先物取引も，1文にいう金融商品とみなされる。」

新HGB第254条は，ヘッジ可能な基礎取引（ヘッジ対象）を資産，負債，未決取引または高い確率で実行が予定される取引と規定し，基礎取引（Grundgeschäfte）に生じるリスクが，ヘッジ手段（Sicherungsinstrumente）の差し入れ（評価単位の形成）によって経済的に中和化されうるという基本的な考えに立ち[1]，そこでの変動リスクが回避される限りで，不確定債務・偶発損失引当金の設定（第249条1項）や個別評価原則（第252条1項3号），慎重原則・不均等原則，実現原則（第252条1項4号），調達原価主義（第253条1項1文），外貨換算（第256a条）など，ドイツ商法会計法に伝統的な一般諸原則の適用が限定されるというものである。評価単位・ヘッジ会計の基礎にあるのは，例えば基礎取引の時価がある一定期間，企業に不利に変動したり（公正価値リスク），または基礎取引での将来の支払額が，企業に不利な状態で本来の予定額から乖離してしまう（キャッシュフロー・リスク）など，企業がさらされているさまざまなリスクの存在である。評価単位の形成（ヘッジ関係）は，こうした金利や為替，債務不履行，価格変動などのリスクにさらされる基礎取引の価値変動を，金融商品をヘッジ手段として回避することが期待されるリスク管理の手法とされている。

そもそもHGB第254条の目的は，会計上に影響をおよぼすリスクに対する経済的ヘッジ戦略を，年度決算書に写し出すことであり[2]，その法的効果は，あくまで価値変動またはキャッシュフローの変動リスクを回避しうることであって，仮にリスク相殺後に未実現利益が残る場合でも，それを成果作用的に扱うことは許されない。

規定では，ヘッジ可能な基礎取引の範囲を広く捉え，これを金融商品に限定せず，取引の実行が高い確率で予定されたものであれば，実務で一般に行われている原料・補助材料・燃料など（非金融商品）の，将来の取引に関わるリス

クの補償も許される[3]。とくに商法会計法上はじめて導入された，この"高い確率で予定される取引（mit hoher Wahrscheinlichkeit erwartete Transaktionen）"なる概念は，まだ締結されていないが，将来ほぼ確実（so gut wie sicher）にその実行が予定されている法的行為であり[4]，ときには企業の影響圏外にある異常事態にも対抗しうる，法的効力ある（rechtskräftig）取引契約が高い確率で存在していることとされている。

とはいえ，予定取引は，その実行において文字どおり将来の蓋然性を含んだ，不確定の取引概念である。そこで，予定評価単位ついては「高い確率」の実在性が説得的な根拠をもって説明づけられなければならない。予定評価単位が，商法上の会計原則と一致しているかどうかは，個々のケースで決算書監査人がこれをチェックし，同時に附属説明書での記載（第285条23号）によって，当該の事実関係が貸借対照表日に「高い確率」で存在することが，第三者によって追跡可能であり，かつ納得のいく根拠が示されなければならない[5]。とくに附属説明書では，「決算書の受け手に対して十分な透明性を確保するために」[6]，評価単位の種類や基礎取引の金額上の範囲と補償すべきリスク，貸借対照表日に存在するリスクの総額，将来相殺されうるリスクの範囲と期間などの有効性判断の方法，さらには高い確率での予定取引に関する説明など，詳細な記載が求められている。

HGB第254条では，ヘッジ手段としては金融商品のみを適格としている。とはいえ，金融商品なる概念は，多様かつ不断に発展することから，立法者は内容上の確定的な充填は不可能とみて，法的にはその定義または限定について何ら規定していない。ここから，金融商品は，ヘッジ手段としては債権に生じる通貨リスクを，対応する通貨債務で補償するオリジナルの金融商品（直物）だけでなく，デリバティブも含めて広く捉えるべきとし，デリバティブ概念をつぎのように規定している。

すなわち，「デリバティブとは，その価値が基礎的財産にかかる価値変動（たとえば，利子率，為替相場，原材料価格，価格・金利指数，信用格付・指数その他の変数）に応じて変化し，当初の取得コストがゼロかごく少額であり，将来

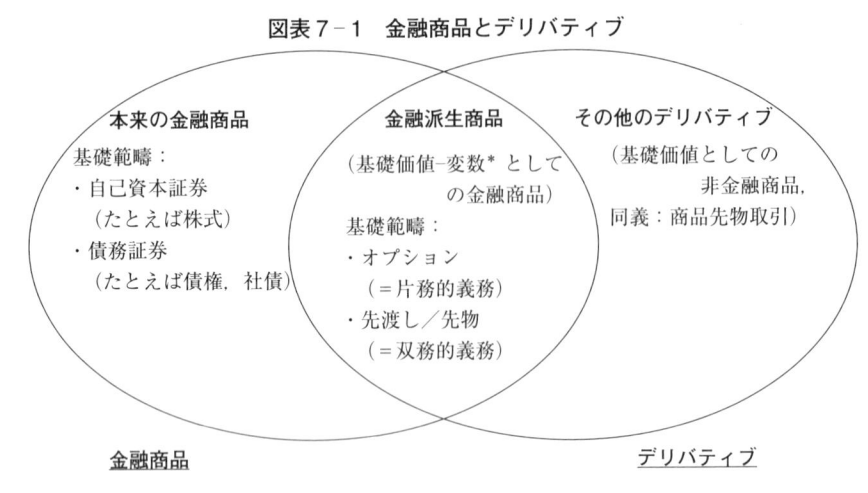

図表7-1 金融商品とデリバティブ

```
         本来の        金融派生商品         その他のデリバティブ
         金融商品     (基礎価値-変数*として    (基礎価値としての
       基礎範疇：        の金融商品)          非金融商品，
       ・自己資本証券    基礎範疇：           同義：商品先物取引)
         (たとえば株式)  ・オプション
       ・債務証券        (＝片務的義務)
         (たとえば債権，社債) ・先渡し／先物
                        (＝双務的義務)

         金融商品                              デリバティブ
```

(出所) SCHMIDT, M., Bewertungseinheit nach dem BilMoG, S. 884.

＊特定の金利，金融商品・先物商品の価格，為替レート，価格指数，信用格付けなど金融商品の公正価値の変動をもたらす変数

の時点ではじめて決済される未決の契約関係である。具体的には，商品の引渡しによらずに，貨幣で決済されるオプション，先渡・先物取引，スワップまたは商品契約などである」としている[7]。

　その上で，HGB 第254条2文によって，商品の購入または売却に関わる先物取引（Termingeschäfte）をも金融商品とみなしている。この場合，"先物取引"なる概念は，立法審議の過程で金融制度法第1条11項4文1号の意味での，「時後的に履行され，その価値を直接または間接に価格もしくは基礎価値の大きさから導き出す，購入，交換もしくはその他の方法でなされる確定取引またはオプション取引」[8]と解されている。

　いまヘッジ手段としての金融商品の適格性を図示すれば，図表7-1のようである。

　上図から，立法者は，適格のヘッジ手段の範囲を IFRS の規定より広く画している。国際的には，ヘッジ取引として非派生的金融商品の指定を基本的には許していない。

規定ではまた，"類似のリスク（vergleichbare Risiken）"なる概念によって基礎取引とヘッジ取引が互いに同じリスク（たとえば，外貨換算リスクと金利リスク）にさらされているはずだということが明らかにされた。その場合，ヘッジ可能なのは金利，通貨，債務不履行または価格変動など，はっきり確認できる個別リスクのみであって，ヘッジ関係においてたまたま補償される複数のリスクや，一般的な企業リスクは除外されるとしている[9]。

3. 評価単位の形態と有効性

　ヘッジ関係の形態については，HGB第254条に明示的な定めはないが，立法理由書では，ミクロヘッジやポートフォリオ・マクロヘッジなど，実務で一般に行われている形態を評価単位として認めている[10]。すなわち，ミクロヘッジは個々の基礎取引から生じるリスクに，個々のヘッジ手段が直接対応し，ポートフォリオヘッジでは，複数の基礎取引を基礎単位に組み込むことができ，一定の基礎取引グループの純額リスクポジションを一つまたは複数のヘッジ手段で補償する形態である。ポートフォリオヘッジは，たとえば，為替リスクに対する外国通貨ベースでの多様な調達取引による補償や，多様な変動利付き金融の補償などとして行われる。また，マクロヘッジは，基礎取引全体のリスク補償効果を統合して捉える方法，つまり一つまたは複数のヘッジ手段によって，部分的に補償される複数の基礎取引での純額リスクポジションを補償するものであり，とりわけ実質金利リスクのグローバルなコントロールに用いる金利リスク管理と密接に結びつく，金融機関の典型的なヘッジ戦略とされている[11]。

　ちなみにIFRSでは，ヘッジ関係がつぎの条件を満たした場合にのみ，ヘッジ会計の適用が認められる。(1) ヘッジ関係ならびにリスク管理目的および戦略が公式に文書化されていること，(2) ヘッジ関係は高い有効性が見込まれ，かつ有効性が信頼性をもって測定できなければならず，そのためヘッジ関係が継続的に評価され，しかも"すべての期間を通じて高い有効性"が認められる

こと，(3) 予定取引は高い確率で実行され，かつヘッジされたリスクは損益に影響を及ぼすものでなければならない (IAS 第 39 号 88 項) とした上で，ヘッジ関係には，公正価値ヘッジとキャッシュフロー・ヘッジ (IAS 第 39 号 86 項)，海外事業体に対する純投資ヘッジ (IAS 第 21 号) の 3 種類があるとしている[12]。IAS 第 39 号によれば，公正価値ヘッジとは，特定のリスクに起因し損益に影響ある，認識ずみの資産または負債，未認識の確定取引，またはそれらの特定された部分の公正価値に対するエクスポージャーのヘッジ (86 項 (a)) であり，キャッシュフロー・ヘッジとは，認識ずみの資産，負債または予定取引に関連する特定のリスク (変動利付債券の将来の金利支払いなど) で，損益に影響を与えるようなキャッシュフローの変動に対するエクスポージャーのヘッジ (86 項 (b)) とされている。また，IAS 第 21 号で規定されている海外事業体に対する純投資ヘッジは，海外事業体の純資産に含まれる報告企業 (連結グループ) の持分変動の外国通貨エクスポージャーのヘッジで，その場合，純資産に含まれるグループ企業の持分は，「最終的な親企業」の機能通貨に換算され，換算による利得または損失は，その他の包括利益として認識される。

　HGB 第 254 条 1 項によれば，評価単位の法的効果は，「相対する価値変動またはキャッシュフローが相殺される」「範囲と期間においてのみ」生じる。基礎取引とヘッジ手段の，相対する価値変動が一定の範囲と期間において相殺された場合，リスクヘッジは"有効 wirksam"とみなされ，相殺が不調の場合"無効 unwirksam"とされる。また，別のリスクであったり，範囲と期間が一致しない場合，ヘッジそのものが行われない，いわゆる"非ヘッジ nicht absicherten"とみなされる。したがって，どの範囲で基礎取引とヘッジ取引の，相対する価値変動が相殺されるかが判断できなければ，第 254 条の意味での評価単位は存在しえない。

　問題は，評価単位の有効性をいかに測定・評価し，証明するかである。ところが，ヘッジ関係の有効性評価の方法については明示的な規定はない。HGB 第 254 条の規定の趣旨から，まず評価単位にかかる内容を文書化 (Dokumentation）して，形成された評価単位の効果的な管理が求められる。ただし，文書化についても，法的に明示的な要求がないため，実際にはGoBと，第285条23号（年度決算書）および第314条1項15号（連結決算書）での附属説明書の記載によることとしている。決算書受け手にあっては，評価単位がどの範囲で有効なのかについては，附属説明書の記載によって確かめることができる。大事なことは，文書化によって，相対する価値変動またはキャッシュフローの変動が，貸借対照表日もしくは予想される将来に，互いに相殺されうるかどうか，またどのような理由とどの範囲で相殺されるのかを決算日ごとに，具体的に確認できることである[13]。

　評価単位の有効性をどのような方法で判断し，確認すべきかは結局，企業に委ねられている。そのために企業は，リスクの性質と範囲，ヘッジ関係の種類と範囲にもとづいて適切なリスク管理システムを選ばなければならない。有効性の証明は，評価単位に統合される基礎取引とヘッジ取引の種類，補償されるリスクや適切で効果的なリスク管理システムの有無によってさまざまに可能である。とくにリスク管理システムは，リスクの早期発見，分析，評価，累積額，チェック・コントロールを含むさまざまな処理の全体と解されることから，有効性の判断にとって，ひとつの有力な説明形態とみなされている。したがって，適切で効果的なリスク管理システムによって，補償を要するリスクが発生しないことが確認できれば，価値変動またはキャッシュフローの変動が互いに相殺されたことを個別に確認することを要しないともされる[14]。

　実務的には，国際的基準（IAS第39号）に倣い，ヘッジの有効性が継続的に評価されることを前提に，つぎの二つの要件が満たされたとき有効性が高いとみなされる。すなわち，ヘッジ開始時およびその後の期間において，変動リスクを相殺するために，ヘッジが高い程度に有効（highly effectiv）であると見込まれること（将来テスト），および評価単位の実際の効果が過去の営業年度で80％から120％（IFRSは80％～125％）の範囲内に収まり，かつ将来の営業年度でも，この変動幅のなかで動くことが貸借対照表日に証明できれば（事後テスト），有効性が高いとみなされる[15]。いずれにせよ，有効性を遡及的にのみ

確認するか，予知的に確認するのかは，評価単位の種類と範囲にかかっている。

ミクロヘッジでは，評価単位の有効性についての要求は比較的低く設けられている。たとえば，券面額および資本額，有効期間，利子支払い猶予期限やその測定基礎，利子支払いおよび償還時点など，基礎取引とヘッジ手段にかかる主要な契約条件が一致していれば，金利スワップは有効なヘッジ手段として認められる[16]などのように，企業が価値変動またはキャッシュフローでの変動リスクの相殺を証明できれば，ヘッジ関係の効果は認められるとする。

これに対して，マクロヘッジでは，その複雑性から有効性の証明に高い要求が設けられている。ヘッジ関係の効果をどの程度に説明するかは，とりわけ統合された基礎取引とヘッジ手段・ヘッジ関係の種類，補償すべきリスクおよびリスク管理システムの存在と形態のいかんにかかっている[17]。しかし，その場合のリスク管理システムをどう構築すべきかについては，立法者は何も言っていない。しかも，これまで銀行監督局も，金融機関のための具体的な規準を作るに至っていない状況である。

法律は，有効性評価の将来テストについてのモデルを何も示していないので，国際的な実務に倣うことが実際的としている。その意味で，国際的に用いられている事後的（retrospektiv）測定法が，将来の有効性評価でも利用可能とみる。それには変数還元法や回帰分析のような統計的手法があるが，実務ではとくに，基礎取引の価値変動をヘッジ取引の価値変動で相殺するドル相殺法（dollar offset-Methode）が有効とされている。もちろんこの場合，基礎取引では，補償すべきリスクに帰すべき，付すべき時価（公正価値）の変動リスクのみが考慮される。ドル相殺法は，定期的・累積的なベースで行われるが，いったん選ばれた方法は基本的には維持されなければならない[18]。

ヘッジ関係の形成は多様に可能であるため，立法者は文書化についても何ら強制的な規準を設けていない。求められている「十分な文書証拠（hinreichende Dokumentation）」は，評価単位の誤った形成を防ぐことになるが，多様な形で形成可能な評価単位をどう文書化し，その有効性をいかに管理すべきかの強制

図表 7-2　HGB 第254条による評価単位の形成に対する要求

基礎取引	ヘッジ取引	有効性	文書化
・ヘッジ可能なのは， 　»資産 　»負債 　»未決取引 　»高い確率での予定取引 ・金融商品に限定しない HGB 第254条	ヘッジ手段とみなされるのは金融商品のみ ・デリバティブ ・本来の金融商品 ・商品先物取引も金融商品に入る HGB 第254条2文 法務委員会理由書 S.112	・有効性＝価値変動／キャッシュフローが互いに相殺される範囲 ・有効性の識域に定めはない ・証明の要求はヘッジ関係の性質によって異なる ・有効性の判断について具体的な定めはない ・実務：国際的に認められた方法による 立法理由書 S.58f 法務委員会理由書 S.112	・評価単位の形態は多様なので，具体的な定めはない ・実務：国際的規準を転用；記録されるべきものは， 　»基礎取引 　»補償すべきリスク 　»ヘッジ手段 　»将来の有効性の判定法 立法理由書 S.58

（出所）KESSLER, H./LEINEN, M./STRICKMANN, M., Handbuch Bilanzrechtsmodernisierungsgesetz, S. 442.

的な基準は実際的ではないとみるからである[19]。そこで立法者は，評価単位の文書化に関しては，すでに実務で用いられている，ヘッジ関係（ヘッジ対象とヘッジ手段）やリスクの性質，ヘッジ効果，有効性評価の方法，リスク管理システムなど，ほぼ IFRS の規準にそって，前述した附属説明書での記載内容での公式の文書証拠を求めている。

以上の HGB 第254条による評価単位の形成に関する一般的な要件を概括すれば，図表7-2のようである。

4. 評価単位の会計処理

評価単位の会計上の認識と処理に関して，法には何ら明示的な定めはなく，

立法理由書では，相対する価値変動またはキャッシュフローを"総額で記帳するdurchzubuchen"か，それとも"純額処理するeinzufrieren"かは，年度決算書の作成者に委ねられているが，それは有効な評価単位の中でのみ許されるとしている[20]。立法者は当初，純額法（Einfrierungsmethode）を標準的な方法とみたが，最終的にはそれに拘らず，総額法（Durchbuchungsmethode）によることも企業の選択に委ねることとした。

　純額法では，基礎取引とヘッジ取引での，補償されるリスクに関わる価値変動は，有効な評価単位のなかにそのまま"固定（凍結）され"，したがって発生した基礎取引の価値変動も，ヘッジ取引の価値変動のいずれも記帳上ではいっさい表れない。つまり，リスクの発生が回避される限りで，基礎取引とヘッジ取引の価値変動は会計的にはまったく作用せず，相殺された価値変動額が年度決算書に"純額Netto"で表示される。この方法では，期間中の評価単位の推移は，補助計算で捉えられるだけであって，その作用額は，評価単位の終了時に，取引の解消によってはじめて年度決算書に表れる。基礎取引とヘッジ取引の価値変動のマイナスの差引残高・非有効部分，もしくはヘッジされないリスクでのマイナス超過分（損失）は，HGB第249条，第253条により，偶発損失引当金または減価償却の方法で費用作用的（aufwandswirksam）に記帳・会計処理され[21]，逆にプラスの超過分（利得）は，実現原則により未実現利益とみなされ，年度決算書では顧慮されないことになる。ただし，それがHGB第253条1項3文（老齢年金債務）にいう有価証券と結びついた確約年金引当金の貸方計上のように，ヘッジ項目の時価評価を特別規定で定めている場合，純額法の適用は許されない[22]。

　これに対して，IFRSで一般的な総額法では，基礎取引とヘッジ取引の価値変動は（有効部分も非有効部分も）すべて認識・記帳され，相殺はヘッジが有効な範囲で，損益計算書において自動的に行われる。つまり，ヘッジ関係の価値変動差額は差引き計算されずに，年度決算書に"総額表示Bruttodarstellung"[23]されることになる。総額法は，ヘッジ関係でのリスクの相殺状態をより透明に表わす点では確かに情報提供的だが，HGBではヘッジ

関係が有効な程度に応じて，基礎取引とヘッジ取引の価値変動を成果作用的に顧慮する点で国際的会計基準とは異なる[24]。つまり，ヘッジ関係の非有効部分につては純額法と同様，個別評価原則，実現原則などの一般的商法原則が適用され，基礎取引とヘッジ取引の価値変動が互いに相殺される有効部分については，成果（収益）への影響は認められないからである[25]。総額法は，たとえば公正価値ヘッジやリスクを共同で負担する金融資産・負債からなる，ポートフォリオ部分の金利変動リスクに対する付すべき時価の補償の処理に，より適合的であるとされる[26]。

いま純額法と総額法での会計処理の違いを，つぎの事例によってみてみよう[27]。

◆ある企業が，顧客への売上によって，2001年8月1日に，10ヵ月後満期到来の債権100万USドルを受け取った。会社は，将来，ユーロの対ドルレートの低下を懸念して，為替先物取引によって債権をヘッジしようとした。ヘッジ取引では，2002年5月31日に1.4のドル／ユーロのレートで，100万USドルを先物売りするものとした。債権は，満期で顧客から支払われ，損害をこうむらない。決算日は12月31日である。

直物相場の推移は図表7-3のようである。

図表7-3　直物相場の推移

時　点	直物相場（ドル／ユーロ）
2001日8月1日	1.35
2001年12月31日	1.39
2002年5月31日	1.49

純額法によれば，つぎのような記帳が行われる。

・企業は2001年8月1日に，債権をヘッジした先物相場で会計処理する。ヘッジした債権額と契約した売上額との差額は，その他営業費として認識する。

債 権　　　　714　　　　　売　上　　　　741
その他営業費　　27

(*貸方・売上 741 は，取引日 2001 年 8 月 1 日のレート・1.35 による換算額。借方・債権 714 は，02 年 5 月 31 日に約定した先物レート・1.4 での換算額であり，その他営業費 27 は評価差損。—佐藤)

・2002 年 5 月 31 日に，顧客から 100 万 US ドルの入金があった。同時に，100 万 US ドルを 714 ユーロで，先物取引の保証業者のもとで交換した。

銀行預金　　　　714　　　　　売　上　　　　714

純額法による評価単位の会計処理では，ヘッジ関係の設定後 (2001 年 12 月 31 日決算日時点の 1.39—佐藤) に起こりうる価値変動は認識されない。

一方，**総額法**では，つぎのように処理される。

・企業は 2001 年 8 月 1 日に，債権をヘッジした先物相場で会計処理する。ヘッジした債権額と売上額との差額は，その他営業費として認識する。(純額法と同じ)

債 権　　　　714　　　　　売　上　　　　741
その他営業費　　27

・総額法では，2001 年 12 月 31 日 (決算日) 時点での価値変動が認識される。債権は，その時点の市場価格で計上される。他方，当初評価 (741) と決算日での評価 (719) の差額 (22) は，その他営業費として認識される。企業は，先物取引の保証業者から 2002 年 5 月 31 日に，確実に 714 ユーロを受け取るため，価値損失分は先物取引でのヘッジによって相殺される。

その他営業費　　22　　　　　債　権　　　　22
その他資産　　　22　　　　　その他営業収益　22

(*仕訳・借方上段のその他営業費は基礎取引での評価損，貸方下段のその他営業収益はヘッジ取引での評価益—佐藤)

・2002年5月31日に，顧客から100万USドルの入金があった。同時に，100万USドルを714ユーロで，先物取引の保証業者のもとで交換した。

銀行預金	714	債　権	692
		その他資産	22

　総額法による評価単位の会計処理では，期間中に起こりうる価値変動は（少なくとも各決算日に），そのつど認識される。評価単位の設定と解除の際の記帳処理は，純額法と同じである。両方法とも，決算日の年度利益に対する影響が，ヘッジ関係によって相殺されることは明らかである。

5. GoB・一般諸原則への影響

　すでにみたように，新HGB第254条の意義は，何よりこれまで文献で正規の会計処理の諸原則とみなされていた評価単位の形成を法的に定着させたことにある[28]。かかる第254条によって法的根拠をえたヘッジ可能な基礎取引と適格なヘッジ手段の幅広い認識は，年度決算書の透明性と情報能力をより改善しうるものとし，とりわけ実務的には予定取引や先物取引の承認は経済的観点からも総じて歓迎すべきこととされた。この場合，立法者はドイツ的会計規範の伝統に従って，抽象的・原則指向的な明文化の道を選んだ。このやり方は，規範の解釈を通じて，一方では具体的な個別事象について現実的な解決法を引き出し，他方では時の経過のなかで望ましい柔軟性を保つことを可能にする[29]。解釈を要する規範をもって，現実に生起する多様な会計事象に柔軟に対応しうる法構造にこそ，ドイツ商法会計法の特徴・生命力がある。

　事実，評価単位の形成が年度決算書の情報機能の強化に資するとした点について，ドイツ的会計レジームを支える一般規範・GoBの視点から，さまざまな批判的コメント・意見が提示されている[30]。

　たとえばBAETGEらは，第254条によって，評価単位がヘッジ取引に関して明瞭性に寄与し，法的安定性を高めたことは確かだが，「高い確率での予定取

引」もヘッジ可能な基礎取引とされたことにより，将来の取引の成立可能性・確率やヘッジ手段の有効性をどう評価するかで，企業に裁量の余地を与えることになり，そのため，個別評価原則の限定とあわせて，年度決算書の写像に会計政策的な歪みを生じさせることから会計報告責任（情報）目的が弱められ，さらには期間収益に対する限定原則を損なうことになるとみる。また，多分に発生の蓋然性に依存する先物ヘッジは，ヘッジ手段にかかる損失を把握しがたいケースがありうることから，資本維持目的とは相容れないともいう[31]。

　同様に，Solmeckeもまず，評価単位の形成は，ヘッジ手段の差し入れによって基礎取引に生じるリスクが補償される限りで，企業の実質的・経済的諸関係の，事象に基づく写像をもたらし，会計報告責任の客観的・目的論的年度決算書目的に寄与し，基本的には比較可能性も改善されうるとみる[32]。しかしその半面，有効性の評価が裁量の余地と結びつくポートフォリオ・マクロヘッジや，将来の予定取引のような，経営者の判断に依存する先物ヘッジの許容は，会計報告責任目的，すなわち期間利益計算と相容れないとする[33]。とくに，第254条での予定取引に関する規定の文言が，立法手続きの過程で，参事官草案（2007年11月）での"極めて高い確率で見込まれる取引"が，政府法案（2008年5月）では"高い確率で見込まれる取引"と修正され，さらに可決法（2009年4月）では"高い確率で予定される取引"と再修正された結果，予定取引の実行可能性・確率への要求を明らかに後退させたため，情報目的を担保すべき正確性の原則にはネガティブに作用することになるとみる[34]。また，HGB第254条2文による先物ヘッジでは，一方の基礎取引が契約上確定していないため，ヘッジ取引と統合しうる実態を欠いており，将来この取引が成立しないか，または契約上取り決めた条件で実現しない可能性もあることから，先物評価単位の形成そのものが不確実な将来の可能性は，本来，基礎取引とヘッジ取引とでそれぞれの価値変動を個別に評価すべきとする不均等原則とも相容れないという[35]。

　また，BilMoGは，その範囲においても，また内容的な広がりにおいても従来のHGB会計を根底から揺るがす商法会計法の大改革であり，その限りで

GoB の解釈にも大きな変更をもたらすとみる FÜLBIER/GASSEN の指摘はさらに明確である。すなわち「HGB 第254条の新規定で導入された評価単位の形成によるヘッジ会計は，会計実務に対してと同様，GoB に対しても実質的な影響を広げるにちがいない。所得税法第5条1a項における評価単位がすでに，商法上も認められ，また実務上でも許されているとしても，評価単位の法律上の明文化は，GoB をその原理において揺るがし，とうてい是認しがたい会計政策的裁量の余地を広げることになる。何よりもまず，それが個別評価原則，実現原則および不均等原則に反していることは明らかである」[36]とみる。

 注目すべきは，これら予定評価単位の成立可能性や先物ヘッジの不確実性，会計処理法の選択可能性，有効性評価での選択権などが，じつは年度決算書目的としての会計報告責任および資本維持原則を支える，商法 GoB の基幹的原則・正確性や比較可能性，年度成果に対する限定原則，不均等原則などに対して否定的な影響を及ぼしうるとする論者らの厳しい指摘である。

6. お わ り に

 BilMoG は，その目的をドイツ HGB に伝統的な債権者保護・資本維持のための利益決定目的を堅持しつつ，非資本市場指向・中小規模企業に対しては国際的会計基準とほぼ等価で，しかも効率的かつ簡素な代替的選択肢を提供すべく，IFRS への「適度な接近」をはかり，年度決算書の情報機能をより強化することにおいている。その意味で，立法者の意思は，第254条の評価単位規定が，現に国際的な会計実務で広く行われているヘッジ会計に法的基礎を与えたことで，HGB 第264条にいう企業の財産，財務および収益状態の実質的写像の伝達機能・情報能力をさらに高めることになるとした。

 いまや実体経済から離れて，グローバルな規模で肥大化しつつある金融市場の進展のなかで，企業は複雑かつ広域にわたる多様なリスクにさらされている。事実，2008年9月のリーマンショック以来の事態は，世界を深刻な金融危機に巻き込み，さらに熾烈な競争条件の下でグローバルな展開を強める企業

にとって，金融市場にひそむ多様なリスクをいかに回避・低減するのかが，自らの存亡をかけた喫緊の課題となっている。こうした厳しく不安定な市場環境への対応手段として開発されたヘッジ会計実務の国際的な広がりを前に，IAS/IFRS に対応して，ドイツをはじめ各国が会計規準の法制化をいそぎ，法的安定を図ろうとした背景もここにある。2009 年 BilMoG による HGB 第 254 条「評価単位の形成」規定は，そうした国際的対応の一典型とみることができる。

ドイツではすでに，2006 年の税法改正によって，「リスク相殺取引の取扱いに関する特別規定」・所得税法第 5 条 1a 項を創設し，商法会計上，金融経済的リスクを補償するために形成された評価単位の利益は，課税利益の算定にとっても基礎となることを明定した。新 HGB 第 254 条は，これに対応する商法会計法上の根拠規定であるが，内容的には，ヘッジ関係の形態をはじめ，有効性の測定・評価，会計処理の方法など，随所で選択可能性を認めることで，企業に裁量の余地を多く残す結果となっている。

いまや新 HGB によって法的基礎をえたドイツ版ヘッジ会計が，今後，実務的にいかに進展・定着し，商法会計法の基軸概念たる GoB が，これを支える解釈論理をいかに構築しうるのか，その展開方向が注目される。

注
(1)　BT-Drucksache 16/10067 vom 30. 07. 2008, S. 58.
(2)　SCHMIDT, M., Bewertungseinheit nach dem BilMoG, S. 886.
(3), (4)　BT-Drucksache 16/12407 vom 24. 03. 2009, S. 58.
(5)　HELKE, I./WIECHENS, G./KLAUS, A., Die Bilanzierung von Finanzinstrumenten, S. 31.
(6)　BT-Drucksache 16/12407 vom 24. 03. 2009, S. 115.
(7)　BT-Drucksache 16/10067 vom 30. 07. 2008, S. 53.
(8), (9)　BT-Drucksache 16/12407 vom 24. 03. 2009, S. 112.
(10)　BT-Drucksache 16/10067 vom 30. 07. 2008, S. 58.
(11)　KESSLER, H./LEINEN, M./STRICKMANN, M., Handbuch Bilanzrechtsmodernisierungsgesetz, S. 433.
(12)　BAETGE, J./KIRSCH, H-J./THIELE, S., Bilanzen, S. 656.
(13)　BT-Drucksache 16/12407 vom 24. 03. 2009, S. 112.
(14), (15)　BT-Drucksache 16/10067 vom 30. 07. 2008, S. 58.

(16), (17)　KESSLER, H./LEINEN, M./STRICKMANN, M., Handbuch Bilanzrechtsmodernisierungsgesetz, S. 440.
(18)　KESSLER, H./LEINEN, M./STRICKMANN, M., Handbuch Bilanzrechtsmodernisierungsgesetz, S. 440-441.
(19)　BT-Drucksache 16/10067 vom 30. 07. 2008, S. 58.
(20)　BT-Drucksache 16/10067 vom 30. 07. 2008, S. 95.
(21)　SCHMIDT, M., Bewertungseinheit nach dem BilMoG, S. 886.
(22)　IDW, Entwurf einer IDW Stellungnahme zur Rechnungslegung, S. 18.
(23)　SCHMIDT, M., Bewertungseinheit nach dem BilMoG, S. 886.
(24), (25), (26)　KESSLER, H./LEINEN, M./STRICKMANN, M., Handbuch Bilanzrechtsmodernisierungsgesetz, S. 443.
(27)　BAETGE, J./KIRSCH, H-J./THIELE, S., Bilanzen, S. 654-655.
(28)　BT-Drucksache 16/10067 vom 30. 07. 2008, S. 57.
(29)　SCHMIDT, M., Bewertungseinheit nach dem BilMoG, S. 882.
(30)　BilMoGの諸規定をめぐるGoB論の展開については，佐藤博明［新ドイツ会計法］を参照。
(31)　BAETGE, J./KIRSCH, H-J./SOLMECKE, H., Auswirkungen des BilMoG, S. 1218-1220.
(32)　SOLMECKE, H., Auswirkungen des BilMoG, S. 159.
(33)　SOLMECKE, H., Auswirkungen des BilMoG, S. 139.
(34)　SOLMECKE, H., Auswirkungen des BilMoG, S. 139-140.
(35)　SOLMECKE, H., Auswirkungen des BilMoG, S. 241.
(36)　FÜLBIER R. U./GASSEN, J., GoB vor der Neuinterpretation, S. 8610.

参考文献
(論文および著書)

BAETGE, JÖRG/KIRSCH, HANS-JÜRGEN/THIELE, STEFAN [Bilanzen]: Bilanzen, 11., aktualisierte Auflage, Düsseldorf 2011.

BAETGE, JÖRG/KIRSCH, HANS-JÜRGEN/SOLMECKE, HENRIK [Auswirkungen des BilMoG]: Auswirkungen des BilMoG auf die Zwecke des handelsrechtlichen Jahresabschlusses, in: WPg 2009, S. 1211-1222.

FÜLBIER, ROLF UWE/GASSEN, JOACHIM [GoB vor der Neuinterpretation]: Hndelsrechtliche GoB vor der Neuinterpretation, in: DB 2007, S. 2605-2612.

HELKE, IRIS/WIECHENS, GERO/KLAUS, ANDREAS [Die Bilanzierung von Finanzinstrumenten]: Die Bilanzierung von Finanzinstrumenten, in: DB 2009, S. 30-37.

IDW [Entwurf einer IDW Stellungnahme zur Rechnungslegung]: Entwurf einer IDW Stellungnahme zur Rechnungslegung: Handelsrechtliche Bilanzierung von Bewertungseinheiten (IDW ERS HFA 35) vom 23. 07. 2010, S. 1-23.

KESSLER, HARALD/LEINEN, MARKUS/STRICKMANN, MICHAEL (Hrsg.) [Handbuch Bilanzrechtsmodernisierungsgesetz]: Handbuch Bilanzrechtsmodernisierungsgesetz, Die Reform der Handelsbilanz, Freiburg・Berlin・München 2009.

SCHMIDT, MARTIN [Bewertungseinheit nach dem BilMoG]: Bewertungseinheit nach dem BilMoG, in: BB 2009, S. 882-886.

SOLMECKE, HENRIK [Auswirkungen des BilMoG]: Auswirkungen des BilMoG auf die handelsrechtlichen Grundsätze ordnungsmäßiger Buchführung, Düsseldorf 2009.

佐藤博明［新ドイツ会計法］:「新ドイツ会計法のパラダイムとGoB論の位相」『會計』第179巻第4号，2011年，114-129頁。

(立法資料)

BT-Drucksache 16/10067 vom 30. 07. 2008: Gesetzentwurf der Bundesregierung, Entwurf eines Gesetzes zur Modernisierung des Bilanzrechts（Bilanzrechtsmodernisierungsgesetz — BilMoG）

BT-Drucksache 16/12407 vom 24. 03. 2009: Beschlussempfehlung und Bericht des Rechtsausschusses（6. Ausschuss）zu dem Gesetzentwurf der Bundesregierung — Drucksache16/10067 — （Bilanzrechtsmodernisierungsgesetz — BilMoG）

索　引

あ行

IAS 命令 …………………………… 4
意思決定に有用な情報 …………… 9
意思決定有用性 ………………… 41
EC 第 4 号指令 …………………… 3
Ecu 適合指令 …………………… 63
一時保有の金融商品 ……… 149, 151
一致原則 ………………………… 123
一般規範 ………………………… 175
一般的評価規範 ………………… 124
EU 委員会 ………………………… 5
EU の行政コストの削減に関する
　行動計画 ……………………… 69
EU の新会計戦略 ……………… 85
インペアメント（減損）・アプローチ
　………………………………… 124
売上原価方式 …………………… 20
営業価値またはのれん …… 10, 110, 168
HGB 会計法の標柱 …………… 30
AEUV ……………………………… 3
エクスポージャー ……………… 168
エッフェル塔体系 ……………… 49
演繹法 …………………………… 38
欧州域内市場 …………………… 5
欧州経済共同体 ………………… 145
欧州裁判所 ……………………… 36
オプション ……………………… 166

か行

概観性原則 ……………………… 127
会計法改革法 …………………… 64
会計報告責任 …………………… 9
会計報告責任目的 ………… 42, 137
会計法の問題児 …………… 109, 128
会社乱立危機 …………………… 142
回収可能額 ……………………… 12
開発費 …………………………… 14
確定取引 ………………………… 166
貸方潜在的租税 ………………… 88
価値回復 ………………………… 11
価値トリガー …………………… 109
活発な市場 ……………………… 44
株式会社 …………………… 73, 141
株式合資会社 ……………… 73, 141
株式譲渡 ………………………… 11
加盟国選択権 ……………… 3, 65
借方潜在的租税 ……………… 32, 88
為替先物取引 …………………… 173
為替リスク ……………………… 167
間主観的な検証 ………………… 50
完全性命令 ……………………… 112
簡略的貸借対照表 ………… 126, 127
基幹的諸原則 …………………… 50
企業選択権 ……………………… 65
基準性原則 ………………… 4, 83
基準性原則の破棄 ……………… 88

規準メカニズム	1	公正価値ヘッジ	168
規制緩和	31, 61, 69, 78	国際的・アングロサクソン系会計	10
規制市場	62	国際的会計基準	5, 48, 115, 138
基礎取引	35, 47, 164	国家規準監視審議会	70
帰納法	38	国家主権	5
規模基準値	6, 71	固定資産増減表	127
規模基準値修正指令	66	固定資産と流動資産との区分	112
基本的な質の要求	9	個別評価可能性	111
キャッシュ生成単位	11	個別評価原則	35, 164, 176
キャッシュフロー計算書	6	コーポレート・ガバナンス	8
キャッシュフロー・ヘッジ	168		

さ行

給付建制度	19	債権者保護	143
拠出建制度	19	債権者保護原則	4
金マルク貸借対照表命令	144	財産，財務および収益状態の実質的	
金融危機	44, 151	諸関係に合致した写像	10, 115
金融商品	164	最小規模資本会社	75
偶発損失引当金	164	最小規模資本会社会計法修正法	61
グローバル資本市場	56	最大限の弾力性	65
計画的償却	125	債務償還能力	45
経済監査士協会（IDW）	126, 152	財務的成果指標	6
経済的観察法	40	先物相場	173
計算利子率	20	先物取引	164
形式的基準性	99	先物ヘッジ	47
計上・評価・表示選択権	8	先渡・先物取引	166
継続評価	15, 124, 138, 144	ザールブリュッケン提案	150
決算書監査人	8	参事官草案	30
原価モデル	16	GoB規範体系	32
研究と開発との区分	119	時価会計論議	138
減損アプローチ	13	時価関連的な評価コンセプト	147
減損テスト	17	直物相場	173
現代化指令	4	自己資本変動表	6
公正価値	33	自己創設の無形資産	119
公正価値指令	4		

索引　*183*

自己創設無形固定資産 ………… 10, 30, 32
事後テスト …………………………… 169
資産譲渡 ………………………………… 10
市場平均利子率 ……………………… 18
システム原則 ………………………… 39
実現可能利益 ………………………… 34
実現原則 ………………… 34, 123, 164, 177
実現・不均等原則 …………………… 35
実質的基準性 ………………………… 86
資本維持目的 ……………………… 42, 137
資本会社 & Co. 指令法 ……………… 63
資本市場指向企業 ……………… 2, 61, 69
資本調達容易化法 …………………… 62
資本連結 ……………………………… 4
収益価値法 …………………………… 125
純額法 ………………………………… 172
純額リスクポジション ……………… 167
純投資ヘッジ ………………………… 168
商事王令 ……………………………… 140
商事貸借対照表と税務貸借対照表の
　離反 ………………………………… 88
情報 GoB ……………………………… 36
商法会計の標柱 ……………………… 87
商法会計法と IFRS との近似化 …… 101
情報機能 …………………………… 1, 31
商法上の年度決算書目的 …………… 137
情報伝達の諸原則 ………………… 39, 40
情報に基づく資本維持 ……………… 45
情報能力 …………………………… 4, 8, 30
将来の経済的便益 ………………… 11, 15
所得税法第 5 条 1a 項 ……………… 177
所得税法第 5 条 1 項 ………………… 84
慎重原則 ………………………… 5, 112, 164

慎重な評価コンセプト ……………… 139
信頼性 …………………………………… 8
スワップ ……………………………… 166
正確性原則 …………………………… 50
正規の簿記の諸原則 …… 29, 69, 85, 143
静的な貸借対照表観 ………………… 140
制度資産 ……………………… 10, 34, 44
制度資産の老齢年金債務との相殺 … 32
政府法案 ……………………………… 30
税法上の特別償却 …………………… 84
税務上の優遇措置 …………………… 98
税務中立的転換 ……………………… 87
セグメント報告書 ……………………… 6
1990 年の租税改革法 ……………… 84
総額主義 ……………………………… 19
総額法 ………………………………… 172
総原価方式 …………………………… 20
組織的市場 …………………………… 62
租税通則法 …………………………… 71
租税優遇措置 …………………… 84, 87

た行

第一次株式法改革 …………………… 141
代替的選択肢 …………………… 1, 69
第二次株式法改革 …………………… 142
高い確率で予定される取引 ………… 165
中小企業版 IFRS ………………… 91, 153
抽象的貸借対照表能力 ……………… 110
中小・零細企業 ……………………… 61
調達原価主義 ……………………… 33, 164
直接老齢年金債務 …………………… 18
通貨時価 ……………………………… 20
通貨リスク …………………………… 165

低価主義 ……………………… 139, 144, 147
適度な接近 …………………………… 101
デリバティブ ………………… 89, 148, 165
電子申告 ……………………………… 98
電子貸借対照表 ………………………… 98
ドイツ会計基準委員会（DRSC）……… 85
ドイツ的回路 ………………………… 2
ドイツの伝統的な会計原理 …………… 154
ドイツ普通商法典 …………………… 139
ドイツ連邦銀行 ……………………… 18
統一貸借対照表 ………………… 83, 91, 92
当期勤務費用 ………………………… 20
統合報告書 …………………………… 23
当初評価 ……………………… 118, 138
動的貸借対照表論 …………………… 143
動的平衡 ……………………………… 37
独立した税務上の利益計算 …………… 99
独立した利用可能性 ………………… 110
独立に利用可能な財産対象物 ………… 14
ドル相殺法 …………………………… 170

な行

ニュルンベルク立法会議 ……………… 141
認識源泉 ……………………………… 37
年金基金 ……………………………… 19
年金請求権 …………………………… 19
年金引当金 …………………………… 44
年度決算書目的 ……………………… 38
年度成果に対する限定原則 …………… 137
ノイアマルクト ……………………… 146

は行

配当額・課税額算定機能 ……………… 5
配当禁止 ……………………………… 15
配当禁止措置 ………………………… 86
売買目的で取得した金融商品 ………… 34
ハイパーインフレーション ………… 144
パラダイム転換 ……………………… 33
販売市場で飛躍 ……………………… 48
比較可能性 …………………… 3, 4, 8, 176
比較可能性原則 ……………………… 51
非財務指標 …………………………… 6
非資本市場指向企業 …………… 1, 61, 69
秘密積立金 …………………… 22, 144
評価可能性 …………………………… 18
評価差益 ……………………………… 44
評価単位 ……………………………… 32
評価単位の形成 ……………………… 163
評価モデル …………………… 50, 149
費用性引当金 ………………………… 86
比例連結 ……………………………… 4
不確定債務引当金 …………………… 18
不確定法概念の形をとる規範命令 …… 38
不均等原則 ………………… 138, 164, 177
不均等な公正価値コンセプト ………… 138
付すべき価値 ………………………… 138
付すべき時価 ………… 19, 33, 77, 152, 170
附属説明書 …………………………… 127
プロイセン一般国法 ………………… 139
文書化 ………………………………… 168
文書記録 ……………………………… 9
文書記録目的 ………………………… 42
ヘッジ会計 …………………… 30, 163
ヘッジ関係 …………………………… 45
ヘッジ手段 …………………… 47, 164
ヘッジ取引 …………………………… 35

法解釈学的方法	38
法源	37
法的安定性	45
補完的な質的要求	9
簿記会計義務	70
ポートフォリオ・マクロヘッジ	50

ま行

ミクロ指令	74
ミクロヘッジ	52, 167
未決取引	163
未決の契約関係	166
未来指向的な見積り	18
無形資産	109
無償取得の固定資産たる無形資産	112
明瞭性原則	127
目的論的解釈	38
持分法	4

や行

有価証券サービス指令	62
有限会社	73
有限合資会社	73
有効性評価	50, 168
有償取得の固定資産たる無形資産	113
ユーロ圏	19

予測単位積増方式	20
予定評価単位	165
ヨーロッパ的調和化	21

ら行

利益決定 GoB	36
履行額	18
リスク管理システム	169
リスクプレミアム	150
理性的な商人の判断	18, 146
立法構想	30
立法発議	1
リーマンショック	177
利用可能性	18
類似の固定資産たる無形資産	117
類似の長期債務	18
連邦官報	64
連邦議会	30
連邦財政裁判所	88
連邦政府の措置一覧	87
連邦法務省	30
老齢年金債務引当金	19

わ行

割引計算	18

あ と が き

　経済・金融市場の急速なグローバル化を背景に，70年代半ばから世紀の転換期にかけて，先進諸国の会計システム・基準の国際的調和化が斯界のメガトレンドとなった。あたかも"グローバル・スタンダード"という《妖怪》が世界を駆けめぐるかの様相である。こうした状況をうけて，《会計主権》をかけた各国の対応が注目されるが，EU加盟各国は1970年代後半以降，EC会計指令のあいつぐ発出をうけて，域内での国際的調和化に対応した，国内会計法制の改革を急いだ。

　ドイツの場合，会計国際化への対応は，EC第4号指令（1978年）および第7号指令（1983年），第8号指令（1984年）を国内法に転換した，1985年の会計指令法・85年商法典（HGB）の誕生をもって端緒が開かれた。その軌跡はさらに，これも欧州統一市場を指向した，加盟各国の企業決算書の比較可能性と等価性の改善を求める一連のEU指令・命令，すなわち公正価値指令（2001年）およびIAS命令（2002年），現代化指令（2003年），透明化指令（2004年）などと，これを見すえたドイツ連邦政府の「10項目プログラム・措置一覧」（2003年2月25日「企業の健全性と投資家保護強化のための連邦政府の10項目プログラム」）に従った，所要のHGB会計法改革として辿られた。すなわち，「10項目プログラム」を会計法改革の《見取り図》として，すでに立法化を終えていた1998年の資本調達容易化法および企業領域統制・透明化法をはじめ，2002年の資本会社＆Co.指令法，透明化・開示法から，さらに2004年の会計法改革法および会計統制法，2005年の投資家集団訴訟手続法へと続き，そこから2009年の会計法現代化法（BilMoG）へと結実する立法措置の矢継ぎばやの展開を示した。BilMoGが，HGBの最新の改革であるだけでなく，25年にわたるHGB改革の総集版といわれる所以である。

BilMoG は，その立法目的を① IFRS への接近—同等化・代替的選択肢，②年度決算書の情報機能の改善・強化，③規制緩和・規模基準値の修正，④正規の簿記の諸原則（GoB）と税務中立性・配当利益算定機能の維持においている。

　この点で，BilMoG 政府法案前文は，「BilMoG の目的は，信頼できる HGB 会計法を堅持し，国際的会計基準との関係においてほぼ等価で，しかも HGB 貸借対照表が依然，配当計算と課税利益算定の基礎であるという HGB 会計法の標柱と従来の GoB 体系を放棄することなく，効率的で簡素な代替的選択肢をより広げることである」としている。さらに敷衍して，「IFRS と等価で，しかも簡素かつ効率的な規準メカニズムの維持には，商法会計法の IFRS への適度な接近が必要である。……そのことが同時に，商法年度決算書の情報水準の引上げにつながる」（立法理由書）とした。この場合のキー・フレーズは「効率的で簡素な代替的選択肢・規準メカニズム」と「IFRS への適度な接近」であろう。前者は，非資本市場指向の中小規模企業のために，規模基準値を修正して，帳簿・決算書作成に係る負担（コスト）の軽減と簡素化・規制緩和をはかり，しかも国際的会計基準（IFRS）と等価の年度決算書作成の代替的規準メカニズムを整えることであり，後者は，GoB 体系と配当・課税利益算定基礎としての商法年度決算書主義を堅持しつつ，他方では情報機能重視の IFRS 連結決算書原則にシフトした，会計国際化に対する二元的対応を表明した立法当局の言説にほかならない。

　たしかに，新 HGB（BilMoG-HGB）は，旧商法会計法での多様な選択権や逆基準性の廃止，計上・評価規定の改正を通じて，ドイツ商法会計を IFRS 会計により近づけ，年度決算書の情報機能・能力の強化と比較可能性を高めることを改革の基調としている。その限りで，HGB 年度決算書目的の重点移動が行われたとすらいわれる。

　そうした立法意図にそった，新 HGB のランドマーク的な改正条項としては，たとえばつぎのようなものがある。すなわち，営業価値またはのれんの借方計上義務（第 246 条 1 項 4 文）をはじめ，自己創設無形固定資産の借方計上

選択権（第248条2項1文），引当金の履行額での計上義務（第253条1項2文）や，老齢年金債務引当金・制度資産に係る有価証券の時価評価（第253条1項3文および4文），制度資産と老齢年金債務の相殺（第246条2項2文），評価単位の形成—ヘッジ会計（第254条），さらには附属説明書での記載義務事項の拡大（第285条—20号以下29号まで付加）などがそれである。いずれも，本書で扱われている重要な論点である。

本書は，およそ20年にわたる日独研究交流の，現時点での集成として構想された，日独10人の研究者の執筆になる共同研究の成果である。編著者のドイツ側代表・J. ベェトゲ教授は，フランクフルト大学からウィーン大学をへて，1979年から2002年までミュンスター大学に籍をおき，U. レフソン教授の後継としてミュンスター・シューレを主導し，精力的な研究活動を通じてドイツ会計学界に多大な影響力をもつ研究者である。それは，たとえば2012年まで12版を重ねた主・共編著Bilanzenや，同じく9版のKonzernbilanzenをはじめ膨大な著書・論文群からも知ることができる。また在職中およびその後も，ドイツ会計基準委員会（DRSC）をはじめドイツ経済監査士協会（IDW），IASC理事会などのメンバーとして，国内外における会計制度改革に深く関わり，終始，精力的に論陣をはり，その成果を発信し続けてきたことでも知られている。そうしたJ. ベェトゲ教授の，いまなお旺盛な研究活動の原動力は，自らが主宰する《チーム・ベェトゲ》（Forschungsteam Baetge）である。とくに近年のHGB改革では，15名のメンバーからなるこの研究集団が，著書や関係論文，「意見書」提出活動を通じて牽引車的役割を果たしてきた。

全7章からなる本書は，うち3章（第1章，第5章および第6章）を，J. ベェトゲ教授をはじめ，H-J. キルシュ教授（ミュンスター大学），H. チュルヒ教授（ライプチヒ商科大学）などドイツ側研究陣が，残る4章を日本側の3人（佐藤誠二，稲見亨，佐藤博明）がそれぞれ分担して執筆している。本書全体の構成は，まず総論部分で，BilMoGにいたるドイツの会計国際化の経緯と改正法上のおもな論点が扱われ，ついで，新HGBの象徴的な改革条項—規制緩和およ

び無形資産会計，公正価値会計，ヘッジ会計，基準性原則をめぐる問題が各論的に扱われ，それら一連の規定改正をうけて拓かれた，HGB 会計規範システム・GoB の現代的位相が論及されるという展開である。

ちなみに，ドイツ側執筆者による各章の原題は以下のようである。

編著者序　Herausgebervorwort（Jörg Baetge）
第1章　Internationalisierung der deutschen Rechnungslegung
　　　　（Jörg Baetge／Aydin Celik／Markus May）
第5章　Immaterielle Vermögensgegenstände im deutschen Rechnungswesen（Hans-Jürgen Kirsch／Nils Gimpel-Henning）
第6章　Die Diskussion zur Fair Value-Bewertung in der deutschen Rechnungslegung（Henning Zülch／Dominic Detzen）

　日本側3人の執筆者は，これまで一貫してドイツの会計制度および理論の研究に取り組み，それぞれ個別の研究成果とともに，この 10 数年のなかで，共同研究をベースとした成果を，いくつかの共編著の形で斯界に問うてきた。その意味で，今回の編著書は，執筆者たちにとってドイツ会計研究の最新の到達点であるが，それは，得がたい仲間としてこれまで，ほぼ定期的な研究会と合宿を重ねながら共に辿ってきた道のりと，ここにいたる対象国ドイツの研究者との緊密な研究交流からの貴重な成果というほかはない。3人に共通するのは，いまや日本の学界ではややマイナーになりつつあるドイツ会計の研究にこだわりつづけ，愚直にこの分野での成果の発信に努めてきた思いとささやかな自負である。

　ドイツをはじめ EU 諸国もわが国も，会計規準・システムの国際的調和化への道はいま，かならずしもリニアな歩みとはなっていないかにみえる。それは多分に，それぞれの国が辿った法制度の独自固有な歴史的道のりと，社会的合意形成に係る経済的・法的文化の違いに基因するものと思われる。とくに会計制度は，その国の経済・財政メカニズムとの関係で，いわば国益にかかわる基幹的な法制度であり，容易に転換しがたい社会インフラとして機能せしめられ

てきたものとみなければならない。

　ドイツが，国際化の巨大な潮流のなかにあって，自らの会計レジームを支える「標柱」をなお堅持し，いわゆる「二元的対応」をもって巧みに会計制度改革を成しとげた点は注目に値する。会計国際化への対応を機縁とした，彼我の制度改革の方向を見定める上で，本書（共同研究）がこれに裨益することをひそかに願っている。

　私たちにとって，定例の企業会計制度研究会は，たがいの研究成果を交流し，つねに闊達な議論を通じて，学問的刺激と貴重な示唆を得る，かけがえのない「知の道場」である。とくに毎回の研究会を主宰し，その持続的発展に心を砕かれている加藤盛弘，村瀬儀祐両先生をはじめ，厳しくも快適な雰囲気の中で切磋琢磨しあう気鋭の Kollege に心より感謝申し上げる。

　とくにこの10年，私たちは BilMoG をめぐるドイツの議論に目をこらし，それぞれの問題関心から，論点の析出と解明に取組んできたが，いまこのような形でその成果を一書にまとめ上げることができたのは，稲見亨教授の献身的な努力に負うところが多い。稲見教授は，本書の構想段階からドイツ側・ベェトゲ教授らとの，出版や著作権，執筆上の必要な連絡をはじめ，執筆者間のさまざまな連絡や，この間何度かの合宿・研究会のお世話，最終段階での文献や原稿の調整，ゲラの校正など煩瑣な雑務のいっさいを引き受けてくださった。ここに記して謝意を表したい。

　同時に，年々厳しくなる出版事情のもとで，多分に市場性にとぼしい本書の刊行を快く引き受けてくださり，終始，貴重な示唆とときには厳しい助言，励ましをいただいた森山書店菅田直文社長に心からの感謝を申し上げる。

　本書をひとつの岐点として，さらなる高みに向って精進をつづけることを誓いたい。

2014年浅春

佐藤　博明

編著者略歴

佐藤　博明（さとう　ひろあき）

1935 年　北海道・八雲町に生まれる
1958 年　明治大学商学部卒業後，同大学院商学研究科
　　　　　修士課程および博士課程を経て
1963 年　静岡大学文理学部講師，同人文学部助教授，
　　　　　同教授
1988 年　商学博士（明治大学）
1997 年　静岡大学長（2003 年まで）
2003 年　静岡大学名誉教授（現在に至る）

ヨルク　ベェトゲ（Jörg　Baetge）

1937 年　ドイツ・エアフルトに生まれる
1964 年　商学士（フランクフルト大学）
1968 年　政治学博士（ミュンスター大学）
1972 年　大学教授資格取得（ミュンスター大学）
1973 年　フランクフルト大学正教授
1977 年　ウイーン大学正教授
1979 年　ミュンスター大学正教授
2002 年　ミュンスター大学定年後，引き続き同大学の
　　　　　研究組織（Forschungsteam Baetge）を主宰
　　　　　（現在に至る）

ドイツ会計現代化論

2014 年 4 月 26 日　初版第 1 刷発行

編著者　　ⓒ佐　藤　博　明
発行者　　　菅　田　直　文
発行所　　有限会社　森山書店　東京都千代田区神田錦町
　　　　　　　　　　　　　　　1-10 林ビル（〒101-0054）
　　　　TEL 03-3293-7061　FAX 03-3293-7063　振替口座 00180-9-32919

落丁・乱丁本はお取りかえします　　印刷／製本・シナノ書籍印刷
　　　本書の内容の一部あるいは全部を無断で複写複製する
　　　ことは，著作権および出版社の権利の侵害となります
　　　ので，その場合は予め小社あて許諾を求めてください。

ISBN 978-4-8394-2140-3